Uni-Taschenbücher 1819

W0068427

FÜR WISSEN
SCHAFT

Eine Arbeitsgemeinschaft der Verlage

Wilhelm Fink Verlag München
Gustav Fischer Verlag Jena und Stuttgart
Francke Verlag Tübingen und Basel
Paul Haupt Verlag Bern · Stuttgart · Wien
Hüthig Verlagsgemeinschaft
Decker & Müller GmbH Heidelberg
Leske Verlag + Budrich GmbH Opladen
J. C. B. Mohr (Paul Siebeck) Tübingen
Quelle & Meyer Heidelberg · Wiesbaden
Ernst Reinhardt Verlag München und Basel
Schäffer-Poeschel Verlag · Stuttgart
Ferdinand Schöningh Verlag Paderborn · München · Wien · Zürich
Eugen Ulmer Verlag Stuttgart
Vandenhoeck & Ruprecht in Göttingen und Zürich

Kurt Otto Seidel / Renate Schophaus

Einführung in das Mittelhochdeutsche

2., überarbeitete Auflage

Quelle & Meyer · Wiesbaden

Dr. Kurt Otto Seidel
Universität Bielefeld
Fakultät für Linguistik und
Literaturwissenschaft

Die Deutsche Bibliothek – CIP-Einheitsaufnahme

Seidel, Kurt Otto:
Einführung in das Mittelhochdeutsche / Kurt Otto Seidel ;
Renate Schophaus. – 2., überarb. Aufl. – Wiesbaden : Quelle
und Meyer, 1994
  (UTB für Wissenschaft : Uni-Taschenbücher ; 1819)
  1. Aufl. als: Studienbücher zur Linguistik und Literaturwissenschaft ;
  Bd. 8
  ISBN 3-8252-1819-8 (UTB)
  ISBN 3-494-02212-7 (Quelle & Meyer)
NE: Schophaus, Renate:; UTB für Wissenschaft / Uni-Taschenbücher

2., überarbeitete Auflage 1994, Quelle & Meyer Verlag Wiesbaden
ISBN 3-494-02212-7
Lizenzausgabe des AULA-Verlags, Wiesbaden
© 1979, 1994 AULA-Verlag GmbH, Verlag für Wissenschaft und Forschung,
  Wiesbaden

Gesamtherstellung: Zechner, Speyer
Gedruckt auf chlorfrei gebleichtem Recyclingpapier
Printed in Germany/Imprimé en Allemagne

ISBN 3-8252-1819-8 (UTB-Bestellnummer)

Vorwort zur 2. Auflage

15 Jahre nach dem Erscheinen der „Einführung in das Mittelhochdeutsche" erfolgt diese Neuauflage. Die Darstellung ist durchgehend überarbeitet, einzelne Abschnitte habe ich neu gefaßt und die Literaturangaben auf den neuesten Stand gebracht. Zahlreiche kleinere Änderungen haben sich aus der Neubearbeitung der „Mittelhochdeutschen Grammatik" von H. Paul durch P. Wiehl und S. Grosse, der Neuausgabe des „Armen Heinrich" durch G. Bonath, dem neuen „Kleinen Mittelhochdeutschen Wörterbuch" von B. Hennig und den umfassenden Darstellungen des Handbuchs „Sprachgeschichte" ergeben. In der grammatischen Terminologie folge ich jetzt stärker der Duden-Grammatik. Neu hinzugekommen sind Hinweise zu den Aufgaben.

Trotz vielfältiger Ergänzungen und Änderungen und des Abgehens von der grammatischen Terminologie von H. Glinz sind Grundanlage und methodische Vorgehensweise beibehalten worden, die Renate Schophaus und ich gewählt haben und die durch die Konzeption von H. Glinz mitbestimmt waren: die schrittweise und selbständige Erarbeitung grammatischer und semantischer Erscheinungen mithilfe überprüfbarer Verfahren aus den Texten.

Renate Schophaus ist 1987 gestorben; die Änderungen der Neuauflage verantworte ich allein.

Kurt Otto Seidel

Inhaltsverzeichnis

7 Das Verb

8 Fallbestimmte und fallfremde Satzglieder

1 Einleitung

1 A 1 Synchronie und Diachronie

Jede lebende Sprache verändert sich. Wir bemerken dies, wenn wir ältere Texte lesen, die man zwar als „deutsch" bezeichnet, die wir aber trotzdem aufgrund der zahlreichen Veränderungen, die im Laufe der geschichtlichen Entwicklung der deutschen Sprache eingetreten sind, kaum oder gar nicht verstehen. Aber auch wenn wir weniger weit zurückgehen und unsere heutige Sprachverwendung beobachten, können wir Sprachwandel bemerken. Nebeneinander kann man etwa hören:

(1) *Ich erinnere mich an den Vorfall.*
(2) *Ich erinnere mich des Vorfalls.*
(3) *Ich erinnere den Vorfall.*

(2) wirkt heute antiquiert, (1) gilt als die übliche und richtige Ausdrucksweise. Diese findet sich aber erst seit dem späten 18. Jahrhundert, Luther verwendet *erinnern* mit dem Genitiv. Heute hat man vielfach den Eindruck, daß die dritte Formulierungsmöglichkeit immer häufiger gewählt wird, auch wenn sie von vielen (noch?) als falsch eingestuft wird. Die Duden-Grammatik (§ 1139) charakterisiert (2) als „veraltet oder gewählt", (3) als „landschaftlich", und zwar norddeutsch – es könnte sich um einen Wandel unter dem Einfluß des Englischen handeln. In der gesprochenen Sprache leitet die Konjunktion *weil* inzwischen sehr oft nicht einen Nebensatz, sondern einen Hauptsatz ein; man hört (und sagt):
Ich habe das Buch nicht gekauft, weil es war mir zu teuer.
statt *Ich habe das Buch nicht gekauft, weil es mir zu teuer war.*
Auch im eigenen Sprachgebrauch vermischen sich Formen, denen wir unterschiedliches Alter zuschreiben. So fällen wir immer wieder Urteile wie „das klingt altmodisch", „das sagt man heute nicht mehr", „das ist aber ein neumodischer Ausdruck". Solche Urteile sind abhängig vom Alter und von der sprachlichen Sozialisation. Jüngere Menschen werden heute die Verbindung von *wegen* oder *trotz* mit dem Genitiv als altmodisch empfinden, während sie für ältere ganz selbstverständlich ist und die Verbindung mit dem Dativ geradezu als falsch empfunden wird. Nicht immer besteht deshalb Einigkeit darüber, was als altertümlich zu gelten hat. Die Urteile werden um so mehr übereinstimmen, je mehr eine sprachliche Form außer Gebrauch gekommen ist.

Im Zusammenhang mit sprachgeschichtlichen Veränderungen ändern sich auch die Normen. Hieß es z. B. im Rechtschreibe-Duden von 1939:

wegen Vw. [= Verhältniswort] mit Wesf., – des Vaters,

heißt es in der Auflage von 1968:

wegen Verhältnisw. mit Wesf.: ... des Vaters ... in der Sprache des täglichen Lebens oft schon Werf. bei alleinstehendem, einzahligem, stark gebeugtem Hauptw.: – ...; veralt., ugs. od. landsch. mit Wemf. ...

und in der von 1986:

wegen ...; Präp. mit Gen. ...; ein alleinstehendes, stark gebeugtes Substantiv steht im Sing. oft schon ungebeugt ...; ugs. mit Dat. ...; hochspr. mit Dativ in bestimmten Verbindungen u. wenn bei Pluralformen der Gen. nicht erkennbar ist ...

Nicht unbedingt muß sich die Beurteilung von Sprachformen mit den Ergebnissen sprachwissenschaftlicher Untersuchung decken. So erscheint z. B. die Form *sie seind* in den Versen Paul Gerhardts *mein Leib und Glieder seind/nunmehr ... so schwach, daß meine Freind/... trawren* (nach DWB 10/1, Sp. 237) als sehr altertümlich gegenüber der Form *sie sind*. Sprachgeschichtlich aber ist *sie seind* eine im 15. Jahrhundert aufkommende Neubildung zu *sie sind* als Vermischung (Kontamination) von *sie sein* und *sie sind*, die für uns altertümlich ist, weil sie sich nicht durchgesetzt hat. Oft versteht man ältere Sprachformen, würde sie nur selbst nicht gebrauchen. Unsere rezeptive Kompetenz umfaßt auch Formen, die die produktive Kompetenz nicht enthält (die man nicht selbst spricht oder schreibt). Wie weit jemand solche früheren Sprachformen versteht, hängt von der sprachlichen Sozialisation ab, z. B. davon, wieviel Literatur früherer Jahrhunderte man gelesen hat.

Der Prozeß sprachlicher Veränderungen vollzieht sich weitgehend bruchlos im Gebrauch der Sprache. Wer eine Sprache beherrscht, kann innerhalb bestimmter Grenzen schöpferisch mit ihr umgehen, neue Ausdrucksformen entwickeln, neue Situationen mit neuen sprachlichen Mitteln bewältigen. Oft werden allerdings solche neuen Formen des Sprachgebrauchs (der parole) von der Sprachgemeinschaft nicht übernommen (z. B. sog. Modewörter), werden also nicht Teil des Sprachsystems (der langue); dann findet kein Sprachwandel statt.

Die Sprachwissenschaft des 19. Jahrhunderts hat der Geschichte der Sprache ihr besonderes Interesse gewidmet. So hat z. B. HERMANN PAUL (1846–1921) in seinen „Prinzipien der Sprachgeschichte" die geschichtliche Betrachtung der Sprache als einzig wissenschaftliche zulassen wollen.

„Was man für eine nichtgeschichtliche und doch wissenschaftliche Betrachtung der Sprache erklärt, ist im Grunde nichts als eine unvollkommen geschichtliche, unvollkommen teils durch die Schuld des Betrachters, teils durch Schuld des Beobachtungsmaterials" (1880, S. 20). Das Interesse richtete sich damit von der eigenen Sprache weg auf frühere, immer frühere Vorstufen. Man versuchte, die indogermanische Ursprache zu rekonstruieren und den Zusammenhang der indogermanischen Sprachen aufzuzeigen. Dabei konzentrierte man sich weitgehend auf lautliche Erscheinungen, da diese leichter zu erkennen waren. Außerdem unterlag man der Gefahr, die Geschichte einzelner sprachlicher Elemente zu isolieren; eine typische Aussage dieser Art von Sprachwissenschaft ist etwa: „idg. *o* wird zu germ. *a,* das dann im Ahd. z. T. als *a* erhalten bleibt, z. T. zu *e* wird", oder „nhd. *ei* ist entstanden aus mhd. *î* oder aus mhd. *ei*". Der Zusammenhang mit anderen lautlichen Veränderungen blieb dabei weitgehend unberücksichtigt. Auch bei der Untersuchung der Bedeutungsveränderungen konzentrierte man sich meist auf einzelne Wörter.

Vor diesem wissenschaftsgeschichtlichen Hintergrund muß FERDINAND DE SAUSSUREs (1857–1913) Aussage über den Gegenstand der Sprachwissenschaft gesehen werden: Die Sprachwissenschaft muß sich mit der von ihm als „System von Zeichen" (²1967, S. 18) definierten Sprache befassen, „die Sprache ist ein System von bloßen Werten, das von nichts anderem als dem augenblicklichen Zustand seiner Glieder bestimmt wird" (S. 95); „ebenso wie das Schachspiel ganz auf der Kombination der verschiedenen Figuren beruht, ebenso hat die Sprache den Charakter eines Systems, das durchaus auf der Gegenüberstellung seiner konkreten Einheiten beruht. Man kann nicht auf ihre Kenntnis verzichten, noch auch nur einen Schritt machen, ohne auf sie zurückzukommen" (S. 127).

Wenn die so verstandene Sprache Gegenstand der Sprachwissenschaft sein soll, kann eine *nur* geschichtlich orientierte Betrachtungsweise dem Gegenstand nicht gerecht werden. Eine Aussage wie „nhd. *ei* ist aus mhd. *î* oder mhd. *ei* entstanden" ist zur Beschreibung des Nhd. unangemessen, denn in systematischem Zusammenhang zueinander stehen nur die sprachlichen Tatsachen, die gleichzeitig existieren.

Damit wird die historische Dimension der Sprache von SAUSSURE nicht etwa geleugnet, aus methodischen Gründen muß jedoch zwischen einer Betrachtungsweise, die sich dem System gleichzeitig vorliegender Elemente widmet, und einer Betrachtungsweise, die die Aufeinanderfolge von Elementen untersucht, unterschieden werden. Für diese beiden Betrachtungsweisen hat Saussure die Begriffe **synchronisch** und **diachronisch** eingeführt.

„Die **synchronische Sprachwissenschaft** befaßt sich mit logischen und psychologischen Verhältnissen, welche zwischen gleichzeitigen Gliedern, die ein System bilden, bestehen, so wie sie von einem und demselben Kollektivbewußtsein wahrgenommen werden.

Die **diachronische Sprachwissenschaft** untersucht dagegen die Beziehungen, die zwischen aufeinanderfolgenden Gliedern obwalten, die von einem in sich gleichen Kollektivbewußtsein nicht wahrgenommen werden, und von denen die einen an die Stelle der andern treten, ohne daß sie unter sich ein System bilden" ([2]1967, S. 119).

Die synchronische Betrachtungsweise ist dabei für SAUSSURE der anderen übergeordnet, da sie allein dem Systemcharakter von Sprache gerecht wird: „Die Sprache ist ein System, dessen Teile in ihrer synchronischen Wechselbeziehung betrachtet werden können und müssen" ([2]1967, S. 103, vgl. auch S. 107).

Eine diachronische Untersuchung ergibt z. B., daß *gebären, Gebärde, Bahre* und *Bürde* sprachgeschichtlich zusammengehören; sie gehen auf eine idg. Wurzel mit der Grundbedeutung ‚tragen‘ zurück (vgl. lat. *ferre*). Dieser diachronische Zusammenhang ist jedoch für eine synchrone Betrachtung unserer Sprache völlig unwichtig. Kaum ein Sprecher weiß etwas davon, für seinen Sprachgebrauch spielt er keine Rolle. Hier ist es wichtig, etwa den Zusammenhang zwischen *Gebärde, Gesichtsausdruck, Miene, Bewegung, Geste* usw. oder zwischen *Bahre, Trage* und anderen in ihrer Bedeutung verwandten Wörtern zu untersuchen.

SAUSSURE meint mit seiner Gegenüberstellung von Synchronie und Diachronie keinen Gegensatz auf der *Objekt*ebene, sondern auf der *Betrachtungs*ebene: synchron und diachron sind zwei verschiedene „Betrachtungsweisen" („aspects"), unter denen man an den Gegenstand Sprache herangehen kann (COSERIU). Es handelt sich also um eine methodische Unterscheidung, und so ist auch der Vorrang der Synchronie vor der Diachronie methodisch zu verstehen: während faktisch jeder Sprachzustand das Ergebnis sprachgeschichtlicher Vorgänge ist, die in ihm aufgehoben sind, hat methodisch die synchrone Untersuchung den Vorrang, da nur das als System beschreibbar ist, was gleichzeitig vorliegt. Doch schließt auch ein solcher synchron betrachteter Sprachzustand immer Geschichtliches mit ein. COSERIU spricht deshalb in Anlehnung an SAUSSURE davon, „die Sprache komme in der Diachronie zustande und funktioniere in der Synchronie" (1970, S. 76).

Die Sprachwissenschaft des 19. Jahrhunderts hatte bei ihren ganz auf die Sprachgeschichte ausgerichteten Untersuchungen die Einzelelemente allzuoft isoliert. SAUSSURES synchroner Ansatz hat entscheidend dazu beigetragen, daß dieser Mangel überwunden wurde, auch wenn er selbst noch Sprachgeschichte als die Geschichte von sprachlichen Einzelerscheinungen auffaßt. Eine moderne historische Sprachwissenschaft beschreibt ältere Sprachstufen zunächst als System und setzt dann die synchron beschriebenen Systeme oder Teilsysteme diachron zueinander in Beziehung. Um Veränderungen als Veränderungen des Systems beschreiben zu können, müssen also in das historische Kontinuum synchrone Schnitte gelegt werden.

1 A 2 Das Mittelhochdeutsche

Die Geschichte der deutschen Sprache wird heute meist in vier große Abschnitte gegliedert: das Althochdeutsche (Ahd.: 750—1050), das Mittelhochdeutsche (Mhd.: 1050—1350), das Frühneuhochdeutsche (Fnhd.: 1350—1650) und das Neuhochdeutsche (Nhd.). Der erste Wortbestandteil dieser Bezeichnungen bezieht sich auf die zeitliche Zuordnung, durch „hoch" werden diese Sprachformen räumlich eingegrenzt: das Hochdeutsche (nicht zu verwechseln mit der heute oft verwendeten Bezeichnung „Hochdeutsch" in der Bedeutung „Hochsprache/Schriftsprache") ist die Sprache im südlichen Teil des deutschen Sprachgebiets (vgl. Kap. 4 und die Karte 4 A 5).
Selbstverständlich sind die angegebenen Jahreszahlen nur grobe Orientierungspunkte, da sich sprachliche Veränderungen allmählich vollziehen und sich Neuerungen meist erst nach Übergangsphasen unterschiedlicher Dauer durchsetzen. Zudem hängt eine solche Einteilung auch von den gewählten Kriterien ab. Für die deutsche Sprachgeschichte hat man vornehmlich lautliche Veränderungen gewählt: den Beginn des Ahd. markiert die Durchführung der 2. Lautverschiebung (vgl. 4 A 3.1), den Beginn des Mhd. die Abschwächung voller Vokale in unbetonter Silbe (ahd. *ginoman*, mhd. *genomen*; ahd. *gibirgi*, mhd. *gebirge*) sowie der i-Umlaut (ahd. *hôhi*, mhd. *hoehe*), das Nhd. ist durch die Durchführung der nhd. Diphthongierung und Monophthongierung gekennzeichnet (vgl. dazu Kap. 3 und 4). Für die Abgrenzung des Fnhd. fehlen eindeutige lautliche Kriterien. Damit werden aus der Vielzahl sprachlicher Veränderungen nur sehr wenige herausgegriffen, diese eignen sich aber für eine Einteilung besonders gut, weil sie am sprachlichen Material leicht festzustellen sind. Außerdem kommen zu diesen Lautwandelerscheinungen noch weitere Veränderungen in der Formenbildung und der Syntax hinzu. Vor dem Beginn des Mhd. liegt eine Überlieferungspause von mehreren Jahrzehnten, nach der verstärkt wieder die Volkssprache benutzt wird. Seit der Mitte des 14. Jahrhunderts ist eine stärkere Prägung der deutschen Sprache durch die städtische Kultur und die regionalen Zentren der

Fürstenhöfe festzustellen. Während der mhd. Zeit wird der Sprachraum des Deutschen stark erweitert, vor allem durch die Kolonisation von Gebieten östlich von Elbe und Saale. Zudem wird der Anwendungsbereich der deutschen Sprache auf neue Textsorten ausgedehnt.

Innerhalb des Mhd. werden nochmals Untergliederungen vorgenommen: man unterscheidet das Frühmhd. (1050—1170), das hochmittelalterliche Deutsch (1170—1250) und das Spätmhd. (1250—1350). Das Mhd. ist außerdem in regionale Sprachformen gegliedert, eine überdachende Einheitssprache läßt sich nur zeitweise in Ansätzen feststellen (vgl. 4 A 2); ihre Aufgaben übernimmt im wesentlichen das Lateinische. Im Folgenden befassen wir uns innerhalb dieser vielfältigen Ausprägungen des Mhd. weitgehend nur mit der hochmittelalterlichen Sprache der Zeit von 1170—1250 und mit einer Sprachform, die dialektale Besonderheiten stark zurückdrängt und als klassisches bzw. normalisiertes Mhd. bezeichnet wird (vgl. Kap. 3 und 4).

Dieses klassische Mhd. begegnet uns vor allem in der Literatur der höfischen Kultur: das Nibelungenlied wie der Minnesang sind ihr zuzurechnen, Hartmann von Aue, Wolfram von Eschenbach, Gottfried von Straßburg, Walther von der Vogelweide, um nur einige bekannte Autoren zu nennen, haben in dieser Zeit gedichtet. Die höfische Literatur ist eine Literatur des Adels, das klassische Mhd. ist also wesentlich die Sprachform einer kleinen gesellschaftlichen Elite; dies zeigt sich in dem Versuch der Zurückdrängung dialektaler Formen zugunsten allgemein gebrauchter, in Bemühungen um eine Ausgestaltung der syntaktischen Möglichkeiten, schließlich im Wortschatz mit seinen oft stark auf die höfische Lebens- und Vorstellungswelt bezogenen Bedeutungen. Daneben gibt es verschiedene andere Bereiche, aus denen schriftliche Aufzeichnungen erhalten sind, z. B. die religiöse Literatur und – in Anfängen – Fachprosa und Rechtsaufzeichnungen, die oft andere Sprachformen zeigen.

1 A 3 Zum methodischen Vorgehen

Obwohl wir selbst das Mhd. nicht mehr beherrschen, müssen wir an diese Sprache doch nicht wie an eine unbekannte Fremdsprache herangehen. Betrachten wir zunächst den folgenden Ausschnitt aus der Predigt eines oberbayrischen Pfarrers über die Hochzeit zu Kana:

Jå, sågt's mer, Lait, warum denn is där Härr so raar gwesn? Is är veleicht ne' guat aufglegt gwesn? Na, des derf ma neet sågen, des war dumm dahergeredt, ååba, där Härr sieht hoit diafer wia sölbst unser liabe Frau. Är woaß, daß er vom Himel keima is, net bloß um an Hou'zetdrunk zu schtiften, sondern daß er

kemen is, um de ganze Gsöllschaft von uns Menschen – bitte des san fei'
Milljarden! – um di henauf zu hem in die himmlische Hou'zet mit oi' unsne
Wärkdåg, met oi' unsre Schtärbedåg.
(H. BAUSINGER, Deutsch für Deutsche, Frankfurt 1972, S. 31)

Auch wenn wir diesen Dialekt nicht beherrschen, können wir – unterschiedlich sichere – Vermutungen über die Bedeutung dieses Textes und einzelner
Wörter in ihm aufstellen. Die meisten Formen dürften zu erkennen sein, der
Bau der Sätze ist zu durchschauen, es lassen sich Entsprechungen zwischen
Wörtern des oberbayrischen Textes und der Hochsprache feststellen, z. B.
guat: gut, sågen: sagen usw. Manches ist aus der Kenntnis der Situation
erschließbar, in der dieser Text verwendet wurde, manches bleibt unverständlich, z. B. möglicherweise *hoit: halt.*

In ähnlicher Weise dürfte unsere Sprachkompetenz Deckungsbereiche mit
der Sprachkompetenz eines mhd. Sprechers zeigen. Denn auch dann, wenn
wir einen mhd. Satz lesen, verstehen wir einzelne Wörter, erkennen wir Formen und Satzbau:

Freidank

32,15   *Daz herze weinet manege stunt,*
           sô doch lachen muoz der munt.

Bei allem sprachlichen Wandel bestehen einzelne Formen, Wörter, Teilsysteme weiter. Ausgangspunkt bei der Beschäftigung mit mhd. Texten kann
deshalb zunächst ein mehr oder weniger differenziertes Rahmenverständnis
sein, das in einer mhd. Äußerung syntaktische und lexikalische Einheiten
segmentiert und diese zu Einheiten des Nhd. in Beziehung setzt. Solche
Äquivalenzen sind zunächst als Hypothesen aufzufassen, die an weiterem
Material überprüft werden müssen.

Die Sprache früherer Stufen des Deutschen ist uns nur über geschriebene
Texte zugänglich. Dies hat Konsequenzen für die wissenschaftliche Be-
trachtung dieser Sprachstufen. Das sekundäre Zeichensystem unserer
Schrift steht als Buchstabenschrift zwar der Lautseite der Sprache nahe,
deckt sich jedoch nicht mit ihr. Daraus ergeben sich Probleme für die
Betrachtung der lautlichen Seite früherer Sprachstufen (vgl. Kap. 2 und 3).
Texte sind Erscheinungen des Sprachgebrauchs mit allen damit gegebenen
individuellen und situativen Komponenten. Vom Sprach*gebrauch* (von den
Texten) aus muß zurückgeschlossen werden auf das *System* der Sprache. Da
frühere Sprachstufen nur in Texten überliefert sind, können wir aus ihnen nur
die Sprache erschließen, wie sie für schriftliche Aufzeichnungen verwendet
worden ist. Die vielfältigen Ausprägungen von Sprache, die wir von unserem
heutigen Deutsch kennen, lassen sich kaum oder gar nicht ermitteln. Zudem
ist uns damit nur die Sprache derer erhalten, die geschrieben haben; im Mit-

telalter ist dies nur eine eng umgrenzte Schicht. Über die Texte hinaus stehen weder Informanten zur Verfügung, noch kann man seine eigene Sprachkompetenz heranziehen, wenn man seine Hypothesen über die Struktur dieser Sprachstufen überprüfen will. Bei dem Versuch, aus dem mhd. Sprachgebrauch der Texte das mhd. Sprachsystem zu erschließen, setzen wir Kenntnisse der Begriffe und Methoden einer Sprachbeschreibung voraus, erarbeiten mit deren Hilfe (synchron) Strukturen der Sprache um 1200, stellen (diachron) die Veränderungen zum Nhd. fest und versuchen ansatzweise, Ursachen für Veränderungen aufzuzeigen.

1 B 1 Aufgaben

1. Suchen Sie Beispiele für die Überlagerung von unterschiedlich alten Sprachformen.

2. Erläutern Sie unter dem Aspekt der Überlagerung den folgenden Text:

Ähnliche Kontroversen hatte es um das Wort ‚gütig‘, auf das Ehepaar Blorna angewandt, gegeben. Im Protokoll stand ‚nett zu mir‘, die Blum bestand auf dem Wort gütig, und als ihr statt dessen gar das Wort gutmütig vorgeschlagen wurde, weil gütig so altmodisch klinge, war sie empört und behauptete, Nettigkeit und Gutmütigkeit hätten mit Güte nichts zu tun, als letzteres habe sie die Haltung der Blornas ihr gegenüber empfunden. (Böll, Die verlorene Ehre der Katharina Blum, dtv, S. 27).

3. Vergleichen Sie die Darstellung der Bildung des Konj. II in der Duden-Grammatik von 1959 (S. 120 f.) und in der neu bearbeiteten Fassung von 1984 (S. 125 f.): welche Betrachtungsweisen sind zu erkennen (synchron vs. diachron; deskriptiv vs. normativ)? Worauf sind die Unterschiede in den verschiedenen Auflagen Ihrer Meinung nach zurückzuführen?

A:

Da der Stammvokal im Plural des Indik. Prät. früher von dem des Singulars abwich, haben sich einige Konjunktivformen mit diesem älteren Stammvokal erhalten. So erklären sich die Formen:

alt:	würbe[n]	trotz neu:	warb[en]
	würfe[n]		warf[en]

Bei einigen haben sich jüngere Konjunktivformen neben die älteren gestellt:

Plur. Ind. Prät.:	veraltet:	hulfen	stunden
	heute:	halfen	standen
2. Konj.:	älter:	hülfe[n]	stünde[n]
	jünger:	hälfe[n]	stände[n]

Die ältere Form wird dann noch gern gebraucht, wenn der jüngeren im Präsens eine ähnlich lautende Indikativform zur Seite steht; z. B.

wird statt „hälfe" lieber „hülfe" gebraucht, weil „helfe" mit „hälfe" lautlich identisch ist.

4. Der 1. und der 2. Konjunktiv der schwachen Verben haben nie den Umlaut. Deshalb ist die Form „bräuchte", die man im Süden unseres Vaterlandes vielfach hört, eigentlich nicht korrekt. Sie ist durch das Bestreben entstanden, den Konjunktiv „brauchte" gegenüber der gleichlautenden Indikativform abzuheben:

> Keiner wird mich künftig sehen,
> der mich nicht wahrhaftig *bräuchte!* (Hans Carossa).

B:

Der Umlaut

Umlaut tritt – sofern der betreffende Stamm einen umlautfähigen Vokal enthält – an zwei Stellen auf: in der 2. und 3. Pers. Sing. Präs. Ind. und in allen Formen des Konjunktivs II (Präteritum). An der erstgenannten Stelle lautet – allerdings nicht bei allen fraglichen Verben (vgl. 220) – der Vokal des Präsensstamms um (vgl. *ich trage – du trägst – sie trägt*), an der zweitgenannten der Vokal des Präteritumstamms (vgl. *ich sang – ich sänge*), ausnahmsweise auch der Vokal des zweiten Partizips (vgl. *gescholten – ich schölte*) oder der – im neueren Deutsch getilgte und durch den Vokal des Singulars ersetzte –, alte Vokal des Plurals Indikativ (vgl. mhd. *wir wurben – ich würbe; verdürbe, würfe, stürbe*). Da hier die auf Ausgleich und Eindeutigkeit zielende sprachgeschichtliche Entwicklung in einigen Fällen noch nicht abgeschlossen ist, stehen bei manchen Verben heute noch verschiedene Konjunktivformen nebeneinander:

befehlen: beföhle/befähle
beginnen: begänne/(seltener:) begönne
dreschen: drösche/(veraltet:) dräsche
empfehlen: empföhle/(seltener:) empfähle
gelten: gölte/gälte
gewinnen: gewönne/gewänne
heben: höbe/(veraltet:) hübe
helfen: hülfe/(selten:) hälfe
rinnen: ränne/(seltener:) rönne
schwimmen: schwömme/(seltener:) schwämme
schwören: schwüre/(selten:) schwöre
sinnen: sänne/(veraltet:) sönne
spinnen: spönne/spänne
stehen (vgl. 212): stünde/stände
stehlen: stähle/(seltener:) stöhle

Da viele Konjunktiv-II-Formen mit Umlaut heute altertümlich wirken und als geziert empfunden werden, umschreibt man sie gerne mit der *würde*-Form (vgl. 287).[1]

---

[1] Der Konjunktiv II der regelmäßigen Verben hat standardsprachlich keinen Umlaut. Die Form *bräuchte*, die im Süden des deutschen Sprachgebiets häufig gebraucht wird, ist landschaftlich. Durch das *äu* wird hier der Konjunktiv II vom Indikativ Präteritum abgehoben. Standardsprachlich lauten beide Formen gleich *(brauchte)*.

1 B 2 Literatur

1 B 2.1 Literatur zur Einleitung

Sprachgeschichte. Ein Handbuch zur Geschichte der deutschen Sprache und ihrer Erforschung, hg. von W. Besch, O. Reichmann und St. Sonderegger, 2 Bde, Berlin 1984. [Zitiert als: Handbuch Sprachgeschichte. Art. Nr.].

Handbuch Sprachgeschichte. Art. 50 (Jäger); Art. 60 (Wolf); Art. 95 (Rautenberg).

Augst, G., Einführung in die Diachronie für den zukünftigen Deutschlehrer, DU 25 (1973) H. 6, S. 87—99.

Boretzky, N., Einführung in die historische Linguistik, Reinbek 1977 (rororo studium 108).

Cherubim, D. (Hg.), Sprachwandel. Reader zur diachronischen Sprachwissenschaft, Berlin/New York 1975 (Grundlagen der Kommunikation).

Coseriu, Eu., Sprache. Strukturen und Funktionen. 12 Aufsätze zur allgemeinen und romanischen Sprachwissenschaft, Tübingen 1970 (Tübinger Beiträge zur Linguistik 2).

Coseriu, Eu., Synchronie, Diachronie und Geschichte. Das Problem des Sprachwandels, München 1974 (Internationale Bibliothek für allgemeine Linguistik Bd. 3).

Dinser, G. (Hg.), Zur Theorie der Sprachveränderung, Kronberg 1974 (Skripten Linguistik und Kommunikationswissenschaft 3).

Duden. Grammatik der deutschen Gegenwartssprache, hg. von G. Drosdowski u. a., Mannheim/Wien/Zürich [4]1984.

Glinz, H., Synchronie – Diachronie – Sprachgeschichte, in: Sprache. Gegenwart und Geschichte. Probleme der Synchronie und Diachronie. Jahrbuch 1968, Düsseldorf 1969 (Sprache der Gegenwart Bd. 5) S. 78—91.

Kanngießer, S., Aspekte der synchronen und diachronen Linguistik, Tübingen 1972 (Konzepte der Sprach- und Literaturwissenschaft 9).

Keller, R., Sprachwandel, Tübingen 1990 (UTB 1567).

King, R., Historische Linguistik und generative Grammatik, Frankfurt 1971 (Schwerpunkte Linguistik und Kommunikationswissenschaft 5).

Lehmann, W. P., Einführung in die historische Linguistik, Heidelberg 1969 (Sprachwissenschaftliche Studienbücher, 2. Abt.).

Lerchner, G., Zu gesellschaftstheoretischen Implikationen der Sprachgeschichtsforschung, PBB (Halle) 94 (1974) S. 141—156.

Lexikon der Germanistischen Linguistik, hg. von H. P. Althaus, H. Henne und H. E. Wiegand, Tübingen [2]1980 [zitiert: LGL].

Moser, H., Probleme der Periodisierung des Deutschen, GRM 32 (= NF 1) (1950/51) S. 296—308.

Paul, H., Prinzipien der Sprachgeschichte, Halle 1898 (ND Tübingen 1970).

Porzig, W., Das Wunder der Sprache. Probleme, Methoden und Ergebnisse der modernen Sprachwissenschaft, Bern/München [3]1962 (Sammlung Dalp Bd. 71).

Saussure, F. de, Grundfragen der Allgemeinen Sprachwissenschaft. Hg. von Ch. Bally und A. Sechehaye unter Mitwirkung von A. Riedlinger übersetzt von H. Lommel, 2. Aufl. besorgt von P. von Polenz, Berlin 1967.

Sitta, H., Linguistische Methoden im altgermanistischen Unterricht, WW 22 (1972) S. 40—57.

1. Wörterbücher

Benecke, G. F./Müller, W./Zarncke, F., Mittelhochdeutsches Wörterbuch, 4 Bde, Leipzig 1854–66, ND Hildesheim 1963.

Etymologisches Wörterbuch des Althochdeutschen, von A. L. Lloyd und O. Springer, Göttingen/Zürich 1988 ff.

Graff, E. G., Althochdeutscher Sprachschatz, 6 Tle, Berlin 1834–42. Index von H. F. Maasmann, ND Darmstadt 1963.

Grimm, J./Grimm, W., Deutsches Wörterbuch, 16 in 32 Bden, Leipzig 1854–1961 [abgekürzt: DWB].

Hennig, B., Kleines Mittelhochdeutsches Wörterbuch, Tübingen 1993.

Kluge, F., Etymologisches Wörterbuch der deutschen Sprache, 22. völlig neu bearbeitete Aufl. von E. Seebold, Berlin 1989.

Koller, E./Wegstein, W./Wolf, N. R., Neuhochdeutscher Index zum mittelhochdeutschen Wortschatz, Stuttgart 1990.

Lexer, M., Mittelhochdeutsches Handwörterbuch, 3 Bde, 1872–78, ND Stuttgart 1970.

Lexer, M., Mittelhochdeutsches Taschenwörterbuch, Stuttgart [33]1972.

Pfeifer, W. u. a., Etymologisches Wörterbuch des Deutschen, 3 Bde, Berlin 1989.

Schützeichel, R., Althochdeutsches Wörterbuch, Tübingen [4]1989.

Althochdeutsches Wörterbuch, bearbeitet und hg. von E. Karg-Gasterstädt und Th. Frings, Berlin 1952 ff.

2. Sprachgeschichte

Bach, A., Geschichte der deutschen Sprache, Heidelberg [9]1970.

Eggers, H., Deutsche Sprachgeschichte, 2 Bde, Reinbek 1986.

Maurer, F./Rupp, H. (Hgg.), Deutsche Wortgeschichte, 3 Bde, Berlin/New York [3]1974–78 (= Grundriß der germanischen Philologie. 17).

Moser, H., Deutsche Sprachgeschichte, Stuttgart [6]1969.

Polenz, P. von, Geschichte der deutschen Sprache, Berlin/New York [9]1978 (Sammlung Göschen 4015).

Polenz, P. von, Deutsche Sprachgeschichte vom Spätmittelalter bis zur Gegenwart. Bd. I, Berlin/New York 1991 (Sammlung Göschen 2237).

Schmidt, W., Geschichte der deutschen Sprache, Stuttgart [6]1993.

Schweikle, G., Germanisch-deutsche Sprachgeschichte im Überblick, Stuttgart [2]1987.

Sonderegger, St., Grundzüge deutscher Sprachgeschichte, Bd. I, Berlin 1979.

Die deutsche Sprache. Kleine Enzyklopädie, 2 Bde, Leipzig 1969/70.

Stedje, A., Deutsche Sprache gestern und heute, München 1989 (UTB 1499).

Tschirch, F., Geschichte der deutschen Sprache, 2 Bde, Berlin [2]1971/75 (Grundlagen der Germanistik Bd. 5 und 9).

Wolf, N. R., Althochdeutsch – Mittelhochdeutsch. Geschichte der deutschen Sprache, Bd. I, Heidelberg 1981 (UTB 1139).

Kurzer Grundriß der germanischen Philologie bis 1500, hg. von L. E. Schmitt, Bd. I: Sprachgeschichte, Bd. II: Literaturgeschichte, Berlin 1970/71.

3. Grammatiken und Einführungen

Bergmann, R./Pauly, P., Alt- und Mittelhochdeutsch. Arbeitsbuch zum linguistischen Unterricht, Göttingen [2]1978.

Braune, W./Eggers, H., Althochdeutsche Grammatik, Tübingen [14]1987.

de Boor, H./Wisniewski, R., Mittelhochdeutsche Grammatik, Berlin [7]1973 (Sammlung Göschen 1108).

Ehrismann, O./Ramge, H., Mittelhochdeutsch. Eine Einführung in das Studium der deutschen Sprachgeschichte, Tübingen 1976 (Germanistische Arbeitshefte 19).

Gärtner, K./Steinhoff, H.-H., Minimalgrammatik zur Arbeit mit mittelhochdeutschen Texten. Übersicht über die wichtigsten Abweichungen vom Neuhochdeutschen, Göppingen 1976 (GAG 183).

Gerdes, U./Spellerberg, G., Althochdeutsch – Mittelhochdeutsch. Grammatischer Grundkurs zur Einführung und Textlektüre, Frankfurt [3]1975 (Fischer Athenäum Taschenbücher 2008).

Grimm, J., Deutsche Grammatik, 5 Bde, Gütersloh/Berlin [2]1878—98.

Helm, K., Abriß der mittelhochdeutschen Grammatik, bearbeitet von E. A. Ebbinghaus, Tübingen [4]1973 (Sammlung kurzer Grammatiken germ. Dialekte C 8).

Henzen, W., Deutsche Wortbildung, Tübingen [3]1965 (Sammlung kurzer Grammatiken germ. Dialekte B 5).

Kern, P. Chr./Zutt, H., Geschichte des deutschen Flexionssystems, Tübingen 1977 (Germanistische Arbeitshefte 22).

von Kienle, R., Historische Laut- und Formenlehre des Deutschen, Tübingen [2]1969 (Sammlung kurzer Grammatiken germ. Dialekte A 11).

Mettke, H., Mittelhochdeutsche Grammatik. Laut- und Formenlehre, Halle [3]1970.

Paul, H., Deutsche Grammatik, 5 Bde, Halle 1916—20.

Paul, H., Mittelhochdeutsche Grammatik, 23. neu bearbeitete Aufl. von S. Grosse und P. Wiehl, Tübingen 1989 (Sammlung kurzer Grammatiken germ. Dialekte A 2).

Penzl, H., Mittelhochdeutsch. Eine Einführung in die Dialekte, Bern usw. 1989.

Ronneberger-Sibold, E., Historische Phonologie und Morphologie des Deutschen. Eine kommentierte Bibliographie zur strukturellen Forschung, Tübingen 1989 (Germanist. Arbeitshefte. Erg.-Reihe 3).

Sonderegger, St., Althochdeutsche Sprache und Literatur. Eine Einführung in das älteste Deutsch, Berlin/New York 1974 (Sammlung Göschen 8005).

Weinhold, K., Kleine mittelhochdeutsche Grammatik, fortgeführt von G. Ehrismann und H. Moser, Wien/Stuttgart [16]1972.

Weinhold, K., Mittelhochdeutsche Grammatik, Paderborn [2]1883, ND Darmstadt 1967.

4. *Literaturgeschichte*

Bertau, K., Deutsche Literatur im europäischen Mittelalter, 2 Bde, München 1972/73.

de Boor, H./Newald, R., Geschichte der deutschen Literatur, München 1960 ff.; zum Mittelalter: Bd. 1, 2, 3/1 (alle von de Boor), 3/2 (hg. von I. Glier), 4/1, 4/2 (beide von H. Rupprich).

Bumke, J., Höfische Kultur. Literatur und Gesellschaft im hohen Mittelalter, 2 Bde, München 1986 (dtv 4442).

Bumke, J./Cramer, Th./Kartschoke, D., Geschichte der deutschen Literatur im Mittelalter, 3 Bde, München 1990 (dtv 4551—4553).

Ehrismann, G., Geschichte der deutschen Literatur bis zum Ausgang des Mittelalters. 2 Tle in 4 Bden, München [2]1927—35, ND 1954/55.

Heinzle, J. (Hg.), Geschichte der deutschen Literatur von den Anfängen bis zum Beginn der Neuzeit, (bisher:) Bd. 1/1 (von W. Haubrichs), Bd. 1/2 (von G. Vollmann-Profe), Bd. 2/2 (von J. Heinzle), Königstein 1984 ff.

Schwietering, J., Die deutsche Dichtung des Mittelalters, Potsdam 1927, ND Darmstadt 1957.

Die deutsche Literatur des Mittelalters. Verfasserlexikon, 2. völlig neu bearbeitete Aufl. hg. von K. Ruh, Berlin/New York 1978 ff.

Geschichte der deutschen Literatur von den Anfängen bis zur Gegenwart, Berlin 1964 ff.; zum Mittelalter bisher erschienen: Bd. 1/1, 1/2, 2, 4 für den Zeitraum von den Anfängen bis zur Mitte des 13. Jahrhunderts und 1480–1600.

1 B 3 Bibliographische Hilfsmittel

Veröffentlichungen zur Sprach- und Literaturgeschichte lassen sich aus den beiden laufenden Bibliographien ermitteln:

Bibliographie der deutschen Literaturwissenschaft, hg. von H. W. Eppelsheimer (ab Bd. 2 bearb. von Cl. Köttelwesch), Bd. 1 ff., Frankfurt 1957 ff. – Ab Bd. 9, 1969: Bibliographie der deutschen Sprach- und Literaturwissenschaft.

Germanistik. Internationales Referatenorgan mit bibliographischen Hinweisen, 1 ff. (1969 ff.).

Diese Bibliographien sind systematisch geordnet. Sie enthalten auch Auflösungen der gängigen Abkürzungen und Zeitschriftensiglen, wie sie beim Zitieren verwendet werden.

Über Arbeiten zur Literatur des Mittelalters kann man sich auch informieren in der Zeitschrift

Arbitrium. Zeitschrift für Rezensionen zur germanistischen Literaturwissenschaft, 1 ff. (1983 ff.).

2 Die Überlieferung mittelalterlicher Texte

In diesem Kapitel beschäftigen wir uns zunächst mit mittelalterlichen Texten in der Form, in der sie uns überliefert sind: mit Handschriften. Der Ausgang von den Handschriften soll zu einem kritischen Umgang mit den Textausgaben anleiten, indem er auf Vorentscheidungen der Herausgeber aufmerksam macht. Durch eine eingehendere Beschäftigung mit den Handschriften können außerdem einige Aspekte des literarischen Lebens des Mittelalters aufgezeigt werden.

2 A 1 Beobachtungen an einem handschriftlichen Text

Da die modernen Textabdrucke von den mittelalterlichen Handschriften kein rechtes Bild geben, gehen wir von einem Handschriften-Facsimile aus.

Es handelt sich hier um ein Blatt einer um 1200 geschriebenen Handschrift (Hs) mit der Signatur der Münchner Universitätsbibliothek Cod. lat. 19411 (= Teg. 1411, früher E 33), die u. a. eine Briefsammlung des Werinher von Tegernsee enthält. Der erste Brief ist von einer hochgestellten Dame, möglicherweise geistlichen Standes, an ihren Lehrer, einen Geistlichen, gerichtet; sein Thema ist die *amicitia*. Der lateinische Brief endet mit einem deutschen Gedicht, das sich in der linken Spalte über der **Initiale** *F* findet (Initialen sind Großbuchstaben, die sich durch Größe, Verzierung und z. T. Kolorierung vom übrigen Text abheben). Im darunter beginnenden Brief wirbt der Geistliche um die Dame, die diese Werbung im dritten Brief zurückweist.

Was läßt sich an diesem Handschriften-Facsimile beobachten?

1. Die Briefe sind in lateinischer Sprache abgefaßt. Das Lateinische spielte im Mittelalter als Gebrauchs- und auch als Literatursprache eine wichtigere Rolle als das Deutsche.

2. Das Gedicht ist fortlaufend geschrieben, die Versgrenzen sind lediglich durch Punkte gekennzeichnet. Eine solche Schreibweise wurde bei Versen oft zur Raumersparnis angewendet. Pergament und Papier waren teuer, man mußte sparsam damit umgehen. Allerdings gibt es auch Handschriften, in denen die Verse zeilenweise geschrieben sind. Es handelt sich dann meist um kostbare Ausführungen, die für vermögende Auftraggeber und oft für bestimmte repräsentative Zwecke angefertigt wurden. Bei solchen Handschriften findet man dann auch häufig Verzierungen und kunstvoll ausgestaltete Initialen.

3. Innerhalb der Verse gibt es keine Satzzeichen. Die mittelalterlichen Schreiber verwendeten in der Regel den Punkt als einziges Satzzeichen, seit 1300 findet sich der Schrägstrich, weitere Zeichen (Fragezeichen, Semikolon, Doppelpunkt) kommen im Verlauf des Spätmittelalters hinzu. Die Zeichensetzung unserer Textausgaben geht demnach im allgemeinen auf den Herausgeber zurück.

4. Der einzige Großbuchstabe in dem mhd. Gedicht ist das am Beginn stehende *D*. Man kannte demnach wohl Groß- und Kleinbuchstaben, sie

wurden jedoch anders verwendet als heute. Unsere Großschreibung für Substantive ist erst seit dem Barock eingeführt worden, im Mittelalter werden häufig Satz- oder Versanfänge groß geschrieben, seltener auch Eigennamen.

5. Der Schreiber hat beim zweiten Wort zuerst *pist* geschrieben, das er dann in *bist* korrigiert hat. Die Ursache dafür könnte in der Mundart des Schreibers zu finden sein: die Handschrift stammt aus Tegernsee, und bairische Texte zeigen oft *p* statt *b*.

6. Die Buchstaben sind zum großen Teil ohne Verbindung nebeneinandergesetzt. Dadurch ist es zwar leichter möglich, sie voneinander abzugrenzen als bei einer kursiven Schrift, dafür sind aber auch die Wortgrenzen nicht immer eindeutig festzustellen: *bindin* erscheint wie ein Wort, bei *dar inne* läßt sich keine eindeutige Entscheidung treffen – im Nhd. wird *darin* zusammengeschrieben, hier könnten es zwei Wörter sein.

7. Das mhd. Zeichen ſ gibt es nur in der Fraktur, in der heute üblichen Antiqua ist es durch *s* ersetzt worden. Dieses *s* wird, zunächst nur am Wortende, aus einer älteren Schrift (Unzialschrift) seit dem 10. Jahrhundert allmählich wieder eingeführt, ohne jedoch das ſ-Zeichen zu verdrängen. Einzelne Buchstaben können auch übergesetzt werden wie in *möſt*; die Graphie *ŏ* für *uo* findet sich seit dem 11. Jahrhundert.
Es gibt keine i-Punkte; diese werden seit dem 11. Jahrhundert allmählich eingeführt.

8. Handschriftliche Wiedergabe hat zur Folge, daß der gleiche Buchstabe in unterschiedlicher Form auftreten kann, z. B. in dem Gedicht der Buchstabe *d* als 𝖉, 𝖉, 𝖇. Für das Verständnis des Textes sind diese Unterschiede jedoch unwichtig; hier kommt es lediglich darauf an, daß die wesentlichen, distinktiven Merkmale eines Buchstabens gewahrt sind, daß er sich genügend von anderen unterscheidet. Ob etwa ein *z* kleiner oder – wie in dem Gedicht – größer geschrieben ist, ist irrelevant, entscheidend ist, daß es der Schreiber ausreichend von anderen ähnlichen Buchstaben abhebt.

9. Die beiden Wörter *beſloſſen* und *ſluzzelin* sind nach Bedeutung und Herkunft eng verwandt. Man wird demnach wohl davon ausgehen können, daß ſſ und *zz* gleichen Lautwert haben. Dennoch finden sich unterschiedliche Graphien. Die Schreibung war offensichtlich noch nicht streng festgelegt, so daß die Schreiber verschiedene zur Verfügung stehende Zeichen für den gleichen Laut verwenden konnten.

Ziehen wir nun zum Vergleich den **kritischen Text** des Gedichts in „Minnesangs Frühling" (MF) heran.

(Kritische Texte sind Ausgaben eines Werkes, in denen der Herausgeber aus der Überlieferung eine von Fehlern gereinigte, ursprünglichere Textfassung zu rekonstruieren versucht hat. Alle von diesem kritischen Text abweichenden Lesarten in den Handschriften wie auch Besserungsvorschläge anderer Herausgeber sind in der Regel im kritischen **Apparat** zu diesem Text aufgeführt.)

VIII   *Dû bist mîn, ich bin dîn.*   3, 1 – T. Bl. 114^v
          des solt dû gewis sîn.
             dû bist beslozzen
             in mînem herzen,
    5   *verlorn ist daz sluzzelîn:*
           dû muost ouch immêr darinne sîn.

VIII, 1 *bist* aus *pist* korrigiert.

VIII Drei Langzeilen Maurer Deutschunterricht 11, H. 2, 9. – 6 V] *Dû muost immer drinne sîn* K(L).

Hier ist die Verseinteilung deutlich zu erkennen, es sind Satzzeichen eingefügt, die Wörter sind eindeutig getrennt, die Kleinschreibung ist erhalten. Bestimmte Vokale sind durch ein übergesetztes ʌ als lang gekennzeichnet. Der Unterschied in der Schreibung von *beſloſſen* und *ſluzzelin* ist beseitigt zugunsten von *zz*, die Überschreibung bei *mŏſt* ist aufgehoben, das *i* hat nun den gewohnten Punkt.

Für die orthographische Normalisierung mhd. Texte hat Karl Lachmann (1793–1851) folgende Schriftzeichen eingeführt:

für kurze Vokale: *a, e, i, o, u,* (*ä*)*, ö, ü*;

für lange Vokale: *â, ê, î, ô, û, æ, œ, iu* (mit dem Lautwert eines langen *ü*);

für Diphthonge: *ei, ou, öu* (häufig auch *öi* oder *eu* geschrieben), *ie, uo, üe*;

für Konsonanten: *k* (im Auslaut: *c*)*, q, t, p, g, d, b, ch, h, s, sch, z, ʒ, j, v/f, w, n, m, l, r*; für Affrikaten: *z* und *tz* = [ts], *ph* = [pf].

In Wörterbüchern und Grammatiken reichen diese Zeichen für eine genauere phonetische Kennzeichnung oft nicht aus, es werden deshalb weitere Zeichen eingeführt: *ë* für germ. *e* im Unterschied zu dem durch Primärumlaut entstandenen *e* (auch *ę*) und dem durch Sekundärumlaut entstandenen *ä*; ʒ für den in der 2. Lautverschiebung aus *t* entstandenen *s*-Laut zur Unterscheidung von *s* = germ. *s*; *hs, ht* wird meist statt *chs, cht* geschrieben (mhd. *wahsen, niht*).

Abweichungen gegenüber der Handschrift, die nicht nur das äußere Erscheinungsbild betreffen, zeigt der letzte Vers: statt *och* schreiben die Herausgeber *ouch*. Der Grund liegt in einer weiteren Vereinheitlichung, die über eine orthographische Normalisierung hinausgeht. Zuerst von Karl Lachmann wurde die Auffassung vertreten, daß es in der Zeit um 1200 eine einheitliche „höfische Dichtersprache" gegeben habe, in der Dialektmerkmale ganz zurückgedrängt seien; am nächsten stehe sie dem Lautstand des Alemannischen und Ostfränkischen. Da uns die mhd. Werke im allgemeinen nicht in Originalen, sondern in Abschriften vorliegen, werden Abweichungen von dieser „Dichtersprache" den späteren Schreibern zugewiesen und rückgängig gemacht. Die Form *och* nun ist landschaftssprachlich und entspricht nicht der angenommenen üblichen Form dieser Partikel in der Sprache der Dichtung. Heute geht man davon aus, daß es eine eigenständige und einheitliche mhd. Dichtersprache nicht gegeben hat, daß aber die Dichter der Zeit um 1200 im Sprachgebrauch ihrer Werke mundartliche Eigenheiten mieden, u. a. um sich eine größere Verbreitung über Dialektgrenzen hinaus zu sichern. Deshalb sind die Herausgeber in neueren Editionen meist bei der Herstellung einer normalisierten Sprachform zurückhaltender und beseitigen nicht alle regionalen Sprachformen.

Gut ablesen lassen sich die geänderten Grundsätze für eine Textedition an den unterschiedlichen Bearbeitungen von „Minnesangs Frühling", etwa wenn man den Text unseres aus der Ausgabe von MOSER und TERVOOREN abgedruckten Liedes vergleicht mit dem Abdruck in der Ausgabe von C. VON KRAUS; dort lautet der letzte Vers: *dû muost immer drinne sîn.*

2 A 3 Untersuchung eines weiteren Beispiels

Die Vervielfältigung und Tradierung mittelalterlicher Texte erfolgte durch Schreiber, die teils nach Diktat, teils nach Vorlagen schrieben. Dies und die noch unfeste Schreibweise der Wörter hat zur Folge, daß Werke, die in verschiedenen Handschriften erhalten sind, untereinander nie identisch sind. Die Unterschiede reichen von bestimmten Schreibergewohnheiten bei der Schreibung einzelner Buchstaben bis hin zu Umformulierungen; natürlich können dabei auch sinnstörende Fehler auftreten. Außerdem sind viele der erhaltenen Handschriften oft wesentlich später abgeschrieben, als sie der Autor verfaßt hat – die meisten Handschriften der um 1200 entstandenen mhd. Werke stammen aus dem 14. Jahrhundert. Der „Erec" Hartmanns von Aue etwa ist nur in einer einzigen, nämlich der 300 Jahre nach der Abfassung des Romans geschriebenen Ambraser Handschrift (und einigen Fragmenten) erhalten, die 1502–15 im Auftrage Kaiser Maximilians von dem Bozener Zolleinnehmer Hans Ried angefertigt wurde. In solchen Fällen ist es möglich, daß die Schreiber die Texte an die Sprache ihrer eigenen Zeit angeglichen haben.

In vielen Fällen ist das gleiche Werk in mehreren Handschriften überliefert. Die Herausgeber mittelalterlicher Texte versuchen, durch Vergleich dieser verschiedenen Überlieferungen die ursprüngliche Gestalt des Textes zu rekonstruieren, indem sie Veränderungen am Text, die ihrer Meinung nach auf die Abschreiber zurückzuführen sind, rückgängig machen. Wir wollen die Problematik am Beispiel der Überlieferung des „Armen Heinrich" von Hartmann von Aue (in Zukunft auch abgekürzt: AH) verdeutlichen.

Der Text des AH ist in drei vollständigen Hss. (Siglen: A, Ba, Bb) und drei Bruchstücken (Siglen: C, D, E) sowie einem Randeintrag in einer lat. Hs. (Sigle: F) erhalten. Hs. A ist 1870 in Straßburg verbrannt, sie liegt nur noch in Abdrucken aus dem 19. Jahrhundert vor. Die Hs. Bb hat große Ähnlichkeit mit Ba. Diese Hs., die in der Heidelberger Universitätsbibliothek unter der Signatur cpg 341 aufbewahrt wird, ist im ersten Drittel des 14. Jahrhunderts entstanden. Sie besteht aus Pergament, hat 374 Blätter und enthält eine Vielzahl von Reimpaargedichten. Überschriften und Initialen sind im Original farbig (rot oder blau). Hier ist das Blatt mit dem Anfang des AH wiedergegeben. Vor der Überschrift findet sich der Schluß des Gedichtes „Die vier Töchter Gottes".

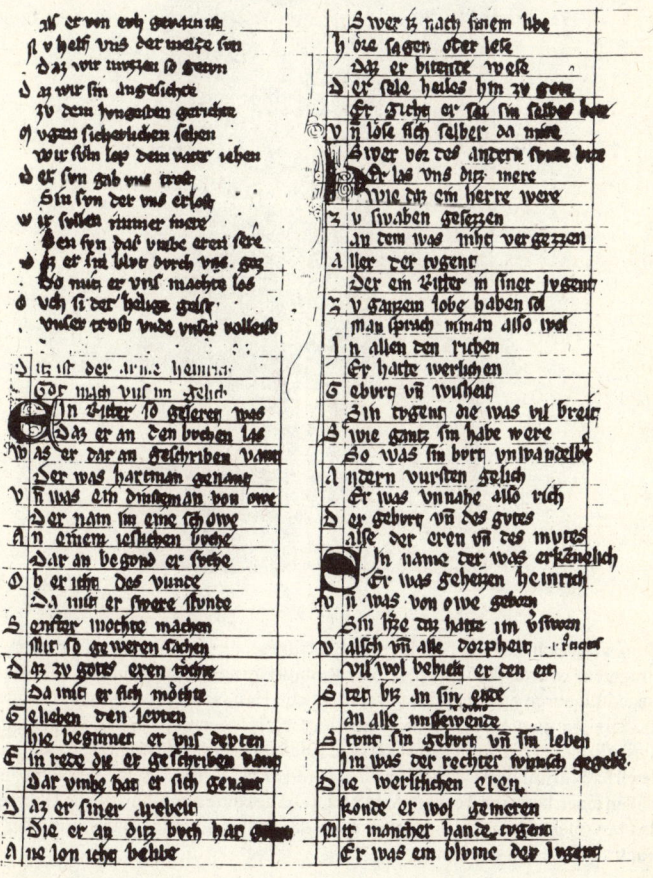

Zum Vergleich soll ein Teil des sog. Benediktbeurer Bruchstücks (E) dienen. Dieses Fragment wurde 1964/65 bei der Restaurierung der ehemaligen Klosterkirche Benediktbeuren entdeckt. Die ursprüngliche Handschrift war zerschnitten worden, die Streifen dienten zur Abdichtung der Orgelpfeifen der 1695 aufgestellten Orgel. Deshalb ist der Text nur schwer lesbar. Die Handschrift dürfte in der zweiten Hälfte des 13. Jahrhunderts von einem Alemannen geschrieben sein, sie bietet in vielen Fällen einen besseren Text als A und Ba. (Die gesamte handschriftliche Überlieferung des „Armen Heinrich" ist von ULRICH MÜLLER und CORNELIUS SOMMER in Facsimiles herausgegeben.)

Die Handschriften Ba und E sind offensichtlich besser ausgestattet als die Tegernseer Handschrift mit dem Gedicht *Du bist mîn*. Der Text ist versweise geschrieben, die ungeraden Verse sind nach links herausgerückt, besonders Ba ist durch Initialen verziert (ein weiteres Beispiel für eine gut ausgestattete Handschrift in Kap. 6 A 1.1).

Leider ist über Auftraggeber und Besitzer der beiden Handschriften kaum etwas zu ermitteln: die wenigen erhaltenen Streifen von E enthalten keinerlei Hinweise, von der Handschrift Ba weiß man lediglich, daß sie sich um 1600 in der pfalzgräflichen Bibliothek in Heidelberg befand; es wird vermutet, daß sie im böhmischen Sprachgebiet zusammengestellt wurde. Das letzte Gedicht der Handschrift, verfaßt von Heinrich von Freiberg, verherrlicht die Ritterfahrt des Johann von Michelsberg. Deshalb nimmt man an, daß sie entweder für diesen Herrn selbst oder für seine unmittelbaren Nachkommen angefertigt worden ist.

Im folgenden sind einige Verse aus den Handschriften A, Ba und E sowie aus der Ausgabe des „Armen Heinrich" nebeneinandergestellt:

A		Ba
	Er las dis ſelbe mere	*Her las vns ditz mere*
30	*wie ein herre were*	*wie daz ein herre were*
	zů ſwaben geſeſſen	*zv ſwaben geſezzen*
	an dem enwas vergeſſen	*an dem was niht vergezzen*
	dekeine der tugent	*aller der tvgent*
	die ein ritter in ſinre iugent	*der ein Ritter in ſiner jvgent*
35	*zů vollem lobe haben ſol*	*zv ganzem lobe haben ſol*
	man ſprach do nieman alſo wol	*man ſprach niman alſo wol*
	in allen den landen	*in allen den richen*
	er hatte zů ſinen handen	*er hatte werlichen*
	geburt v̄n dar zů richeit	*gebv̄rt v̄n wiſheit*
40	*ŏch was ſin tugent vil bereit*	*ſin tvgent die was vil breit*

E

Kritischer Text
nach PAUL/BONATH

	E	Kritischer Text nach PAUL/BONATH
	Vnſ ſaget div ſelbe mere	*Er las daz selbe mære,*
30	*Daz ein herre were*	*wie ein herre wære,*
	Ze ſwaben geſezzen.	*ze Swâben gesezzen:*
	Des inwas nit uᵍgezzen	*an dem enwas vergezzen*
	An deheinˢ tvgent,	*nie deheiner der tugent*
	Die ein rittere in dˢ iugent	*die ein ritter in sîner jugent*
35	*Ze vollem liebe haben ſol.*	*ze vollem lobe haben sol.*
	Man ſprach do niemane alſo wol	*man sprach dô nieman alsô wol*
	Von allen feren landen.	*in allen den landen.*
	Er hete in ſinen handen	*er hete ze sînen handen*
	Gebvrt v̄n richeit,	*geburt unde rîcheit:*
40	*Ovch was ſin tvgent vil gereit.*	*ouch was sîn tugent vil breit.*

Bei einem Vergleich der verschiedenen Fassungen mit dem kritischen Text von PAUL/BONATH fällt folgendes auf: Bei V. 33 haben die Herausgeber des „Armen Heinrich" durch Einfügung eines *nie* eine Textfassung vorgeschlagen, die in keiner der Handschriften überliefert ist. Maßgebend dürften hier wohl rhythmische Gründe gewesen sein.

Bei V. 35 folgt der kritische Text mit *lobe* der Fassung der Hs. A. E bietet hier *liebe,* was H. ROSENFELD mit ‚zu vollem Wohlgefallen' übersetzt. Er hält diese Fassung für ursprünglich, weil sie die ungewöhnlichere sei. Nach den Grundsätzen der Textedition gilt eine solche **lectio difficilior** als in der Regel beste Lesung: man geht davon aus, daß spätere Schreiber eher ungewöhnliche, schwierige Formen beseitigt haben; wenn nun eine Handschrift eine solche Form enthält, ist man geneigt, sie als die ursprüngliche zu betrachten. WOLFF hat gegen ROSENFELD geltend gemacht, daß *liebe* in dieser Bedeutung bei Hartmann von Aue sonst nicht begegnet.

Bei V. 37 — 39 hat Ba einen ganz von A abweichenden Text. Die kritische Ausgabe folgt hier der Hs. A, eine Entscheidung, die durch das neu aufgefundene Bruchstück E dann im wesentlichen bestätigt worden ist. Nach dem Grundsatz der lectio difficilior hält ROSENFELD auch hier die Lesung der Hs. E *von allen ferren landen* für ursprünglich, der Text in A und Ba sei „farblos". Dagegen hat WOLFF eingewendet, daß *verre* als adjektivisches Attribut zu einem Substantiv Hartmann von Aue noch unbekannt sei; er folgt darum in diesem Vers den Hss. A und Ba.

Bei der Benutzung der Textausgaben sind also Herausgeberentscheidungen kritisch zu prüfen. Eine solche Überprüfung erlaubt in der Regel der dem Text beigegebene Apparat. Auch wenn man davon ausgehen kann, daß der Herausgeber gut begründete Entscheidungen trifft, muß dies doch nicht für jeden Einzelfall gelten. Außerdem muß man bei literatursoziologischen und rezeptionsgeschichtlichen Untersuchungen auf die verschiedenen Überlieferungen eines Textes zurückgehen, muß also den handschriftlichen Text rekonstruieren. Diese neuen Fragestellungen haben sich u. a. aus der Einsicht ergeben, daß die von der Dichtungstheorie des 19. Jahrhunderts geprägten Vorstellungen von der Originalität, Ursprünglichkeit und Einmaligkeit eines Werkes nicht ohne weiteres auf das Mittelalter übertragen werden können. Es muß deshalb als fraglich erscheinen, ob man durch die Versuche der Rekonstruktion eines originalen Textes, wie ihn der Autor geschaffen habe, überhaupt der Wirklichkeit des literarischen Lebens und der Auffassung von Dichtung im Mittelalter gerecht wird. Vielfach werden deshalb heute mittelalterliche Werke nach den Handschriften ohne größere Eingriffe von seiten des Herausgebers abgedruckt. Aus einer handschriftengetreuen Edition eines Textes läßt sich dann auch die regionale und zeitliche

Variation innerhalb des Mhd. ablesen, die durch die Umsetzung in das normalisierte Mhd. verdeckt wird.

2 B 1 Aufgaben

AH 1   *Ein ritter sô gelèret was*
          daz er an den buochen las
          swaz er dar an geschriben vant;
          der was Hartman genant,
5   *dienstman was er zOuwe.*
          er nam im manige schouwe
          an mislîchen buochen.

Überschrift: *Dis ist von dem armen heinriche* A *Ditz ist der arme heinrich/Got mach vns im gelich* Ba *Ditz ist ein mere rich/von dem armen heinrich* Bb   1 *Ritter* Ba   2 *buchen* A *bvchen* BaBb   3 *was* Ba *waz* Bb *der* A   4 *hartman* ABaBb   5 *vn̄* (*vnde* Bb) *was ein dinsteman* (*dienstman* Bb) *von owe* BaBb *zů owe* A   6 *der* Bb *ime mange schowe* A *eine schowe* BaBb   7 *einem ieslichen* (*itslichen* Bb) *bvche* (*bvchen* Bb) Ba Bb.

1. Rekonstruieren Sie den Text dieser Verse in den verschiedenen Handschriften!

2. Woraus könnten sich die Veränderungen
a. im kritischen Text gegenüber den Handschriften,
b. zwischen den Handschriften ergeben?

3. Untersuchen Sie die Schreibung des *s*-Lautes in den Handschriften A, Ba und E sowie in der Tegernseer Handschrift des Gedichts *Du bist mîn*!

4. Untersuchen Sie die Schreibung des *u*-Lautes in den Handschriften A, Ba und E!

5. In Hs. E beginnt der Text des „Armen Heinrich" nach der Überschrift *Aw̄ [= Aventiure] von hern heinrich Owere von ſwaben* mit V. 29. Diskutieren Sie, welche Schlüsse man aus diesem Befund für die Überlieferung des Werkes und das Problem einer ursprünglichen Autor-Fassung ziehen kann. Vergleichen Sie Ihre Überlegungen mit den Auffassungen von RÖLL, ROSENFELD und WOLFF.

2 B 2 Literatur

Handbuch Sprachgeschichte. Art. 15 (Grubmüller); Art. 47 (Schröder); Art. 156 (Grubmüller).

Hartmann von Aue. Der arme Heinrich, hg. von H. Paul, 15. durchgesehene Auflage besorgt von G. Bonath, Tübingen 1984 (ATB 3).

Bonath, G., Überlegungen zum ursprünglichen Versbestand des „Armen Heinrich". ZfdA 99 (1970) S. 200—208.

Eis, G., Altdeutsche Handschriften, München 1949.

Kirchner, J., Germanistische Handschriftenpraxis. München ²1967.

Kühnel, J., Dû bist mîn. ih bin dîn. Die lat. Liebes- (und Freundschafts-) Briefe des clm 19411, Göppingen 1977 (Litterae 52).

Kunze, K., ‚Arme Heinrich'-Reminiszenz in Ovid-Glossen-Handschrift, ZfdA 108 (1979) S. 31—33.

Des Minnesangs Frühling, ... neu bearbeitet von C. von Kraus, Stuttgart ³³1962.

Dasselbe, ... bearbeitet von H. Moser und H. Tervooren. I. Texte. II. Editionsprinzipien, Melodien, Handschriften, Erläuterungen, Stuttgart ³⁶1977.

Müller, U., Hartmann von Aue „Der arme Heinrich". Abbildungen und Materialien zur gesamten handschriftlichen Überlieferung, Göppingen 1971 (Litterae 3).

Röll, W., Zu den Benediktbeurer Bruchstücken des ‚Armen Heinrich' und zu seiner indirekten Überlieferung, ZfdA 99 (1970) S. 187—199.

Rosenfeld, H., Ein neu aufgefundenes Fragment von Hartmanns ‚Armem Heinrich' aus Benediktbeuren, ZfdA 98 (1969) S. 40—64.

Sommer, C., Hartmann von Aue „Der arme Heinrich". Fassung der Handschrift Bb – Abbildungen aus dem Kaloczaer Kodex, Göppingen 1973 (Litterae 30).

Wapnewski, P., Hartmann von Aue, Stuttgart ⁷1979 (Sammlung Metzler 17).

Wolff, L., Das Benediktbeurer Fragment des ‚Armen Heinrich', ZfdA 99 (1970) S. 178—186.

2 B 3 Textausgaben

Zahlreiche mittelalterliche Werke sind ediert in der *Altdeutschen Textbibliothek* (ATB), die im Max Niemeyer Verlag, Tübingen, erscheint, z. B. Walther von der Vogelweide, Hartmann von Aue, Wolfram von Eschenbach, Neidhart von Reuenthal, Der Stricker, Oswald von Wolkenstein.

Umfangreiche Editionen enthalten außerdem die *Deutschen Texte des Mittelalters* (DTM), die seit 1904 von der Deutschen Akademie der Wissenschaften zu Berlin herausgegeben werden, u. a. Johannes Tauler, Mhd. Erzählungen, Fabeln und Lehrgedichte, Rudolf von Ems, Heinrich der Teichner, Ulrich von Türheim.

Verschiedene mittelalterliche Werke sind auch in der Reihe *Deutsche Klassiker des Mittelalters,* F. A. Brockhaus Verlag, Wiesbaden, zugänglich (z. B. Nibelungenlied, Hartmann von Aue, Johannes von Saaz).

Zusätzliche Hilfen für die Erschließung mittelalterlicher Texte bieten die Ausgaben in der Reihe *Althochdeutsche und mittelhochdeutsche Epik und Lyrik* der Wissenschaftlichen Buchgesellschaft, Darmstadt: sie enthalten jeweils einen wissenschaftlich überprüften Text (allerdings ohne Lesarten), dem in den Lyrik-Bänden eine Übersetzung gegenübergestellt ist, während in den Epik-Bänden eine ausführliche Nacherzählung folgt; jeder Band enthält außerdem Erläuterungen zu Begriffen, die für das Verständnis des Werkes wichtig sind und deren Bedeutung sich von der Bedeutung des lautlich entsprechenden nhd. Wortes unterscheidet. Erschienen sind in dieser Reihe u. a. Gottfried von Straßburg, Hartmann von Aue, Wolfram von Eschenbach, Neidhart von Reuenthal, Nibelungenlied, Kudrun, Walther von der Vogelweide.

Mhd. Texte mit Übersetzung und oft umfangreicher Einleitung sowie Anmerkungen enthalten die Ausgaben in *Reclams Universalbibliothek*. Bisher sind u. a. erschienen: Otfried von Weißenburg (Auswahl), Annolied, Heinrich von Veldeke, Hartmann von Aue, Wolfram von Eschenbach (Parzival), Gottfried von Straßburg, verschiedene Minnesang-Autoren (Friedrich von Hausen, Heinrich von Morungen, Reinmar, Neidhart von Reuental), Moriz von Craûn, Stricker (Auswahl), Berthold von Regensburg (Auswahl), Heinrich Wittenwiler, Ausgaben mehrerer Spiele.

Übersetzungen parallel zum ahd. bzw. mhd. Text enthalten auch die Ausgaben mittelalterlicher Literatur in der *Fischer-Bücherei* (bisher z. B. eine Auswahl aus der ahd. Literatur, Hartmann von Aue, Rolandslied des Pfaffen Konrad, Nibelungenlied, Meier Helmbrecht).

Reproduktionen ganzer Handschriften oder bestimmter Ausschnitte der handschriftlichen Überlieferung enthält die Reihe *Litterae. Göppinger Beiträge zur Textgeschichte,* Alfred Kümmerle Verlag, Göppingen, u. a. die Überlieferung der Gedichte Neidharts von Reuenthal, Oswalds von Wolkenstein, Heinrichs von Morungen, Walthers von der Vogelweide, des Strickers; verschiedene Liederhandschriften: Manessische Handschrift, Jenaer Liederhandschrift, Kolmarer Liederhandschrift.

3 Lautung

In diesem Kapitel beschäftigen wir uns mit lautlichen Erscheinungen. Nach einem einführenden Abschnitt, in dem Überlegungen zum Verhältnis von Schrift und Laut angestellt werden, sollen aus einem mhd. Text Lautäquivalenzen zwischen Mhd. und Nhd. erarbeitet werden (Lautwandel, s. 3 A 2.3). Im letzten Abschnitt werden lautliche Unterschiede zwischen verschiedenen Formen des gleichen Wortes und zwischen etymologisch zusammenhängenden Formen innerhalb des Mhd. untersucht (Lautwechsel, s. 3 A 3.2); z. T. muß dabei zum Vergleich und zum besseren Verständnis das Ahd. herangezogen werden.

3 A 1 Das Verhältnis von Schrift und Laut

Die Schrift ist ein sekundäres System, das dazu geschaffen ist, die vergänglichere gesprochene Sprache zu fixieren; sie kann das Ausgangssystem der gesprochenen Sprache nicht ganz genau abbilden. Auch wenn die Buchstabenschrift dem phonetischen System wesentlich näher steht als etwa eine Bilderschrift, kann sie Nuancierungen und Schattierungen der Aussprache der Laute nicht festhalten. Denn den potentiell unendlich vielen Realisationsmöglichkeiten der Laute steht ein begrenzter Vorrat an Schriftzeichen gegenüber. Aus der geschriebenen die genaue Aussprache der gesprochenen Sprache zu rekonstruieren, ist darum nur schwer möglich.

Für das Deutsche kommt noch hinzu, daß die verwendete Schrift nicht für diese Sprache geschaffen, sondern in ahd. Zeit aus dem Lateinischen übernommen worden ist. Die Schreiber mußten also die Verbindung zwischen ahd. Lauten und lateinischen Schriftzeichen erst festlegen. Das Ahd. hat jedoch Laute, die im Lateinischen nicht vorkommen und für die es darum keine eigenen Zeichen gibt, z. B. verschiedene e-Laute; andere ahd. Laute sind den lateinischen zwar ähnlich, decken sich aber nicht genau mit ihnen; für Langvokale bot das Lateinische keine eigenen Graphien. Schließlich gibt es lateinische Laute, die keine Entsprechung im Ahd. haben – die jeweiligen Schriftzeichen sind also frei. So können sich verschiedene Schreibungen des gleichen ahd. Lauts ergeben, auf der anderen Seite können unterschiedliche, aber einander ähnliche Laute mit dem gleichen Schriftzeichen wiedergegeben sein. Selbst das gleiche Wort kann in ein- und demselben

Text unterschiedlich geschrieben sein. Dies kommt in Mhd. noch häufig vor, die Normierung der Schreibung ist erst später erfolgt.

Die Schreibung verändert sich in der Regel langsamer als die Aussprache. Dies gilt für die nhd. Orthographie in besonderem Maße, läßt sich aber auch beim Mhd. beobachten. So wurden z. B. die Umlaute erst spät gekennzeichnet, obwohl die betreffenden Vokale in mhd. Zeit bereits hell (palatal) gesprochen worden sein müssen.

3 A 1.1 Die Ermittlung des Lautwerts

Wer die deutsche Sprache beherrscht, kennt die Aussprache der Wörter seiner Sprache, diese ist darüber hinaus seit dem 19. Jahrhundert normiert und in Nachschlagewerken festgehalten (SIEBS). Derartige Hilfsmittel fehlen für das Mhd. Bedenkt man die häufigen Diskrepanzen zwischen Schreibung und Aussprache im Nhd., die sich darin zeigen, daß für ein- und denselben Laut verschiedene Graphien (z. B. für [o:] in *rot*, *Moos*, *Mohr*) und umgekehrt für unterschiedliche Laute gleiche Graphien (z. B. in *gebe*, *Berg*, *genau*) erscheinen, so dürfte klar sein, daß sich auch von den mhd. Texten nicht unmittelbar auf ihre Aussprache zurückschließen läßt.

Generell kann man jedoch davon ausgehen, daß die mhd. Schreibung phonetische Verhältnisse getreuer wiederspiegelt als die heutige. Da sie noch nicht normiert war und etymologisierende Schreibung, wie sie im Nhd. seit dem 16. Jahrhundert z. T. eingeführt worden ist, keine Rolle spielte (z. B. mhd. *gast, geste* – nhd. *Gast, Gäste*; mhd. *lang, lenger* – nhd. *lang, länger*), konnte sie sich Veränderungen in der Aussprache anpassen. Dennoch ist die wirkliche Aussprache der einzelnen Laute daraus noch nicht festzustellen: veränderte Schreibung dokumentiert zwar oft veränderte Aussprache – *wie* der Laut aber nun gesprochen wurde, ist damit noch nicht geklärt. Zu berücksichtigen sind außerdem starke zeitliche, landschaftliche und soziale Unterschiede.

Dennoch bietet die Analyse von Veränderungen in der Schreibweise von Wörtern Möglichkeiten zur Erschließung der Aussprache. Den jeweiligen Lautwert kann man – in einer Art komparatistischem Verfahren – durch Vergleich mit der nhd. Lautung als dem sprachgeschichtlich nächsten Verwandten erschließen, für das Ahd. u. U. durch Vergleich mit den lateinischen Lautwerten der verschiedenen Schriftzeichen. Dabei ist vorausgesetzt, daß die einzelnen Schriftzeichen im Verlauf der Sprachgeschichte im Prinzip ähnliche Laute wiedergeben.

Als Beispiel soll die Schreibgeschichte von *Bruder* dienen:
Im Got. findet sich die Form *broþar*;

im Ahd. begegnen folgende Schreibungen (Ahd.Wb. I 1444–1448):

proder Freisinger Paternoster, baír., 9. Jh.

prouder Wiener Hs. der Psalmen Notkers, baír., 11. Jh.

bruoder Ludwigslied, rhfrk., 9. Jh.; Tatian, Notker, Williram

pruader Benediktinerregel, alem., 8./9. Jh.

bruader Otfrid, südrhfrk., 9. Jh.

brother Tatian, Pariser Fragment

bruother Williram, Leidener Hs., nordrhfrk.

Im Mhd. findet sich in der Regel die Form *bruoder* (md. *bruder*), im Nhd. dann *Bruder*.

Offensichtlich ist in ahd. Zeit an die Stelle eines ehemaligen langen Vokals [o:] ein Diphthong getreten, der regional unterschiedlich gesprochen wurde. Im Mhd. hat sich dann weitgehend der Diphthong *uo* durchgesetzt, der im Nhd. wieder von einem langen Vokal [u:] abgelöst wird. Zu untersuchen wäre nun, inwieweit es sich bei diesen Veränderungen und Parallelformen um individuelle, regional begrenzte oder generelle Unterschiede handelt.

Weitere Möglichkeiten zur Ermittlung des mhd. Lautwertes sind graphemisch-phonologische Analysen einzelner Texte (Struktur von Laut- und Graphiesystemen), Reimuntersuchungen, der Vergleich mit heutigen Dialekten, die Analyse der Lautgestalt entlehnter Wörter (fremde Wörter im Mhd., mhd. Wörter in anderen Sprachen).

Trotz aller Einsichten in die Aussprache des Mhd. bleiben aber Unsicherheiten.

3 A 1.2 Aussprachekonventionen für das Mhd.

Im folgenden sind die für die Aussprache mhd. Texte mit normalisierter Schreibung heute meistens befolgten Konventionen zusammengestellt:

1. Alle einfachen Vokale, die in den kritischen Ausgaben kein Längenzeichen tragen, sind kurz.

2. Mhd. *ie* ist als Diphthong zu sprechen.

3. Mhd. *iu* ist als Monophthong zu sprechen [ü:].

4. Das Mhd. kennt fünf phonetisch verschiedene *e*-Laute:
   – ein geschlossenes, kurzes *e*, das dem *i* nahesteht (Primärumlaut-*e*), in Grammatiken oft *ę* geschrieben, z. B. mhd. *gęste* ‚Gäste‘;
   – das alte *e* mit regional sehr unterschiedlicher Aussprache (in Grammatiken *ë* geschrieben), z. B. mhd. *bëte* ‚Bitte‘, *klëte* ‚Klette‘;
   – ein sehr offenes *ä* (Sekundärumlaut-*ä*), z. B. mhd. *mähtec* ‚mächtig‘, *mägede* ‚Mägde‘;
   – ein langes, geschlossenes *ê*, z. B. mhd. *kle* ‚Klee‘;
   – ein langes, offenes *æ* (Umlaut von *â*), z. B. mhd. *mære*.

Hinzu kommt der Murmelvokal [ə], entstanden aus verschiedenen Vokalen in nebentonigen Silben.

Allerdings gibt es bei diesen *e*-Lauten noch zusätzliche mundartliche Unterschiede, die sich z. T. aus dem Reimgebrauch erschließen lassen.

Die mhd. Handschriften bezeichnen die *e*-Laute meist mit dem Schriftzeichen *e*, seltener auch mit *æ*.

5. *ei* hat in alemannischen Texten den Lautwert [ɛi], in bairischen den Lautwert [ai].

6. Mhd. *h* ist im Wort- und Silbenanlaut wie im Nhd. als Hauchlaut, im Auslaut sowie vor *s* und *t* als Reibelaut (ich/ach-Laut) zu sprechen.

7. In den Grammatiken steht *s* für das alte idg. *s*, das je nach Stellung stimmlos oder stimmhaft war und bis zur Mitte des 13. Jahrhunderts eine mehr dem *sch* ähnliche Aussprache zwischen [s] und [ʃ] hatte.

Anlautendes *s* vor Konsonant (*sp, sl, st, sw* usw.) ist noch nicht zu [ʃ] palatalisiert, also noch als [s] zu sprechen.

ȥ steht zur Unterscheidung von dem die Affrikata bezeichnenden *z* (gesprochen [ts]) für den bei der 2. Lautverschiebung aus *t* entstandenen Laut, der im Mhd. bald mit *s* zusammenfällt (vgl. oben 2 A 1 die Schreibungen *beſloſſen* und *ſluzzelin*). Grammatiken und kritische Texte folgen dieser Schreibkonvention nicht immer; dann steht *z* für zwei verschiedene Laute:

– für die Affrikata [ts], die dann vorliegt, wenn auch im Nhd. *z* bzw. *tz* steht: z. B. bei mhd. *sizzen*; *herze, zeichen*
– für den scharfen stimmlosen Laut [s], der dann vorliegt, wenn im Nhd. *ss* — z. T. vereinfacht als *s* — oder *ß* steht (Mhd. Gramm. §§ 20; 150–155), z. B. mhd. *heizen* neben *heiȥȥen*.

8. Doppelkonsonanz wird im Mhd. lang gesprochen.

Phonetische Umschrift ist im folgenden nur verwendet, sofern unbedingt erforderlich.

3 A 2 Herausarbeitung von Äquivalenzen zwischen mhd. und nhd. Lautung

3 A 2.1 Ein Beispiel: Dû bist mîn (Umschrift in normalisierter Schreibung)

> *Dû bist mîn ih bin dîn*
> *des solt dû gewis sîn*
> *dû bist beslozzen in mînem herzen*
> *verlorn ist daz sluzzelîn*
> *dû muost ôch immer dar inne sîn.*

Beherrscht man die deutsche Sprache, so wird das Verständnis dieses mhd. Gedichtes nicht schwerfallen. Auch wenn es in der Lautung vom Nhd. abweicht, erscheint es dennoch nicht sehr fremd. Eine Übertragung des mhd. Textes in nhd. Lautung unter weitestmöglicher Beibehaltung der Wörter und der Syntax führt zu folgendem Text:

> Du bist mein, ich bin dein:
> dessen sollst du gewiß sein.
> Du bist beschlossen in meinem Herzen:
> verloren ist das Schlüsselein:
> du mußt auch immer darin sein.

Ein Vergleich zwischen Ausgangstext und Übertragung läßt erkennen:

1. Es gibt mhd. Wörter, die sich zum Nhd. hin nicht verändert haben.

mhd.	=	nhd.

(1) *Dû*	*Du*
(2) *bist*	*bist*
(3) *bin*	*bin*
(4) *in*	*in*
(5) *ist*	*ist*
(6) *immer*	*immer*

2. Die folgenden Wörter unterscheiden sich lediglich in der Orthographie.

mhd.	nhd.

(1) *ih*	*ich*
(2) *gewis*	*gewiß*
(3) *herzen*	*Herzen*
(4) *daz*	*das*

3. Neben Übereinstimmungen und lediglich orthographischen Unterschieden läßt sich eine Reihe von lautlichen Abweichungen zwischen mhd. Text und nhd. Übertragung erkennen.

mhd.	nhd.
(1) *mîn*	*mein*
(2) *dîn*	*dein*
(3) *des*	*dessen*
(4) *sîn*	*sein*
(5) *beslozzen*	*beschlossen*
(6) *mînem*	*meinem*
(7) *verlorn*	*verloren*
(8) *sluzzelîn*	*Schlüsselîn*
(9) *muost*	*mußt*
(10) *ôch*	*auch*
(11) *dar inne*	*darin*

Die Abweichungen gelten sowohl für den Vokalismus [(1), (2), (4), (6), (7), (8), (9), (10), (11)] als auch für den Konsonantismus [(5), (8)]. Der Unterschied zwischen *des* und *dessen* (3) ist keine generelle lautliche Erscheinung, es handelt sich um Doppelformen eines Wortes (vgl. nhd.: *Wes Brot ich eß', des Lied ich sing*).

Die in diesem Textstück auftretenden Äquivalenzen erlauben bereits eine erste Systematisierung: Offensichtlich liegt in den Fällen (1), (2), (4), (6) und (8) die gleiche Erscheinung vor: mhd. *î* entspricht nhd. *ei*. Zusammenfassen lassen sich auch die Fälle (5) und (8) für den konsonantischen Bereich: hier entspricht jeweils mhd. *sl* im Nhd. *schl*.

Als weitere Erscheinungen im Bereich lautlicher Unterschiede zwischen Mhd. und Nhd. können wir festhalten:

ein kurzes mhd. *o* ist im Nhd. lang (7);

mhd. *uo* entspricht nhd. *u* (9);

bei mhd. *verlorn* ist zum Nhd. hin ein *e* eingefügt (7);

im Gegensatz dazu ist ein unbetontes Endungs-*e* im Nhd. bei *darin* gegenüber dem mhd. *dar inne* weggefallen (11);

bei mhd. *ôch* erscheint im Nhd. für *ô* ein *au* (10).

Es läßt sich danach folgende zusammenfassende Übersicht von Äquivalenzen aufstellen, wobei mehrfach auftretende Erscheinungen hervorgehoben sind:

	mhd.	nhd.
Vokalismus	*î*	*ei*
	uo	*u*
	kurzer Vokal	langer Vokal

	mhd.	nhd.
	–	Einfügung von *e*
	e (unbetont)	Wegfall von *e*
	ô	*au*
Konsonantismus	*sl*	*schl*

Diese Ergebnisse müssen nun an weiteren Textbeispielen kontrolliert werden. Denn es dürfte unwahrscheinlich sein, daß wir mit unserem kleinen Textabschnitt bereits alle Äquivalenzen erfaßt haben. Dabei geht es auch darum festzustellen, wie sich Unterschiede zwischen mhd. und nhd. Lautstand beschreiben lassen: treten sie nur in der Nachbarschaft bestimmter anderer Laute auf (kombinatorischer Lautwandel) oder in allen Umgebungen (spontaner Lautwandel)? begegnen sie vereinzelt oder generell?

3 A 2.2 Kontrolle der bisherigen Ergebnisse an einem weiteren Text

Zur Kontrolle ziehen wir einen Text aus dem „Armen Heinrich" Hartmanns von Aue heran:

565
>*Von dirre rede wurden dô*
>*trûric und unvrô*
>*beide muoter unde vater.*
>*sîne tohter die bater*
>*daz si die rede lieze*
>. . .

573
>*‚tohter, dû bist ein kint*
>*und dîne triuwe die sint*
>*ze grôz an disen dingen.'*

Eine Übertragung ins Nhd., bei der die bereits gewonnenen Einsichten über Entsprechungen zwischen mhd. und nhd. Lautung benutzt werden können, führt zu folgendem Text:

>Von dieser Rede wurden da
>traurig und unfroh
>beide, Mutter und Vater [= sowohl Mutter als auch Vater].
>Seine Tochter, die bat er,
>daß sie die Rede ließe
>. . .

>‚Tochter, du bist ein Kind
>und deine Treuen, die sind
>zu groß in diesen Dingen.'

Anhand dieses Textes lassen sich folgende Entsprechungen zwischen den mhd. und nhd. Vokalen zusammenstellen:

mhd.   nhd.

---

(12) *rede*   *Rede*
(13) *dô*   *da*
(14) *trûric*   *traurig*
(15) *muoter*   *Mutter*
(16) *vater*   *Vater*
(17) *sîne*   *seine*
(18) *die*   *die*
(19) *lieze*   *ließe*
(20) *dîne*   *deine*
(21) *triuwe*   *Treue*

Bei *dirre* ist die mhd. Wortform durch eine ganz andere nhd. Form ersetzt, vgl. dazu Kap. 8 A 1.3.1.

Bestätigt werden durch diesen Text demnach die Äquivalenzen

mhd.   nhd.

$\hat{\imath}$ *ei* (17), (20)
kurzer Vokal   langer Vokal (12), (16)

Als neue Entsprechungen sind festzuhalten:

mhd.   nhd.

û   *au* (14)
ie   *i:* (18), (19)
uo   *u* (15)
iu   *eu* (21)
ô   *a:* (13)

3 A 2.3 Zusammenstellung der wichtigsten Lautentsprechungen zwischen Mhd. und Nhd.

Mit diesem Text ist die Einsicht in lautliche Äquivalenzen zwar erweitert worden, unsicher bleibt jedoch weiterhin, ob damit bereits alle Erscheinungen erfaßt sind.

Da die Untersuchung von Texten mit dem Ziel, alle lautlichen Entsprechungen zwischen Mhd. und Nhd. herauszufinden, sehr langwierig ist, soll
hier die exemplarische Darstellung des Verfahrens genügen. Um die weitere
Arbeit abzukürzen, kann man auf vorliegende Untersuchungen und
Handbücher zurückgreifen.

Dabei zeigt sich zunächst, daß zwischen allgemeinen Veränderungen
einerseits und Einzelerscheinungen andererseits zu unterscheiden ist. Aus
einer Übersicht über die Hauptentsprechungen zwischen mhd. und nhd.
Lautung sind die Fälle:

(7) *verloren*	– *verloren*
(9) *muost*	– *mußt*
(10) *ôch*	– *auch*
(13) *dô*	– *da*
(15) *muoter*	– *Mutter*

auszuscheiden: bei (7) handelt es sich zwar um eine regelmäßig bei diesem
Wort auftretende, nicht aber um eine regelmäßig für die Lautgruppe *rn*
geltende Entsprechung. Ähnlich liegt der Fall bei (9) und (15): während
normalerweise mhd. *uo* nhd. [u:] entspricht, ist der Monophthong hier
gekürzt, wie dies häufiger vor Konsonantenhäufung und im Nebenton der
Fall ist (vgl. Mhd. Gramm. § 47). Bei (10) und (13) handelt es sich um
mundartliche Nebenformen, die bereits im Mhd. neben den Formen mhd.
ouch und mhd. *dâ* stehen.

3 A 2.3.1 *Vokalismus*

1. Quantitative Veränderungen

a. Dehnung (Mhd. Gramm. § 45)

Die **Dehnung** ist eine der wichtigsten Veränderungen im Vokalismus
zwischen Mhd. und Nhd.

– Kurzer Vokal in **offener Tonsilbe** (Silbe, die auf Vokal endet) wird in der
  Regel gedehnt. Diese Dehnung wird regelmäßig von zweisilbigen flektierten Formen in den einsilbigen Nominativ übertragen.
  Dehnung erfolgt außerdem vor *r* + Dental und in einsilbigen Wörtern auf
  einfache Konsonanz, allgemein dabei vor *r*.

mhd.	nhd.
nase, geben	*Nase, geben*
tages/tac	*Tages/Tag*

mhd.	nhd.
vart, swert	*Fahrt, Schwert*
wem	*wem*
er, mir	*er, mir*

Dehnung unterbleibt — graphisch angezeigt durch Doppelschreibung des Konsonanten —:
- vor *t* (fast immer)
- vor *m* (häufig)
- vor *m* + *er* und *m* + *el* (immer)
- vor *er* (häufig).

mhd.	nhd.
gate, veter	*Gatte, Vetter*
hamer, komen	*Hammer, kommen*
wider, doner	*Widder, Donner*

b. Kürzung (Mhd. Gramm. § 47)

Die **Kürzung** mhd. Langvokale wird nicht konsequent durchgeführt. Sie findet sich insbesondere vor Konsonantenhäufung, z. T. vor Lautverbindungen, bei denen die Dehnung unterbleibt.

mhd.	nhd.
brâchte	*brachte*
lêrche	*Lerche*
jâmer	*Jammer*
râche	*Rache*

c. Vokalschwund in nichtstarktonigen Silben (Mhd. Gramm. §§ 52−56)

- **Apokope:** unbetontes *e* kann am Wortende schwinden.
- **Synkope:** unbetontes *e* kann im Wortinnern schwinden.
- Verbindung von Apokope und Synkope.

mhd.	nhd.
schoene, schrîbaere, lebende	*schön, Schreiber, lebend*
maget, angest	*Magd, Angst*
gelücke	*Glück*

2. Qualitative Veränderungen (Mhd. Gramm. § 44)

a. Senkung (Öffnung) der Diphthonge *ei, öu, ou* zu *ai, äu, au*

mhd.	nhd.
keiser	*Kaiser*
vröude	*Freude*
ouge	*Auge*

b. Nhd. Diphthongierung (Mhd. Gramm. § 42)

Die nhd. **Diphthongierung** beginnt im 12. Jh. im Südosten (Kärnten) und erfaßt die mhd. Langvokale *î, û* und *iu*. Einem nhd. *ei* entspricht daher in einigen Wörtern mhd. *ei*, in anderen mhd. *î*, einem *au* z. T. mhd. *ou*, z. T. mhd. *û*, einem *eu* mhd. *öu* oder mhd. *iu*.

mhd.	nhd.
mîn niuwes hûs	*mein neues Haus*

c. Nhd. Monophthongierung (Mhd. Gramm. § 43)

Die nhd. **Monophthongierung** beginnt im 11./12. Jh. in mitteldeutschen Dialekten, sie erfaßt die Diphthonge *ie, uo* und *üe*. Einem nhd. [i:] entsprechen also mhd. *ie* oder *i*, niemals *î*, einem [u:] mhd. *uo* oder *u*, niemals *û*, einem [ü:] mhd. *üe* oder *ü*, niemals *iu*.

mhd.	nhd.
liebe guote brüeder	*liebe gute Brüder*

d. Rundung und Entrundung (Mhd. Gramm. §§ 48, 49)

Rundung ist der Übergang einiger Vokale in bestimmten konsonantischen Umgebungen zu einer Artikulation mit gerundeten Lippen:

– mhd. *e* > nhd. *ö*
– mhd. *i* > nhd. *ü*
– mhd. *ie* > nhd. *ü:*
– mhd. *â* > nhd. *o:*

mhd.	nhd.
helle, swern, scheffe	*Hölle, schwören, Schöffe*
fünf, wirde	*fünf, Würde*
triegen	*(be)trügen*
âne, mâne	*ohne, Mond*

Entrundung ist der Übergang von Vokalen zu einer Artikulation mit weniger gerundeten Lippen:

– mhd. *ü* > nhd. *i*
– mhd. *öu* > nhd. *ei*
– mhd. *iu* > *î* (im Bair. schon vor 1300) > nhd. *ei*.

mhd.	nhd.
küssen, bülez	*Kissen, Pilz*
eröugen, slöufe	*ereignen, Schleife*
kriusel, spriuzen	*Kreisel, spreizen*

Rundung und Entrundung treten nicht regelmäßig auf.

3 A 2.3.2 Konsonantismus

Aufgeführt werden nur die wichtigsten Erscheinungen; über sie hinaus gibt es noch zahlreiche Einzelveränderungen.

1. Anlautveränderungen

Seit dem 13. Jh. wird, ausgehend von Südwesten, die leicht palatalisierte Spirans *s* vor Konsonant weiter zu *sch* palatalisiert:

– mhd. *sl, sm, sn, sw* > nhd. *schl, schm, schn, schw*
　　sp, st > *sp, st* (in der Graphie nicht gekennzeichnet)

mhd.	nhd.
slange, smal, snîden, swîgen	*Schlange, schmal, schneiden, schweigen*
spil, stein	*Spiel, Stein*

mhd. *tw*⏤ nhd. *zw* (oberdeutsch, westmitteldeutsch)
　　　　　nhd. *qu* (ostmitteldeutsch)

mhd.	nhd.
twingen	*zwingen*
twalm	*Qualm*
twerch ⸻	*Zwerch(fell)*
	quer

2. Inlautveränderungen

Intervokalisches *w* und *j* fallen aus.

mhd.	nhd.
bûwen, frouwe *saejen*	*bauen, Frau* *säen*

mhd. *rs* > nhd. *rsch*

mhd.	nhd.
kirse	*Kirsche*

3 A 2.3.3 Analogiebildung – Systemausgleich

Bei einer Reihe von Unterschieden haben wir es nicht mit Lautwandel zu tun. Es werden vielmehr unterschiedliche Formen innerhalb eines Paradigmas einander angeglichen. Dieser **Systemausgleich** kann sowohl den Vokalismus als auch den Konsonantismus betreffen.

mhd.	nhd.

verliesen, verlôs –
    verlurn, verloren
ih nime, du nimest, er
    nimet – wir nemen
ih nam – du naeme – er
    nam – wir nâmen
	verlieren, verlor,
	verloren, verloren,
	ich nehme – du nimmst,
	er nimmt – wir nehmen
	ich nahm, du nahmst,
	er nahm, wir nahmen

3 A 2.4 Lautwandel – Beschreibung vs. Erklärung

Die für die Lautwandelerscheinungen verwendeten Termini beschreiben die Veränderung in der Artikulation der Laute, Erklärungen geben sie nicht. Zugrunde liegt z. B. bei den Vokalen eine Systematisierung nach Quantität, Mundöffnungsgrad, Lippenrundung und Zungenstellung; für die nhd. Kurzvokale wird dann oft folgendes Schema vorgeschlagen:

vorne/palatal/ungerundet   hinten/velar/gerundet

i	ü	u	hoch/geschlossen
e	ö	o	
a			tief/offen

„Rundung" bedeutet also: statt eines mit wenig Lippenrundung gesprochenen

Vokals, z. B. *i*, wird ein Vokal mit mehr Lippenrundung, also *ü* oder gar *u*, gesprochen; „Senkung" bedeutet, daß z. B. statt eines *u* ein *o*, also statt mhd. *sun* im Nhd. *Sohn* (mit Dehnung), gesprochen wird.

Bei der Erklärung von Lautwandel wird zwischen sprachinternen und sprachexternen Ursachen sowie zwischen intentionalem und nicht-intentionalem Wandel unterschieden.

Intentional ist z. B. eine Normierung der Artikulation nach dem Schriftbild, die etwa die Unterscheidung der Phoneme /e:/ und /ä:/ vorschreibt (*ich gebe* : *ich gäbe*). Die meisten lautlichen Veränderungen aber sind nicht-intentional, ergeben sich aus der kommunikativen Sprechtätigkeit und werden zum Lautwandel, wenn solche Veränderungen zur allgemein üblichen Lautform werden. Eine Ursache ist z. B. die Optimierung des Aufwands beim Sprechen, die zur Vereinfachung der Artikulation etwa durch Assimilation (Umlaut) oder schwächere Artikulation (Nebentonsilbenabschwächung) bis hin zum Wegfall eines Lautes (Apokope, Synkope) einerseits (Prinzip des geringsten Kraftaufwands), zu artikulatorischer Differenzierung andererseits (Prinzip der Ausdrucksnotwendigkeit) führen kann. Eine Rolle spielt auch die Verteilung der Phoneme innerhalb eines Lautsystems und besonders ihre jeweilige funktionelle Belastung (Prinzip der Symmetrie). Schließlich wirken sprachexterne Ursachen mit, etwa die Auswahl zwischen verschiedenen Artikulationsvarianten unter dem Gesichtspunkt ihrer sozialen Wertschätzung oder ihrer Rolle für die Herstellung von Gruppenidentität.

3 A 2.5 Die Veränderungen vom Mhd. zum Nhd. im Zusammenhang

Bei unserer Erarbeitung der Äquivalenzen zwischen mhd. und nhd. Lautstand haben wir bisher im wesentlichen einzelne Laute und Lautgruppen betrachtet. In diesem Abschnitt soll nun das *Gesamtsystem der Laute* ins Auge gefaßt werden, um zu zeigen, welche Relevanz die einzelnen Veränderungen für die Herausbildung des Systems der nhd. Laute haben. Für das Mhd. wird – bei aller Problematik und dem hypothetischen Charakter der Ergebnisse und unter Abstraktion von zeitlicher und räumlicher Differenzierung – folgendes Konsonanteninventar angesetzt (Mhd. Gramm. § 114):

	Labiale	Dentale	Gutturale
Verschlußlaute			
Fortes	p/pp	t/tt	k/ck
Lenes	b (bb)	d (dd)	g/gg
Reibelaute			
Fortes	f/ff	ʒ/ʒʒ; s/ss/sch	ch/hh
Lenes	v	s	h
Affrikatae	pf	tz/z	(kch)
Nasale	m/mm	n/nn	(ŋ)
Liquide		l/ll	r/rr
Hauchlaut			h
Halbvokale	w		j

Zum Nhd. hin bleibt dieses Inventar (abgesehen von den Doppelkonsonanten) im wesentlichen unverändert.

Bei den mhd. Vokalen kann man von folgendem Inventar ausgehen:

Kurzvokale			Langvokale			Diphthonge		
i	ü	u	i:	ü:	u:	ie	üe	uo
ẹ								
ë	ö	o	e:	ö:	o:	ei	öü	ou
ä	a		ä:		a:			

Vergleicht man es mit dem nhd. Inventar

Kurzvokale			Langvokale			Diphthonge		
i	ü	u	i:	ü:	u:			
e	ö	o	e:	ö:	o:			
	a		ä:		a:	ai	oi	au

so zeigt sich:

Das Mhd. kennt im Bereich der Kurzvokale und der Diphthonge mehr vokalische Phoneme als das Nhd. Keinen Unterschied zeigt das Inventar der Langvokale. Die Dehnung ist also ohne Einfluß auf das Vokalsystem geblieben, da alle neuen langen Vokale entweder mit bereits vorhandenen Langvokalen zusammengefallen sind oder den frei gewordenen Platz der diphthongierten Langvokale (i:, ü:, u:) eingenommen haben. Diese im

System der Langvokale frei gewordene Stelle ist außerdem durch die Monophthongierung von *ie, üe, uo* wieder gefüllt worden, die Monophthongierung hat dabei die Zahl der Diphthonge stark reduziert. Ohne Auswirkung blieb letztlich auch die Diphthongierung: die neuen Diphthonge sind mit bereits vorhandenen zusammengefallen. Der geringere Umfang des nhd. Vokalsystems ist außerdem auf den Zusammenfall der verschiedenen mhd. kurzen *e*-Laute zurückzuführen. Bei den Langvokalen sind dagegen *ä:* und *e:* nicht zusammengefallen; Dialekte und auch die Umgangssprache kennen allerdings diese Unterscheidung z. T. nicht. Bei der Betrachtung des vokalischen Gesamtsystems zeigt sich also, daß die zahlreichen Veränderungen nur zu einer geringen Umstrukturierung geführt haben.

3 A 2.6 Zur Anwendung der bisherigen Ergebnisse

Aufgrund unserer Untersuchung von Texten und unter Heranziehung von Handbüchern haben wir ein System von lautlichen Äquivalenzen zwischen der mhd. und nhd. Sprachstufe herausgearbeitet. Damit haben wir prinzipiell die Möglichkeit, jedem mhd. Wort das lautlich entsprechende nhd. Wort zuzuordnen. Es muß betont werden, daß wir uns bisher nur mit lautlichen Erscheinungen befaßt haben; über grammatische Formen und Bedeutungen sind damit noch keine Aussagen gemacht. Ein Beispiel aus dem „Armen Heinrich" mag bereits hier die damit verbundene Problematik andeuten:

54   *âne alle missewende*
   stuont sîn êre und sîn leben.
   im was der rehte wunsch gegeben
   von werltlîchen êren.

Bei einer einfachen lautlichen Umsetzung ergäbe sich:

   ohne alle Mißwende
   stund seine Ehre und sein Leben.
   Ihm war der rechte Wunsch gegeben
   von weltlichen Ehren.

Offensichtlich ist diese nur lautliche Übertragung ins Nhd. hier unzureichend (vgl. dazu weiter Kap. 5 A 1).

3 A 3 Lautwechselerscheinungen innerhalb des Mhd.

Neben Lautwandelerscheinungen vom Mhd. zum Nhd. gibt es auch Lautwechselerscheinungen innerhalb des Mhd.; sie lassen sich zeigen an dem folgenden Text aus dem „Armen Heinrich":

261   *disiu jaemerlîche geschiht*
diu was sîn eines klage niht:
in klageten älliu diu lant
dâ er inne was erkant
und ouch von vremeden landen
die in nâch sage erkanden.

Es stehen hier zusammengehörige Wörter in unterschiedlicher lautlicher Form nebeneinander:

(1) *lant : landen*
(2) *erkant : erkanden*.

Die Reihe der Beispiele läßt sich erweitern, wenn man einige Formen in Wörterbüchern nachschlägt:

(3) *erkant* gehört zu dem Infinitiv *erkennen,*
(4) *jaemerlîche* ist abgeleitet von mhd. *jâmer,*
(5) *was* gehört zu dem Infinitiv mhd. *wesen,* die Pluralform des Präteritums lautet *sie wâren.*

Ein Vergleich mit dem Nhd. läßt ähnliche Erscheinungen erkennen:
neben *kennen* steht *kannte* (vgl. 3),
neben *Jammer jämmerlich* (vgl. 4),
neben *las lesen* (vgl. 5),
neben *Land* [lant] *Länder* und – veraltet – *Lande.*

Die lautlichen Verschiedenheiten zwischen zusammengehörigen Wörtern innerhalb des Nhd. lassen sich also z. T. ins Mhd. zurückverfolgen, aber auch die Erscheinungen innerhalb des Mhd. beruhen größtenteils auf wesentlich älteren Vorgängen. Will man die Phänomene lautgeschichtlich beschreiben, muß man z. T. bis ins Idg. zurückgehen.

3 A 3.1 Beschreibung einzelner Lautwechselerscheinungen

Wir beginnen mit den konsonantischen Erscheinungen. Auch hier müßten zu einer Entscheidung, ob es sich um generelle Erscheinungen von Lautwechsel handelt, weitere Texte herangezogen werden; um das Verfahren abzukürzen, sei auf die mhd. Grammatiken zurückgegriffen. Der

Unterschied zwischen *lant* und *landen* wird als **Auslautverhärtung** bezeichnet, die beim Übergang vom Ahd. zum Mhd. eingetreten ist. Im Mhd. wird wie im Nhd. ein stimmhafter Verschlußlaut im Wortauslaut oder im Silbenauslaut vor *t* stimmlos gesprochen. Diese Auslautverhärtung ist obligatorisch, d. h. sie tritt immer ein; im Nhd. läßt sie sich in geschriebener Sprache wegen der etymologisierenden Schreibung nicht mehr erkennen und wird häufig auch nicht mehr gesprochen.

mhd.	nhd.
kint, kindes	*Kind, Kindes*
tac, tages	*Tag, Tages*
grap, grabes	*Grab, Grabes*

Der Wechsel von *d* in *erkanden* und *t* in *erkant* könnte eine solche Auslautverhärtung sein. Da als Präteritumzeichen der schwachen Verben jedoch bereits im Ahd. in der Regel ein *t* erscheint, liegt hier eine **Lenisierung** vor: stimmloses *t* wird – häufig nach *n* und *m*, manchmal auch nach *r* und *l* — stimmhaft. Dieser Lautwechsel war im Mhd. fakultativ:

mhd.	nhd.
milte, daneben *milde*	*Milde*
dulten, daneben *dulden*	*dulden*
valten, daneben *valden*	*falten*
halten, daneben *halden*	*halten*

Komplizierter ist die Erklärung des Unterschiedes zwischen *was* und *wâren*. Es handelt sich hier um den **Grammatischen Wechsel,** dessen Ursache in den idg. Akzentverhältnissen zu suchen ist. Im Idg. konnte der Akzent auf verschiedenen Silben eines Wortes liegen, wie es z. B. das Lateinische zeigt *(Róma, Romấnus, Romanốrum)*. Diese Akzentverschiebung hat im Germ. Auswirkungen auf die Artikulation der aus den idg. stimmlosen Verschlußlauten *p, t, k* entstandenen stimmlosen Reibelaute *f, þ, x* und auf *s*. Diese werden zu den entsprechenden stimmhaften Reibelauten *ƀ, đ, g* und *z* erweicht, wenn sie in stimmhafter Nachbarschaft stehen und wenn nach der ursprünglichen idg. Betonung der unmittelbar vorhergehende Vokal nicht den Hauptton trug (Vernersches Gesetz). Grammatischer Wechsel zeigt sich im Mhd. wie im Nhd. im Nebeneinander von *f – b, d – t, h – g, s – r* in etymologisch zusammengehörigen Wörtern. Häufig tritt er bei den starken Verben auf, doch spielt er auch bei der Wortbildung eine wichtige Rolle:

mhd.		nhd.
f	darf	(be)darf
b	darben	darben
d	snîden	schneiden
t	snit	Schnitt
h	ziehen	ziehen
g	zuc, zuges	Zug
s	ôse	Öse
r	ôr	Ohr

Innerhalb der Formen der starken Verben ist der Grammatische Wechsel im Nhd. meist ausgeglichen (Systemausgleich).

Ein wichtiger Lautwechsel findet im Vokalismus der Verben statt. Ein regelmäßiger Wechsel von bestimmten Vokalen innerhalb des Wortstamms, der wie der Grammatische Wechsel aus dem Idg. überliefert ist, wird **Ablaut** genannt und dient u. a. zur Formenbildung der starken Verben. Auch der Ablaut hängt mit den idg. Akzentverhältnissen zusammen. Es gab zwei verschiedene Akzente, einen dynamischen und einen musikalischen. Mit Hilfe dieser Akzente, die auch Qualität und Quantität der mit einem Akzent versehenen Vokale beeinflußten, wurden Bedeutungen unterschieden, z. B. die Tempusbedeutungen. Da der Ablaut somit wichtig ist für die Bildung des Prät. und des Part. II, soll er an späterer Stelle im Zusammenhang und systematisch betrachtet werden (Kap. 7 A 2.1.2). Aus unserem Text ist dem Ablaut der Vokalwechsel von mhd. *wesen, was, wâren* zuzuordnen. Auch in der Wortbildung spielt er eine Rolle (z. B. *werfen, Wurf*; *gebären, Bahre, Bürde, Gebärde, entbehren, Geburt*).

Mhd. *jâmer* unterscheidet sich vom mhd. *jaemerlîche* durch die Vokalqualität. Diese Erscheinung – die teilweise Angleichung eines dunklen Vokals an nachfolgendes *i* oder *j* (Palatalisierung) – wird als **Umlaut** bezeichnet. Nachdem bereits im Ahd. des 8. Jahrhunderts *a* vor *i* und *j* der Folgesilbe zu *e* gehoben ist (sog. **Primärumlaut,** z. B. ahd. *gast, gesti*), werden im Spätahd. alle dunklen (velaren) Vokale palatalisiert **(Sekundärumlaut).**

ahd.	mhd.	nhd.
(demo) gaste, gesti	(dem) gaste, geste	(dem) Gast, Gäste
maht, mahtig	maht, mähtec	Macht, mächtig
loch, lochir	loch, löcher	Loch, Löcher

(*demo*) *wurfe, wurfi*	(*dem*) *wurfe, würfe*	(*dem*) *Wurf, Würfe*
sât, sâjen	*sât, saejen*	*Saat, säen*
(*ein*) *hôher* (*boum*), *hôhiro*	(*ein*) *hôher* (*boum*), *hoeher*	(*ein*) *hoher* (*Baum*), *höher*
hûs, hûs	*hûs, hiuser*	*Haus, Häuser*
(*der*) *guoto* (*man*), *guoti*	(*der*) *guote* (*man*), *güete*	(*der*) *gute* (*Mann*), *Güte*

Die jeweils helleren Varianten der dunklen Vokale erhalten im Mhd. eine eigene Funktion, da sie nun zur Signalisierung von Bedeutungsunterschieden herangezogen werden können. Besonders wichtig wird dies bei der Formenbildung, da die Endungen im Zuge der Abschwächung der Vokale in unbetonter Stellung einander ähnlich werden und somit die Unterschiede in den Bedeutungen nicht mehr zu erkennen geben können. Durch diese Abschwächung der unbetonten Vokale ist im Mhd. die Ursache des Umlauts in der Regel auch nicht mehr zu erkennen.

Das Nebeneinander von mhd. *erkennen* und mhd. *erkande* führt auf eine weitere Erscheinung innerhalb des Mhd., die als **sog. Rückumlaut** bezeichnet wird und bei bestimmten schwachen Verben auftreten kann (vgl. dazu unten Kap. 7 A 2.1.1). Die Bezeichnung „Rückumlaut" stammt von J. GRIMM, der irrtümlich annahm, bei diesen Verben sei der ursprüngliche Umlaut rückgängig gemacht worden.

Eine Erscheinung innerhalb des mhd. Vokalismus soll hier noch erwähnt werden, für die in unserem Ausgangstext kein Beleg zu finden ist. Im Mhd. stehen nebeneinander die Formen mhd. *helfen, ih hilfe, du hilfest* usw. Dieser Wechsel, der als **Brechung** bezeichnet wird und auf den Vokalismus der Folgesilbe zurückzuführen ist, geht bis ins Germ. zurück; er betrifft mhd. *e/i, o/u* und *ie/iu*. Es läßt sich folgende Verteilung feststellen: mhd. *e* (=germ. *e*) erscheint vor älterem *a, e, o* der Folgesilbe, mhd. *i* (< germ. *e*) vor *i, j, u* und Nasal+Konsonant. Ein paralleler Wechsel begegnet zwischen *u* und *o*: mhd. *u* (=germ. *u*) erscheint vor *i, j, u* und Nasal+Konsonant, mhd. *o* (< germ. *u*) vor *a, e, o* der Folgesilbe. Entsprechend verändert sich auch das *u* in dem Diphthong germ. *eu*: mhd. *iu* (< germ. *eu*) steht vor *i, j, u* und Nasal+Konsonant, mhd. *ie* (< ahd. *io* < germ. *eu*) steht vor *a, e, o* der Folgesilbe. Auch hier ist z. T. das auslösende Element im Mhd. nicht mehr zu erkennen, weil es durch Abschwächung der Vokale in Nebentonsilben zu *e* [ə] geworden oder geschwunden ist. Im Nhd. ist die Brechung z. T. ausgeglichen.

geben	(ahd. *geban*)		*geben*	
	– *ih gibe* (ahd. *gibu*)			– (*ich gebe*)
	– *du gibest* (ahd. *gibis*)			– *du gibst*
werfen	(ahd. *werfan*)		*werfen*	
	– *wir wurfen* (ahd. *wurfun*)			– (*wir warfen*)
	– *geworfen* (ahd. *giworfan*)			– *geworfen*
ziehen	(ahd. *ziohan*)		*ziehen*	
	– *ih ziuhe* (ahd. *ziuhu*)			– (*ich ziehe*)

Die Zusammenstellung von Lautwechselerscheinungen in diesem Abschnitt ist nicht erschöpfend, sie beschränkt sich darauf, die häufigsten Erscheinungen aufzuführen.

3 A 3.2 Übersicht über Lautwechselerscheinungen im Mhd.

3 A 3.2.1 Vokalismus

1. Ablaut (Mhd. Gramm. §§ 29, 30)

Ablaut ist der geregelte Wechsel bestimmter Vokale nach Qualität und Quantität in etymologisch zusammengehörigen Wörtern. Er begegnet bei der Wortbildung und bei der Formenbildung der starken Verben (vgl. ausführlich 7 A 2.1.2).

rîten	*reit*	*riten*	*geriten*	Reihe I
lîhen	*lêch*	*lihen*	*gelihen*	
biegen	*bouc*	*bugen*	*gebogen*	Reihe II
bieten	*bôt*	*buten*	*geboten*	
brinnen	*bran*	*brunnen*	*gebrunnen*	Reihe III
werben	*warp*	*wurben*	*geworben*	
nemen	*nam*	*nâmen*	*genomen*	Reihe IV
geben	*gap*	*gâben*	*gegeben*	Reihe V
graben	*gruop*	*gruoben*	*gegraben*	Reihe VI
heizen	*hiez*	*hiezen*	*geheizen*	sog. Reihe VII

2. Umlaut (Mhd. Gramm. § 41)

Umlaut ist die teilweise Angleichung eines dunklen Vokals an nachfolgendes *i* oder *j* (Palatalisierung). Zu unterscheiden ist zwischen dem Primärumlaut *a* > *e* im Ahd. des 8. Jhs und dem Sekundärlaut von *a* > *ä* beim Übergang vom Ahd. zum Mhd. in den Fällen, in denen der Primärlaut zunächst unterblieben war (*a* vor umlauthindernden Konsonantenverbindungen, besonders *ht, hs, rw, rh, lh*; vor *iu*; vor den Ableitungssilben *-lîch* und *-lîn*; bei *i/j* in zweitfolgender Silbe), sowie der gleichzeitigen Palatalisierung aller dunklen Vokale vor *i/j*.

a > *e*	(Primärumlaut)	*gast*	– *geste* (ahd. *gesti*)	
a > *ä*	(Sekundärumlaut)	*maht*	– *mähtec* (ahd. *mahtig*)	
u > *ü*		*wurf*	– *würfel* (ahd. *wurfil*)	
o > *ö*		*loch*	– *löcher* (ahd. *lohhir*)	
â > *æ*		*wir gâben*	– *gæben* (ahd. *gâbîm*)	
ô > *œ*		*hôch*	– *hœher* (ahd. *hôhiro*)	
û > *iu*		*hûs*	– *hiuser* (ahd. *hûsir*)	
uo > *üe*		*guot*	– *güete* (ahd. *guotî*)	
ou > *öu*		*ouge*	– *öugen* (ahd. *ougen*/got. *augjan*)	

3. Sog. Rückumlaut (Mhd. Gramm. § 262)

Bei langsilbigen *jan*-Verben (Verben mit langem Stammvokal oder mehrfacher Konsonanz im Stammauslaut und germ. Endung *-jan*) unterbleibt im Präteritum der Umlaut, weil das *i* der Präteritumendung bereits vor Durchführung des Umlauts ausgefallen ist, während im Infinitiv und bei bestimmten Präsensformen nachfolgendes *j* Umlaut bewirkte, sofern umlautfähiger Vokal vorlag.

brennen	*brante*	< ahd. *brennen branta* vgl. got. *brannjan brannida*	
gegenüber:			
nerjen/	*ner(e)te*	< ahd. *nerien nerita* vgl. got. *nasjan nasida*	
nern			
ebenso:			
waenen	*wânde*		
hoeren	*hôrte*		
küssen	*kuste*		

Im Part. II ist bei lang- und mehrsilbigen *jan*-Verben das *i* in der flektierten

Form geschwunden; später ist die unflektierte Form des Part. II der flektierten angeglichen worden.

---

gebrennet/gebrant   <   ahd. *gibrennit – gibrantêr*
ebenso:
gewaenet/gewânt
gehoeret/gehôrt
geküsset/gekust

---

4. Brechung (Mhd. Gramm. §§ 31−35)

Brechung ist der Wechsel zwischen *e-i, u-o* und *ie-iu* im Mhd., der verursacht ist durch Vokalismus bzw. Konsonantismus der Folgesilbe: es stehen

e, o, ie vor *a, e, o*
i, u, iu vor *i, j, u* oder Nasal + Konsonant.
(Durch die Endsilbenabschwächung sind die Vokale der Folgesilbe im Mhd. meist nicht mehr sichtbar.)

---

helfen (ahd. *helfan*)	*ih hilfe* (ahd. *hilfu*) *du hilfest* (ahd. *hilfis*)
werben (ahd. *werban*)	*brinnen* (ahd. *brinnan*)
geworben (ahd. *giworban*)	*gebrunnen* (ahd. *gibrunnan*)
ziehen (ahd. *ziohan*)	*ih ziuhe* (ahd. *ziuhu*) *du ziuhest* (ahd. *ziuhis*)

---

5. Apokope und Synkope (Mhd. Gramm. §§ 52−56)

Unbetontes *e* kann im Wortauslaut (Apokope) und im Wortinnern (Synkope) schwinden; es schwindet regelmäßig nach kurzer Silbe auf -*r* und -*l*.

---

im, dem, von	*ime, deme, vone*
weinde, bette	*weinede, betete*
ih var	*ih grabe*
du verst, er vert	*du grebest, er grebet*

---

1. Auslautverhärtung (Mhd. Gramm. § 100)

Im Mhd. wird stimmhafter Verschlußlaut (*b*, *d*, *g*) im Wortauslaut und im Silbenauslaut vor *t* stimmlos (zu *p*, *t*, *k*).

des tages	*der tac*
des kindes	*daz kint*
geben	*er gap*
gelouben	*er geloupte*

2. Grammatischer Wechsel (Mhd. Gramm. §§ 92, 93)

Grammatischer Wechsel ist im Mhd. wie im Nhd. der Wechsel von *h-g*, *d-t*, *f-b* und *s-r* in Wörtern oder Wortformen gleichen Stammes. Er geht zurück auf idg. Akzentverhältnisse.

ziehen	*zugen, gezogen*
snîden	*sniten, gesniten*
snîde	*snite*
dürfen	*darben*
kiesen	*kurn, gekorn*

3. Lenisierung (Mhd. Gramm. §§ 105.4, 143—148)

Stimmloses *t* wird – häufig nach *n* und *m*, manchmal nach *l* und *r* – stimmhaft (zu *d*).

rûmte/rûmde	*lôste*
dienete/diende	*legete/legte*
solte/solde	*mohte*

4. Kontraktion (Mhd. Gramm. §§ 107—110)

Die Laute *b*, *d*, *g* können zwischen Vokalen schwinden, die dann kontrahiert werden.

–ige– zu *î* (ahd. *–igi–*)	(ahd.) *Sigifrid/Sîvrit*
–ege– zu *ei* (ahd. *–egi–*)	(ahd.) *legita/leite (mhd.)*

–ege– zu *ei*	*legen*, daneben (selten): *lein*
–age– zu *ei* (bairisch)	*gesaget*, daneben: *geseit*
–age– zu *â*	*tagelanc*, daneben: *tâlanc*
–oge– zu *oi*	*voget*, daneben: *voit*
–ibe– zu *î* (ahd. *–ibi–*)	*gibet*, daneben: *gît*
–ide– zu *î* (ahd. *–idi–*)	*quidet*, daneben: *quît*
–abe– zu *â*	*haben*, daneben: *hân*
–ade– zu *â*	*Hadewart*, daneben: *Hâwart*

3 B 1 Aufgaben

1. Stellen Sie aus den Versen 1—28 des „Armen Heinrich" Lautwandeler-scheinungen vom Mhd. zum Nhd. zusammen!

2. Suchen Sie in diesen Versen Beispiele für Lautwechselerscheinungen (unter Zuhilfenahme der Wörterbücher)!

3. Erläutern Sie die Lautwechselerscheinungen in den folgenden mhd. Wortpaaren: *werfen – wurf*; *man – mensche*; *zorn – zürnen*; *berc – gebirge*; *sal – geselle*; *siech – siuche*; *binde – bant – bunt – bündellîn*; *hulde – unholde*.

4. Versuchen Sie eine Übersetzung des Abschnittes AH V. 1—28. Erörtern Sie die Stellen, an denen eine einfache Umsetzung in nhd. Lautung offenkundig für das Verständnis des Textes unzureichend ist.

5. Stellen Sie aus den folgenden Texten Äquivalenzen zwischen ahd. und mhd. Sprachstufe auf der Ebene der Lautung zusammen:

I. Das apostolische Glaubensbekenntnis

a) aus dem ‹Weißenburger Katechismus›, althochdeutsch, Ende 8. Jh. (Text nach STEINMEYER, Die kleineren ahd. Sprachdenkmäler. Berlin 1916, S. 30)

b) aus dem ‹Millstätter Psalter›, mittelhochdeutsch, 12. Jh. (Text nach TÖRNQVIST, Cod. Pal. Vind. 2682, Bd. I., Lund-Kopenhagen 1934, S. 259 f)

c) der lateinische Grundtext

Gilaubiu	*in got fater*	*almahtigon*	*scepphion*
Ich geloube	*an got vater*	*almechtigen*	*schephaer*
Credo	*in deum patrem*	*omnipotentem,*	*creatorem*

himiles   enti   erda.   Endi   in heilenton   Christ
himels   unde   der erde.   unde   an Jesum   Christ
caeli   et   terrae.   Et   in Jesum   Christum,

suno   sinan   einagon   truhtin   unseran.   Ther
sun   sinen   einigen   herren   unseren.   der
filium   eius   unicum,   dominum   nostrum.   Qui

infangener   ist   fona   heilegemo   geiste   giboran
enphangen   wart   von   dem heiligen   geiste   geboren
conceptus   est   de   spiritu sancto,   natus

fona   Mariun   magadi   giwizzinot   bi
von sante   Marien   der meide   gemartert   unter
ex   Maria   virgine,   passus   sub

pontisgen   Pilate.   In cruci bislagan   toot   endi
dem rihtare   Pylato.   gechruciget   tot   unde
Pontio   Pilato.   Crucifixus,   mortuus   et

bigraban.   Nidhar steig   ci helliu,   in thritten   dage
begraben.   er fur   ze helle,   des dritten   tages
sepultus   descendit   ad inferna,   tertia   die

arstuat   fona tootem.   Uf steig   ci himilom
erstunt er   von dem tode.   er fur uf   ze himele
resurrexit   a mortuis.   Ascendit   ad caelos,

gisaaz   ci zeswun   gotes   fateres   almahtiges
er sicet   ze der zeswen   gotes   vaters   almaehtiges
sedet   ad dexteram   dei   patris   omnipotentis.

thanan   quemandi   ci ardeilenne   quecchem
dannen   chumftich   zerteilen   lebentige
Inde   venturus   iudicare   vivos

endi doodem.   gilaubiu   in atum wihan
unde tode.   ich geloube   an den heiligen geist
et mortuos.   Credo   in spiritum sanctum,

wiha   ladhunga   allicha   Heilegero gimeinidha
heilige   christenheit   alliche   der heiligen gemeine
sanctam   ecclesiam   catholicam,   sanctorum communionem,

ablaz sundeono   fleisges arstantnissi
antlaz der sunte   des fleiskes urstende
remissionem peccatorum,   carnis resurrectionem,

liib ewigan.	Amen.
unde daz ewige leben.	Daz werde war.
(et) vitam aeternam.	Amen.

Aus: H. EGGERS, Deutsche Sprachgeschichte II: Das Mittelhochdeutsche, Reinbek 1965, S. 212 f.

3 B 2 Literatur

Handbuch Sprachgeschichte. Art. 27 (Kohrt); Art. 37 (Kohrt); Art. 52 (Lüdtke); Art. 96 (Simmler).

Fourquet, J., Die Nachwirkungen der ersten und zweiten Lautverschiebungen. Versuch zur strukturellen Lautgeschichte, ZfMaFg 22 (1954) S. 1—33.

Herrlitz, W., Historische Phonologie des Deutschen. Teil 1: Vokalismus, Tübingen 1970 (Germanistische Arbeitshefte 3).

Moser, H., Zu den beiden Lautverschiebungen und ihrer methodischen Behandlung, DU 6 (1954) H. 4, S. 56—81.

Penzl, H., Vom Urgermanischen zum Neuhochdeutschen. Eine historische Phonologie, Berlin 1975 (Grundlagen der Germanistik Bd. 16).

Sanders, W., Hochdeutsch /ä/ – „Ghostphonem" oder Sprachphänomen? ZDL 39 (1972) S. 37—58.

Siebs, Th., Deutsche Aussprache, Berlin [19]1969.

Szulc, A., Historische Phonologie des Deutschen, Tübingen 1987 (Sprachstrukturen A 6).

Vorschläge für eine strukturale Grammatik des Deutschen, hg. von H. Steger, Darmstadt 1970 (Wege der Forschung 146); darin besonders: J. Fourquet (S. 518—537), J. W. Marchand (S. 575—585), G. W. Moulton (S. 480—517), H. Penzl (S. 545—574), W. F. Twaddell (S. 538—544).

Zwierzina, K., Mittelhochdeutsche Studien, ZfdA 44 (1900) S. 1—116 und 45 (1901) S. 19—100, 317—419.

4 Zur räumlichen Gliederung des Mittelhochdeutschen

Das im Kapitel „Lautung" erarbeitete System von Äquivalenzen könnte den Eindruck erwecken, daß ein einfacher Umsetzungsmechanismus genügt, um jeden beliebigen mittelhochdeutschen Text zumindest lautlich korrekt ins Neuhochdeutsche zu übertragen, daß m. a. W. ‚Mittelhochdeutsch' eine – bei allerdings ungeregelter schriftlicher Fixierung – einheitliche Sprache ohne zeitliche, räumliche und soziale Dimensionen gewesen sei.

Wir wollen im folgenden vor allem der Frage einer räumlichen Gliederung nachgehen und zunächst zwei Urkundentexte aus dem 13. Jahrhundert näher untersuchen. Der erste stammt, wie den auftretenden Ortsnamen zu entnehmen ist, aus Niederösterreich, der zweite ist, wie in der Urkunde selbst vermerkt, in Köln geschrieben.

4 A 1 Zwei Urkunden als Beispiel

I Niederösterreich

Ich Alber der Sthuschs von Trautmannsdorf vergich an disem
brief | daz der erbærig herr | Abbt Pilgreim von dem
heiligem chreůtz | vnd brueder hainrich der di zeit . hof-
maister waz auf dem Můnichs hof | vnd ander priester vnd brue-
5 *der | zu mir chommen vnd chlagten mir | vber die leut von*
sant marein | vnd über die leut von wulfleinsdorf | dar vmb
daz si in zeschaden triben vnd hielten ir viech auf iren
wisen | vnd auf iren lůzzen vnd auch auf irr haid die zu irm
hof gehort | vnd tæten daz uber iren willen | vnd wolten es
10 *nicht verdienen als pilleich wær. Si chlagten auch vns | daz*
in schade geschæch von den von wulfleinsdorf an dem wograin
wan si dar vber furen vnd giengen des si grozzen schaden
næmen | vnd dar vmb bat mich der Abbt vnd die brueder durch
got vnd durch des rechten willen | daz ich daz vnderstůnd |
15 *oder si wolten es pringen an den chunich von vngern vnd Graf*
leukas iren vogt | der dev weil graf ze miselnburch waz | si
zaigtn auch mir brief vnd grozz hantvest . do mit si ir sache
wolten aus pringen vor dem chunig | do besant ich die leůt von
den zwain dorfern | die alten vnd die pesten vnd macht in daz

chunt | do sprachen die leut von den paiden aigen | si wæren
des nicht wider waz wor gegeben wær daz wolten auch si noch
gern von irm viech geben`...
daz ist gewesen von christz gepurtt . zwelf hundert iar .
dar nach in dem drev vnd sechtzigistem iar | an sant marx tag.

Übertragung:

Ich Alber der Stuchs von Trautmannsdorf verkünde mit diesem Brief (dieser
Urkunde), daß der ehrenwerte Herr Abt Pilgreim vom Heiligen Kreuz und Bruder
Heinrich, der zur Zeit Hofmeister war auf dem Mönchshof und andere Priester und
Brüder zu mir gekommen (sind; kamen?) und klagten mir über die Leute von St.
Marien und über die Leute von Wülfleinsdorf darüber, daß sie (diese) zu Schaden
trieben und hielten ihr Vieh auf ihren (der Geistlichkeit) Wiesen und auf ihren
Anteilen und auch auf ihrer Heide, die zu ihrem Hof gehört, und (sie) täten das gegen
ihren Willen und wollten es nicht verdienen (bezahlen oder durch Dienstleistungen
abgelten) wie es billig wäre. Sie klagten uns auch, daß ihnen Schaden geschähe von
denen von Wülfleinsdorf an dem Wagrain (Teil des linken Donauufers), weil sie
darüber führen und gingen, wovon sie großen Schaden nähmen. Und darum bat(en)
mich der Abt und die Brüder um Gottes und des Rechtes willen, daß ich das
unterstehe (mich dessen annähme, um es zu verhindern), oder sie wollten es vor den
König von Ungarn bringen und Graf Leukas, ihren Vogt, der dieweilen Graf zu
Miselnburg war. Sie zeigten mir auch Briefe und große Urkunden, womit sie ihre
Sache vor dem König ausbringen wollten. Da schickte ich nach den Leuten von den
zwei Dörfern, den Alten und den Besten, und machte ihnen das kund. Da sprachen
die Leute von den beiden Eigen(gütern), sie wären nicht dagegen, was als wahr
gegeben (schriftlich niedergelegt) wäre, das wollten sie auch noch gern von ihrem
Vieh geben ... Das ist gewesen nach Christi Geburt zwölfhundert Jahre, danach in
dem dreiundsechzigsten Jahr am St. Markus Tag (25. Apr.)

II Köln

Wir Cunraid erchebisschof van Colne | Inde wir | Rihtere.
Scheffenen. Inde gemeinliche de burgere van Colne | dun dat
kunt | allen den die diesen brief sient. Wande tusschen vns
Cunrade deme erchebisschoue up eine side. Inde vns burgeren van
5 *Colne up ander side zweijnge gewest heft | so van dis ge-*
stihtis reht | so van der stede rehte | der zweijngen inde
der zwist sin wir gesůnit inde v̊erdragen alsus. So wa vnsis
gestihtis reht | vriheit | gůde inde redelighe gewoneden |
inde hantuestingen unzwiflig sint | dat wir inde unse gestihte |
10 *da ane sitzen inde bliuen gerůlighe. vp ander side | So wa*
der stede reht van Colne. vriheit | gůde inde redelighe ge-
woneden | inde hantuestingen vnzwiflig sint | da salde stat |
inde de burgere van Colne inne sitzen inde bliuen gerůlighe.

Dit is geschiet Inde beschrieuen ce Colne / na godis geburde
15 *Důsint jair / Inde zwei hundirt jair / Inde sieuene inde*
vůnfzig iair / dis neisten gudensdages na palmen.

Übertragung:

Wir, Konrad, Erzbischof von Köln, und wir, Richter, Schöffen und gemeinsam die Bürger von Köln tun das kund allen denen, die diesen Brief (diese Urkunde) sehen. Nachdem zwischen uns, Konrad dem Erzbischof, auf einer Seite und uns Bürgern von Köln auf der anderen Seite Streit gewesen ist sowohl wegen der Rechte des Stifts als auch wegen der Rechte der Stadt, sind wir über den Streit und den Zwist ausgesöhnt und folgendermaßen übereingekommen: Daß wir und unser Stift da geruhlich (unangefochten) sitzen und bleiben, wo immer unseres Stiftes Recht, Freiheit und Güter sowohl nach redelichen Gewohnheiten (mündlichen Vereinbarungen) als auch schriftlich fixiertem Recht (Urkunden) unzweifelhaft sind; auf der anderen Seite: wo immer der Stadt Köln Recht, Freiheit und Güter sowohl nach mündlichen wie auch schriftlichen Vereinbarungen unzweifelhaft sind, da soll(en) die Stadt und die Bürger von Köln unangefochten sitzen und bleiben.
Dies ist geschehen und geschrieben zu Köln nach Gottes Geburt tausend Jahre und zweihundert Jahre und siebenundfünfzig Jahre des nächsten Mittwochs nach Palmen (20. März).

Wir finden in diesen Texten Schreibungen, die weder als graphische Varianten noch, da sie mehr oder weniger systematisch auftreten, als Verschreibungen zu interpretieren sind, sondern auf z. T. ganz erhebliche Unterschiede zu dem bisher als „mhd." angesetzten Lautsystem deuten. Die wichtigsten Unterschiede, die sowohl a) den Vokalismus als auch b) den Konsonantismus betreffen, sind (Eigennamen werden nicht berücksichtigt):

I a)	„normalmhd."
zeit (Z. 3)	*zît*
weil (Z. 16)	*wîle*
pilleich (Z. 10)	*billîch*
auf (Z. 4, 7, 8)	*ûf*
aus (Z. 18)	*ûჳ*
chreůtz (Z. 3)	*kriuze*
leut (Z. 5, 6, 18, 20)	*liute*
hofmaister (Z. 4)	*hofmeister*
haid (Z. 8)	*heide*
zaigtn (Z. 17)	*zeigten*
zwain (Z. 19)	*zwein*
paiden (Z. 20)	*beiden*

I a)	„normalmhd."
aigen (Z. 20)	eigen
auch (Z. 8, 10, 17, 21)	ouch
wor (Z. 21)	wâr
leut (Z. 5)	liute
haid (Z. 8)	heide
wær (Z. 10)	wære
geschæch (Z. 11)	geschæhe
weil (Z. 16)	wîle
macht (Z. 19)	machte
etc.	

I b)	
chreůtz (Z. 3)	kriuze
chommen (Z. 5)	komen
chlagten (Z. 5, 10)	klageten
chunich (Z. 15), chunig (Z. 18)	künec, künic
chunt (Z. 20)	kunt
pilleich (Z. 10)	billîch
pringen (Z. 15, 18)	bringen
pesten (Z. 19)	besten
gepurtt (Z. 23)	geburt
paiden (Z. 20)	beiden

II a)	
van (Z. 2, 4, 5 u. ö.)	von
inde (Z. 1, 2, 4, u. ö.)	unde
gesunit (Z. 7)	gesüenet
gude (Z. 8, 11)	guote

II b)	
bliuen (Z. 10, 13; u = v)	bliben
beschrieuen (Z. 14)	beschriben
sieuene (Z. 15)	sibene
dun (Z. 2)	tuon
side (Z. 4, 5, 10)	site
godis (Z. 14)	gotes
verdragen (Z. 7)	vertragen
(gudens) dages (Z. 16)	– tages
gude (Z. 8, 11)	guote
up (Z. 4, 5, 10)	uf
daz (Z. 2, 9)	daʒ

II b)	„normalmhd."
dit (Z. 14)	*diȝ*
tusschen (Z. 3)	*zwischen*
gestihte(s) (Z. 6, 9)	*(ge)stifte(s)*

Anm. Eine rein orthographische, für den Kölner Raum jedoch typische Besonderheit ist etwa das nachgestellte *i* als Längezeichen in *jair* (Z. 15) oder *gh* für sonst übliches *ch* in *redelighe* (Z. 8), *rulighe* (Z. 10).

Für den niederösterreichischen Text lassen sich vorläufig folgende Regularitäten formulieren (phonetische Werte stehen in eckigen, Schriftzeichen in runden Klammern): Die normalmhd. langen Monophthonge [iː, uː, üː] sind offensichtlich diphthongiert, sie werden (*ei, au, eu*) geschrieben. Die normalmhd. Diphthonge (*ei, ou*), für die ein Lautwert [ɛi, ɔu] anzusetzen ist, erscheinen außer im Wort *heiligem* Z. 3 als (*ai, au*), was auf eine Aussprache [ai, au] schließen läßt. Es scheint also der dem normalmhd. (*î*) entsprechende Diphthong nicht mit dem dem (*ei*) entsprechenden zusammengefallen zu sein. Das Kirchenwort *heilig* hat sich vielleicht aus sprachsoziologischen Gründen der Normalentwicklung entzogen. (Ähnliches können wir z. B. im Nhd. beim Namen *Maria* feststellen, dessen [iː] „lautgesetzlich" diphthongiert sein müßte; vgl. aber *sant marein* in unserem Text!) Unbetontes *-e* ist apokopiert.

Dem anlautenden Verschlußlaut [k] des Normalmhd., der üblicherweise (*k*), allenfalls (*c*) geschrieben wird, entspricht die Graphie (*ch*), die entweder als [kh] = behauchtes *k* oder als [kx] interpretiert werden kann.

Für (stamm)anlautendes normalmhd. (*b*) wird außer in dem Rechtsterminus *brief* (*p*) geschrieben; es ist daher mit stimmloser Aussprache zu rechnen.

Am Kölner Text läßt sich u. a. beobachten, daß den normalmhd. Diphthongen (*uo, üe*) jeweils das Schriftzeichen (*ů*) entspricht.

Da dieselbe Graphie auch für langen und kurzen Monophthong gebraucht wird (in den Wörtern *Důsint* und *vůnfzig*), kann man schließen, daß sie auf jeden Fall monophthongisch auszusprechen ist, d. h. daß man z. B. *gesünet* und nicht *gesüenet* gesprochen hat. Für dementsprechend zu erwartende monophthongische Aussprache von (*ie*) könnten die Formen *beschrieuen* Z. 14 und *sieuen* Z. 15 Indizien sein, da hier der Monophthong [i] mit (*ie*) wiedergegeben wird (sog. umgekehrte Schreibung). Dem intervokalischen stimmhaften Verschlußlaut [b] entspricht ein wohl stimmhafter Reibelaut (*u*) = [v], dem stimmlosen Verschlußlaut [t] in bestimmten Stellungen, und zwar anlautend und intervokalisch ein (*d*), auslautendem (ȝ) = [s] ein (*t*), (*f*) ein (*p*).

Schließlich erscheint die Lautgruppe [ft] als (ht) = [xt].

Da wir sonst keine Fälle finden können, in denen einem (u) wie in normalmhd. *unde* ,und' ein (i) wie in *inde* ,und' entspricht, im Gegenteil im Kölner Text *kunt* ,kund', nicht etwa *kint* steht, dürfen wir *unde*: *inde* nicht zu den lautlichen Entsprechungen rechnen; das für den Kölner Raum so typische *inde* steht im Ablautverhältnis zu normalmhd. *unde*.

Würden wir weitere Texte aus Niederösterreich und Köln hinzuziehen, so könnten wir einerseits noch weitere Unterschiede finden, auch solche, die unsere hypothetischen Formulierungen korrigieren oder ihnen ganz widersprechen, wir würden aber auch feststellen, daß die hier aufgezeigten Abweichungen zum Normalmhd. keine Ausnahmeerscheinungen sind, die nur in den beiden ausgewählten Passagen anzutreffen sind, sondern daß wir es offensichtlich mit sich im Schriftbild widerspiegelnden regionalen Unterschieden im Lautsystem zu tun haben, zu denen solche morphologischer und lexikalischer Art hinzukommen (vgl. *gudensdages* ,Mittwochs' in der Kölner Urkunde). Das Mittelhochdeutsche ist ebenso wie das Neuhochdeutsche in verschiedene Mundarträume gegliedert. Damit soll allerdings nicht gesagt sein, daß jeder in Köln oder Niederösterreich geschriebene Text vom Normalmhd. abweichen muß, umgekehrt aber auch nicht, daß jede Abweichung vom Normalmhd. in einem Text eines bestimmten Ortes oder einer bestimmten Gegend auf die Mundart dieses Ortes oder dieser Gegend schließen läßt.

Dies führt zu der Frage, was Normalmhd. eigentlich ist und wie es sich zu den Mundarten verhält. Neben dieser geographischen oder horizontalen Gliederung in Dialekte muß nämlich mit einer vertikalen Schichtung der Sprache, d. h. mit an verschiedene sozioökonomische Gruppen gebundenen Soziolekten, oder mit Funktiolekten, an unterschiedlichen Kommunikationszusammenhängen orientierten Ausprägungen der Sprache, gerechnet werden.

4 A 2 Mundart und Schreibsprache

Wenn man unter „Mundart" bzw. „Dialekt" eine örtlich oder doch zumindest kleinräumig begrenzte, *gesprochene* Sprache versteht, so ist kaum zu erwarten, daß sie in mhd. Texten irgendwo in größerem Umfang rein zutage tritt. Denn überliefert ist das Schrifttum der herrschenden Schichten (Geistlichkeit, Adel, Bürgertum) und damit auch deren *Schreib-*, d. h. Literatur- oder geschriebene Gebrauchssprachen, nicht deren *Sprech-* sprachen oder die anderer Gruppen, etwa der Bauern oder Handwerker. Eine alles überdachende normierte Einheitssprache läßt sich in diesem Schrifttum nirgends finden, wohl aber unterschiedliche Einheits*tendenzen*. Das stärkste überlandschaftliche Ausgleichsbestreben begegnet in den Werken der höfischen Dichter Hartmann von Aue, Wolfram von Eschenbach, Walther von der Vogelweide, Gottfried von Straßburg und ihrer Nachfolger, ihre Sprache wird als höfische Dichtersprache bezeichnet. Diese Literatursprache, die wesentliche Züge alemannischen und (ost)fränkischen Lautstandes aufweist, ohne daß sie mit irgendeinem alemannischen oder fränkischen Dialekt identifiziert werden könnte, basiert vielleicht auf der Umgangssprache des staufischen Hoch- und Ministerialadels (H. MOSER). Ihre Entfernung zur Mundart zeigt etwa folgende Beobachtung BEHAGHELS: Die alemannischen höfischen Dichter, in deren Mundart(en) auslautendes -*î* zweifellos als *i* erhalten und nicht zu -*e* abgeschwächt war – dafür sprechen gleichzeitige urkundliche Schreibungen und die heutigen mundartlichen Verhältnisse —, geben diesen Laut trotzdem mit -*e* wieder und reimen ihn auch auf -*e* anderer Herkunft, z. B. *schœne < scônî; dœne*.

Neben der Literatursprache ist uns eine Anzahl anderer hochsprachlicher Schreibidiome überliefert, von denen besonders die Urkundensprache der Mundart oft nahe steht, genauer die Sprache der Urkunden, die nicht in großen Kanzleien geschrieben sind, nur Rechtsgeschäfte von lokaler Bedeutung beinhalten, alltägliche Dinge beschreiben und womöglich wörtliche Zeugenaussagen enthalten. Doch sind auch bei solchen Texten Rückschlüsse auf die tatsächlich gesprochene Mundart nicht unproblematisch und ohne Heranziehen der heutigen Dialektverhältnisse kaum möglich.

4 A 3 Die Einteilung der deutschen Mundarten

Die Aufgliederung der deutschen, vor allem der hochdeutschen Mundarten erfolgt traditionell in erster Linie nach bestimmten Unterschieden im Konsonantismus, die auf der verschieden starken Durchführung der sog. zweiten oder (alt)hochdeutschen Lautverschiebung beruhen. Es ist daher notwendig, hier kurz auf diese Erscheinung einzugehen.

4 A 3.1 Die zweite Lautverschiebung

Die zweite Lautverschiebung ist seit dem Ende des 6. Jahrhunderts bezeugt und läßt sich zuerst im äußersten Süden des Althochdeutschen nachweisen. Nach herrschender Meinung hat sie sich von dort aus mit nachlassender

Intensität nach Norden ausgebreitet, um schließlich an einer das deutsche Sprachgebiet von Westen nach Osten durchschneidenden Linie, der sog. Benrather Linie zum Stillstand zu kommen. Die Mundarten nördlich dieser Linie werden niederdeutsch, diejenigen südlich davon hochdeutsch genannt.

Die zweite Lautverschiebung betrifft:

1. die voralthochdeutschen stimmlosen Verschlußlaute (Tenues) *t*, *p*, *k*, sofern sie nicht in den Verbindungen *st*, *sp*, *sk*, *tr*, *ht*, *ft* auftreten,

2. die entsprechenden stimmhaften Verschlußlaute (Medien) *d*, *b*, *g*.

1. Tenuesverschiebung

Die Tenues werden je nach ihrer Stellung im Wort unterschiedlich behandelt. Es sind grundsätzlich zwei Gruppen von Stellungen zu unterscheiden: a) intervokalisch und auslautend nach Vokal, b) anlautend, in- und auslautend nach Konsonant und in der Gemination (Verdoppelung von Konsonanten).

a) In intervokalischer Position sowie auslautend nach Vokal werden *t*, *p*, *k* zu den stimmlosen Doppelspiranten (geminierten Reibelauten) ȝȝ, *ff*, *hh* (= phonetisch [xx] oder [çç]). Auslautend werden diese Geminaten schon vor Einsetzen der schriftlichen Überlieferung, inlautend nach Langvokal oder Diphthong im Laufe der ahd. Zeit zu den einfachen Reibelauten ȝ, *f*, *h*. (Statt *h*, *hh* wird im Mhd. im allgemeinen *ch* geschrieben.)

Beispiele

Den althochdeutschen Formen sind zum Vergleich die Parallelen aus der entsprechenden niederdeutschen Sprachperiode, dem Altsächsischen (as.) beigegeben.

as.	ahd.	mhd.
etan	*eȝȝan*	*eȝȝen* ‚essen‘
slîtan	*slîȝȝan/slîȝan*	*slîȝen* ‚zerreißen‘
hwat	*hwaȝ*	*waȝ* ‚was‘
fôt	*fuoȝ*	*fuoȝ* ‚Fuß‘
opan	*offan*	*offen* ‚offen‘
slâpan	*slâffan/slâfan*	*slâfen* ‚schlafen‘
skip	*skif*	*schif* ‚Schiff‘
slâp	*slâf*	*slâf* ‚Schlaf‘
makôn	*mahhôn*	*machen* ‚machen‘
rîki	*rîhhi/rîhi*	*rîche* ‚Reich‘

as.	ahd.	mhd.
ik	*ih*	*ich* ‚ich‘
bôk	*buoh*	*buoch* ‚Buch‘

Dieser Teil der Tenuesverschiebung hat alle hochdeutschen Mundarten gleichmäßig erfaßt. Eine Ausnahme macht lediglich das Mittelfränkische, das auslautendes *t* in Pronominalformen (*dat*, *dit*, *wat*) nicht verschoben hat (wohl aber auslautendes *t* in anderen Wörtern).

b) Im Anlaut, In- und Auslaut nach Konsonant (genauer nach *l, r, m, n*) und in der Gemination (*tt, pp, kk*) werden die Tenues zu den Affrikaten *ts, pf, kh* (= phonetisch [kx] oder kç]) verschoben. (Eine Affrikata ist eine Verbindung aus einem Verschlußlaut + homorganem Reibelaut.) Nach *l* und *r* wird *pf* schon im Laufe der ahd. Zeit zu *f* weiterentwickelt. Im Mhd. werden *ts* und *kh* gewöhnlich *z* bzw. *ch* geschrieben, die Graphie *ch* kann also mehrdeutig sein; *pf* kann auch mit *ph* wiedergegeben werden.

Dieser Teil der Tenuesverschiebung ist nicht überall gleichmäßig verlaufen. Grob gesprochen gilt folgende Verteilung: *t > ts* ist im gesamten Hochdeutschen durchgeführt, *p > pf* nur im Oberdeutschen und Ostfränkischen, *k > kh* in einem noch kleineren Gebiet, im Oberdeutschen. Genauere Angaben sind bei der Charakterisierung der einzelnen Mundarten zu finden.

Beispiele

as.	ahd.	mhd.
tal	*zal*	*zal* ‚Zahl‘
herta	*herza*	*herze* ‚Herz‘
holt	*holz*	*holz* ‚Holz‘
settian	*setzen*	*setzen* ‚setzen‘
plegan	*pflegan* / *plegan*	*pflegen* / *plegen* ‚pflegen‘
helpan	*helpfan* / *helfan* / *helpan*	*helfen* / *helpen* ‚helfen‘
dorp	*dorpf* / *dorf* / *dorp*	*dorf* / *dorp* ‚Dorf‘
appul	*appful* / *appul*	*apfel* / *appel* ‚Apfel‘
korn	*chorn* / *korn*	*chorn* / *korn* ‚Korn‘

as.	ahd.		mhd.	
werk	{	*werch*	{	*werch*
		werk		*werc*	‚Werk'
wekkian	{	*wekchen*	{	*wechen*
		wekken		*wecken*	‚wecken'

2. Medienverschiebung

Als Medienverschiebung bezeichnet man den Wandel der vorahd. stimmhaften Verschlußlaute *d*, *b*, *g* zu den entsprechenden Tenues *t*, *p*, *k*. Auch
diese Erscheinung ist je nach Artikulationsstelle des betreffenden Lautes in
den Mundarten unterschiedlich weit verbreitet.

Die dentale Media *d* erscheint im Oberdeutschen, Ostfränkischen und
Ostmitteldeutschen als *t*, in den übrigen Dialekten ist sie erhalten.

Beispiele

as.	ahd.		mhd.	
dohtar	{	*tohter*	{	*tohter*
		dohter		*dohter*	‚Tochter'
bindan	{	*bintan*			
		bindan		*binden*	‚binden'
biodan	{	*biotan*	{	*bieten*
		biodan		*bieden*	‚bieten'

Für den Labial *b* erscheint im oberdeutschen Sprachgebiet im älteren Ahd.
meist das Zeichen *p*, später dann wieder häufiger *b*. Ähnliches gilt für *k* statt
vorahd. *g*. Da in einigen modernen oberdeutschen Mundarten heute noch *p*
und *k* gesprochen wird, werden diese Lautwerte auch in mhd. Zeit gegolten
haben, obwohl das Schriftbild oft dagegen zu sprechen scheint.

Die unterschiedlichen Ergebnisse der zweiten Lautverschiebung dienen, wie
erwähnt, als Kriterien der Dialekteinteilung. Auch bei notwendig werdender
weiterer Differenzierung werden vorwiegend lautliche Merkmale, seltener
morphologische oder lexikalische Unterschiede herangezogen.

4 A 3.2 Die Merkmale der einzelnen Mundarten

Das deutsche Sprachgebiet gliedert sich in die beiden Haupträume des
Niederdeutschen im Norden und des *Hochdeutschen* im Süden.
,,Niederdeutsch" ist eine Sammelbezeichnung für eine Gruppe von Dialek-

ten im Norden des deutschen Sprachgebietes, die sich vor allem durch zwei Kriterien vom Hochdeutschen abgrenzen: das Fehlen der 2. Lautverschiebung und den Einheitsplural der Verben (nd. wir/ihr/sie *maket*: hd. wir/sie *machen*, ihr *macht*). Diese Dialekte gehen zurück auf das Mittelniederdeutsche und dieses auf das Altsächsische, die wiederum mundartlich gegliederte Sprache des ehemaligen sächsischen Stammesgebietes, die uns in Schriftdenkmälern aus dem 9.–12. Jahrhundert überliefert ist. (Selbstverständlich kann auch das Altsächsische der schriftlichen Überlieferung nicht ohne weiteres mit der damaligen gesprochenen Volkssprache gleichgesetzt werden.) Wegen beträchtlicher Unterschiede zu den hochdeutschen Mundarten sind die meisten Germanisten geneigt, „das Altsächsische nicht als einen Dialekt, sondern als eine eigene germanische Sprache anzusehen" (Eggers, 1963, S. 53). In mittelniederdeutscher Zeit bildete sich im Wirtschaftsraum der norddeutschen Hanse aufgrund gemeinsamer ökonomischer und politischer Interessen eine überregionale Verkehrssprache heraus, die zu einer Vereinheitlichung des Schreibgebrauchs im ganzen niederdeutschen Raum führte. Diese über den weiterhin bestehenden Mundarten liegende Ausgleichssprache ging um 1600 unter; von da an war und ist das Hochdeutsche die Schrift- und Hochsprache auch im niederdeutschen Gebiet.

Die Grenze zwischen den hochdeutschen und niederdeutschen Dialekten läßt sich nicht genau bestimmen — wie überhaupt die Grenzziehung zwischen Mundartgebieten problematisch ist, s. u. 4 A 4 —, da die oben genannten Erscheinungen der 2. Lautverschiebung unterschiedlich weit verbreitet sind und sich nicht zu einer scharfen Mundartscheide vereinigen. Es gibt daher Übergangsgebiete, bei denen eine eindeutige Zuordnung nicht möglich ist. In der Praxis wird im allgemeinen die nördlich-nd. *maken* von südlich-hd. *machen* trennende Benrather Linie als Grenze gesetzt. Sie verläuft auf dem Gebiet der Bundesrepublik in west-östlicher Richtung etwa von Aachen über Benrath südlich Düsseldorf, Olpe und Kassel bis Duderstadt.

Das hochdeutsche Sprachgebiet gliedert sich zunächst in die zwei Hauptgebiete A des **Mitteldeutschen** und B des **Oberdeutschen** (Md. und Obd.). Während im Md. anlautendes *p*- im Westen erhalten bleibt (*punt* ‚Pfund'), im Osten als *f* erscheint (*funt* ‚Pfund') und – *pp* – nicht verschoben wird (*appel* ‚Apfel'), wird im Obd. im Anlaut und in der Gemination zu *pf* verschoben. Weitere Unterscheidungsmerkmale sind die Bildung des Diminutivs: obd. mit *l*-Suffix, md. mit *ch*-Suffix, die Verschiebung von altem *d* zu *t* im Obd., dem im Md. erhaltenes *d* gegenübersteht, sowie die md. Monophthongierung von *ie, uo, üe, ei, ou* > *î, û, ü̂, ê, ô*.

A. Mitteldeutsch

Das Md. gliedert sich in die Gruppen **Westmitteldeutsch** (Wmd.) und **Ostmitteldeutsch** (Omd.). Sie scheiden sich durch eine Nord-Süd-Linie, die im wesentlichen der Wasserscheide zwischen Fulda und Werra folgt. Hauptsächliches Unterscheidungsmerkmal ist die oben erwähnte Behandlung von anlautendem p: p- im W, f- im O.

Im einzelnen gliedern sich die genannten Gruppen folgendermaßen:

1. Das Westmitteldeutsche (Wmd.) oder Fränkische (Fränk.) teilt sich durch eine von Südwesten nach Nordosten von Falkenberg an der deutsch-französischen Grenze über Boppard nach der nd.-hd. Sprachgrenze verlaufende Linie in das nördl. **Mittelfränkische** und das südl. **Rheinfränkische**; östl. an dieses schließt das **Ostfränkische** an.

Die Unterabteilungen dieser Gruppen und ihre besonderen Merkmale sind folgende:

a) das Mittelfränkische (Mfr.). Dort leben die Pronominalformen *dat*, *wat*, *dit*, *it* sowie *allet* mit unverschobenem -*t* weiter, wird *ft > cht* (*lucht* ‚Luft‘), erscheint *v* für inlautendes, *f* für auslautendes *b* (*lof* ‚Lob‘, Dat. *love*) und *ch* für auslautendes *g* (*dach* ‚Tag‘). Es wird unterteilt in:

α) **Ripuarisch** (Rip.) zwischen der nd.-hd. Grenze (Benrather Linie) und der sog. Eifel-Linie im Süden. Besonderes Merkmal ist die Erhaltung der Lautgruppen -*rp* und -*lp*.

β) **Moselfränkisch** (Msfr.) im südlichen Teile des mfr. Raumes bis zu der unter α angegebenen Grenzlinie. Im. Gegensatz zum Rip. sind hier die Lautgruppen -*rp* und -*lp* verschoben zu -*rf* und -*lf*.

b) das Rheinfränkische (Rhfr.) südl. der unter l angegebenen Linie. Hier ist *t* vollständig verschoben; *d* bleibt meist erhalten, und in der älteren Zeit wird dafür noch *th* geschrieben. Von diesem Gebiet wird vielfach ein südl. Streifen als sog. **Südrheinfränkisch** (Srhfr.) abgeteilt, das im wesentlichen die Gegend von Weißenburg i. E. umfaßt und nordwärts bis zu einer Linie Annweiler-Landau-Germersheim-Neckargemünd, ostwärts bis zum Odenwald ausgedehnt ist. In diesem Gebiet ist altes *d* nur im Anlaut erhalten, im Inlaut ist es zu *t* verschoben, was aber auch im Rhfr. nicht selten vorkommt. Das im Rhfr. unversehrte *th* verwendet Otfrid, die Hauptquelle dieses Raumes in ahd. Zeit, nur im Anlaut.

c) das **Ostfränkische** (Ofr.), auch Oberfränkisch, Hochfränkisch oder Mainfränkisch genannt. Es umfaßt die Gebiete am oberen und mittleren Main und am Oberlauf von Werra und Saale mit den Städten Würzburg, Bamberg, Koburg, Meiningen, dazu das Voigtland mit Plauen; in ahd. Zeit gehörte auch Fulda dazu. Das im Srhfr. anlautende unverschobene *d-* wird hier zu *t-* verschoben.

Aufgrund des Konsonantenstandes werden das Ofr. und auch das Srhfr. aber häufig zum Obd. gerechnet.

2. Das **Ostmitteldeutsche** (Omd.) scheidet sich in:

a) das **Thüringisch-Obersächsische** (Thür.-Obs.), das sich östlich bis zu einer Linie westlich Torgau und entlang der oberlausitzischen Grenze erstreckt;

b) das **Schlesische** (Schl.) östlich der unter 2a angegebenen Linie.

B. Oberdeutsch (Obd.)

Das Obd. teilt sich zunächst durch die sog. Lech-Linie (Silvretta–Mädelegabel–Lauf des Lech–Donauwörth westlich Eichstätt) in die beiden Hauptgebiete:

1. Das **Alemannische** (Alem.) im Südwesten des deutschen Sprachgebietes mit den jenseits der Landesgrenze liegenden deutschsprechenden Teilen des Elsasses, der Schweiz und Graubündens, ferner Vorarlberg. Die alten Längen *î, û, û* sind hier im allgemeinen erhalten. Das Gebiet ist unterteilt in:

a) das **Niederalemannische** (Ndalem.) im Elsaß und in Baden. Anlautendes *k-* bleibt hier erhalten.

b) das **Hochalemannische** (Halem.). Dieses umfaßt hauptsächlich die Schweiz, doch ohne Basel, aber mit Einschluß des südwestl. Teiles von Baden. Es zeigt schon in den ältesten Quellen Verschiebung von *k* zu [kx] und gliedert sich in das nördl. **Mittelalemannische** und das südl. **Ober-** oder **Höchstalemannische,** das auch *-k* nach Konsonant zu [kx] verschiebt.

c) das **Schwäbische** (Schwäb.) in Württemberg und Bayrisch-Schwaben. Als Kennzeichen gelten der Lautwandel *î* zu *ei*, Schwund des *n* vor *s* unter Nasalierung des vorhergehenden Vokals, Abstufung von *i, u, ü* vor Nasal zu *e, o, e (ö)*, Diminutiv auf *-le*, Pluralendungen des Verbums auf *-et* und die Formen *gân, stân, hân, lân.*

2. Das **Bairisch-Österreichische** (Bair.-Österr.) östl. der sog. Lech-Linie mit folgenden Merkmalen: offene Qualität des *ê*, überoffene des *ae*, Diphthongierung von *î, û* und *iu* (z. T. schon im 12. Jahrhundert), Kontraktion von *age-* zu *ei*, Bildung des Diminutivs meist mit *-el (-l, -erl)*, die Formen *gên* und *stên* und Erhaltung des alten Dual *es, enk*. Für die ahd. Zeit kommt hinzu die Bezeichnung des einfachen labialen Verschlußlautes im Wortinneren durch *–p–*. Das Gebiet wird unterteilt in:

a) das **Nordbairische** nördl. von Regensburg mit dem Oberpfälzischen und Westböhmischen. In mhd. Zeit gehörte auch Nürnberg hierher. Die Diphthonge *ie, ue, üe* sind hier zu *ei, ou, eu* geworden.

b) das **Mittelbairische,** das Altbayern, das Gebiet des Unterinntals (außer dem Zillertal), Salzburg, Ober- und Niederösterreich, den Böhmerwald und die übrigen einst deutschen Gebiete in Südböhmen umfaßt. Hier erscheint *k-* als *kh-*; altes *ê* (aus germ. *ai*) und *ô* (aus germ. *au*) bleiben erhalten.

c) das **Südbairische** im Gebiet von Ammer und Loisach, Tirol außer dem vorhin bezeichneten Unterinngebiet, Kärnten und Steiermark. Merkmale sind – *kk* –, *k* in allen Stellungen als Affrikata oder als Aspirata, Diphthongierung von altem *ê* (aus germ. *ai*) und *ô* (aus germ. *au*).

4 A 4 Kritik an der Dialekteinteilung

Die traditionelle Dialekteinteilung hat verschiedentlich Kritik auf sich gezogen. So hat z. B. SCHIRMUNSKI zunächst einmal die uneinheitliche Terminologie beanstandet: man bediene sich einer „außerordentlich bunten historisch-geographischen Nomenklatur: alter Stammesnamen, Namen der feudalen Territorien sowie der späteren Provinzen und Länder" (1962, S. 25). Überhaupt hafte der traditionellen Dialekteinteilung viel Willkürliches an:

Aus einer Vielfalt von Merkmalen werden eines oder einige wenige herausgegriffen, die kaum imstande sein dürften, den Charakter einer Mundart im Ganzen zu bestimmen. Anhand dieser Merkmale wird dann auf der Sprachkarte die Mundartgrenze gezogen. Zudem decken sich kaum einmal die Verbreitungsgebiete zweier oder mehrerer Phänomene, und weiterhin haben sich diese oft zu ganz unterschiedlichen Zeiten herausgebildet, was eine Bestimmung historischer Dialekträume oft fraglich erscheinen läßt. So ist z. B. die 2. Lautverschiebung im Bairischen und Alemannischen eine Erscheinung des 6. Jahrhunderts, während sie das Mittelfränkische erst in der Zeit vom 11. bis 16. Jahrhundert erreicht. Auch die in Kap. 3 behandelten Lautwandelerscheinungen haben sich räumlich und zeitlich unterschiedlich entfaltet. Die Diphthongierung z. B. findet sich bereits im 11./12. Jahrhundert im südöstlichen deutschen Sprachgebiet, zu einer Zeit also, für die im klassischen Mhd. noch die Monophthonge angesetzt werden; sie breitet sich von dort bis ins 16. Jahrhundert in nordwestlicher Richtung aus, ohne aber alle hd. Dialekte zu erfassen.

4 A 5 Dialektkarten

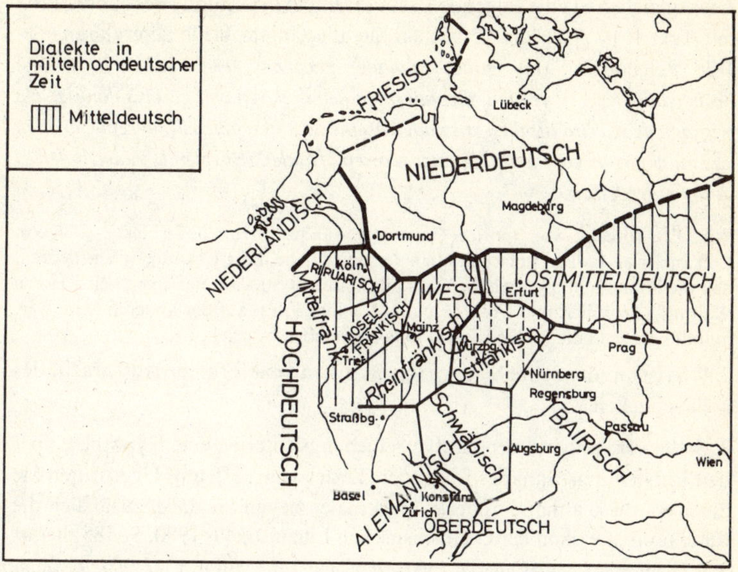

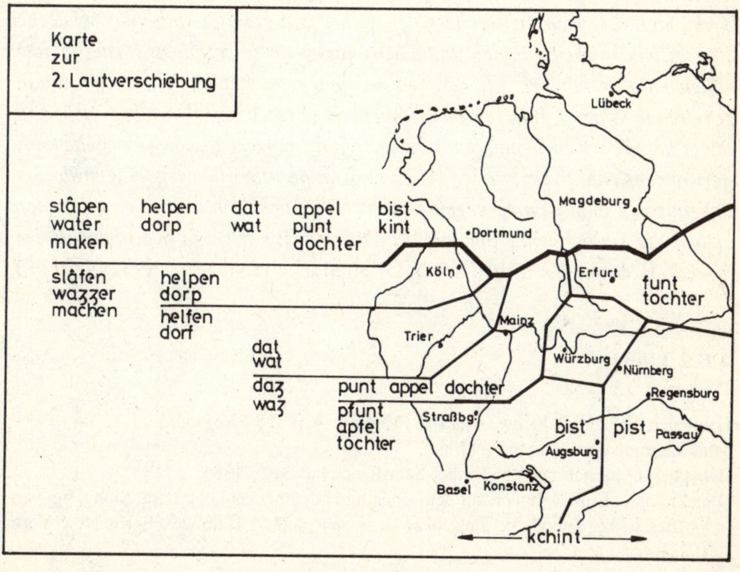

Dialekte in mittelhochdeutscher Zeit

|||| Mitteldeutsch

FRIESISCH

NIEDERDEUTSCH

Lübeck

Magdeborg

NIEDERLÄNDISCH

Dortmund

Köln

RIPUARISCH

OSTMITTELDEUTSCH

Erfurt

WEST

Mittelfrank

MOSEL FRÄNKISCH

Mainz

Prag

Trier

Würzbg.

Rheinfränkisch

Ostfränkisch

Nürnberg

HOCHDEUTSCH

Straßbg.

Schwäbisch

Regensburg

Passau

BAIRISCH

Augsburg

Wien

Basel

Konstanz

Zürich

ALEMANNISCH

OBERDEUTSCH

Karte zur 2. Lautverschiebung

Lübeck

Magdeburg

slâpen helpen dat appel bist
water dorp wat punt kint
maken dochter

Dortmund

slâfen helpen
wazzer dorp
machen helfen
dorf

Köln

Erfurt

funt
tochter

Trier

Mainz

dat
wat

Würzburg

Nürnberg

daz
waz

punt appel dochter

pfunt
apfel
tochter

Straßbg.

bist pist

Regensburg

Passau

Augsburg

Basel Konstanz

◄——— kchint ———►

77

4 B 1 Aufgaben

1. Vergleichen Sie die folgende Passage aus einer Urkunde des Jahres 1262 mit Text II (4 A 1) und versuchen Sie, die Unterschiede zu erklären:

Wir Engelbreht van godes genade gecorne erzebiscohb tu colne. archecancel(er) tu ytalien. du cunt allen den di desen brif gesen salen/dat die tviginge de was im tuschen vns vnde vnseme ge. tichte anensit. heren walrauen van guleke vnde vro meithilde siner vrowen of andersit/overmits guden luden es aldus nidergelath.

Wir, Engelbrecht, von Gottes Gnaden gewählter Erzbischof (Elekt) zu Köln, Erzkanzler zu Italien, tun kund allen denjenigen, die diese Urkunde sehen werden, daß die Zwietracht, die zwischen uns und unserem Stift auf der einen Seite, Herrn Wallraff von Jülich und Frau Mechthild, seiner Frau, auf der anderen Seite war, mithilfe guter Leute (Schiedsleute) folgendermaßen beigelegt ist.

2. Was ist aus der Schreibung *gh* für *ch* < *k* in Text II für die Aussprache des *g* zu schließen?

3. Stellen Sie anhand der Lautverschiebungskriterien eine Hypothese über den Entstehungsraum des folgenden Textes von 1275 auf. Überprüfen Sie die Hypothese anhand anderer Merkmale; ziehen Sie dabei zusätzlich die Karte 6 im „Lexikon der Germanistischen Linguistik" (²1980, S. 485) heran.

Jch herman Von Wiſwil tûn kvnt allen den / die diſen brief ſehent / oder hoerent leſen · daz ich vñ min ſûn Johanneſ han gegeben deme kloſter ze Tennibach drie jvcherte akchers der wrden zwo geköfet vmbe die Mvneche Von ettenhein durch mineſ ſvneſ hermanneſ Vñ aller miner vorderon ſele willen / da zv̂ han ich Vñ min ſvn Johanneſ gelobet bi vnſir trvwe für in zegeltenne ſwaz er Von rehter gvlte ieman gelten ſolte. Wir haben och dem abbet heinrich Von Tennibach / vñ ſiner ſamenunge v̂nſir trvwe gegeben mit geſwornem eide / daz wir ſiv ſvllen fvrſtan an allen den tegedingen die ſiv anegant von mineſ ſvneſ wegen / vñ ſvllen ſiv och Von allem deme ſchaden ziehen der ſiv dar vmbe ane gat dc ſiv minen ſvn herman begrabent in den kilchof. (Corpus der altdeutschen Originalurkunden, Bd. I, 1932, S. 233 f.)

4 B 2 Literatur

Handbuch Sprachgeschichte. Art. 102 (Menge); Art. 155 (Wegstein).
Mhd. Gramm. §§ 4—6, 157—170.
Behaghel, O., Zur Frage einer mhd. Schriftsprache, Basel 1886.
Dialektologie. Ein Handbuch zur deutschen und allgemeinen Dialektforschung, hg. von W. Besch, U. Knoop, W. Putschke, H. E. Wiegand, 2 Halbbde., Berlin/New York 1982/83.

Eggers, H., Deutsche Sprachgeschichte I: Das Althochdeutsche und das Mittelhochdeutsche, Reinbek 1986 (Rowohlts Enzyklopädie. 425).

Frings, Th., Rheinische Sprachgeschichte, Essen 1924.

Fromm, H., Stemma und Schreibnorm. In: Medaevalia litteraria. Festschrift für H. de Boor, hg. von U. Hennig und H. Kolb, München 1971, S. 193—210.

Goossens, J. (Hg.), Niederdeutsch. Sprache und Literatur. Bd. I: Sprache, Neumünster 1973.

Kranzmayer, E., Historische Lautgeographie des gesamtbairischen Dialektraumes, Wien 1956.

Lessiak, P., Beiträge zur Geschichte des deutschen Konsonantismus, Brünn 1933.

Maurer, F., Oberrheiner, Schwaben, Südalemannen, Straßburg 1942.

Moser, H., Mundart und Hochsprache im neuzeitlichen Deutsch, DU 8 (1956) H. 2, S. 36—61.

Öhmann, E., Hochsprache und Mundarten im Mittelhochdeutschen, DU 8 (1956) H. 2, S. 24—35.

Schieb, G., Probleme und Erscheinungsformen des älteren Deutsch in feudaler Zeit, in: Studien zur Geschichte der deutschen Sprache, Berlin 1972 (Deutsche Akademie der Wissenschaften zu Berlin. Zentralinstitut für Sprachwissenschaft. 49. Bausteine zur Geschichte des Neuhochdeutschen) S. 9—24.

Schirmunski, V. M., Deutsche Mundartkunde. Vergleichende Laut- und Formenlehre der deutschen Mundarten, Berlin 1962 (Deutsche Akademie der Wissenschaften zu Berlin. Veröffentlichungen des Instituts für deutsche Sprache und Literatur 25).

Schützeichel, R., Mundart, Urkundensprache und Schriftsprache. Studien zur rheinischen Sprachgeschichte, Bonn [2]1974 (Rhein. Archiv. 54).

Wiesinger, P., Phonetisch-phonologische Untersuchungen zur Vokalentwicklung in den deutschen Dialekten, 2 Bde, Berlin 1970 (Studia Linguistica Germanica. 2).

Corpus der altdeutschen Originalurkunden bis zum Jahre 1300, hg. von F. Wilhelm Bd. I: 1200—1282, Nr. 1—564, Lahr 1932.

5 Die Bedeutung des sprachlichen Zeichens

Bereits in Kapitel 3 haben wir festgestellt, daß wir durch die Umsetzung eines mhd. Textes in nhd. Lautung nicht immer auch einen verständlichen Text erhalten (vgl. das Beispiel oben 3 A 2.6). Wir müssen damit rechnen, daß sprachliche Zeichen sich nicht nur auf der bisher vorwiegend untersuchten Lautseite, sondern auch auf der Bedeutungsseite verändert haben.

Diese Unterscheidung geht auf FERDINAND DE SAUSSURE zurück. Er unterscheidet Vorstellung („concept") und Lautbild („image acoustique"); beides zusammen erst bildet ein sprachliches Zeichen. Um Mißverständnisse zu vermeiden, schlägt er vor, „daß man das Wort *Zeichen* beibehält für das Ganze, und Vorstellung bzw. Lautbild durch Bezeichnetes [„signifié"] und Bezeichnung (Bezeichnendes) [„signifiant"] ersetzt" (²1967, S. 78 f.). Daneben findet man auch die Begriffspaare Signifikant und Signifikat, Ausdruck und Inhalt oder Lautgestalt und Bedeutung.

Mit dieser Bedeutung sprachlicher Zeichen im Mhd. und mit einigen Veränderungen zum Nhd. werden wir uns nun näher beschäftigen.

5 A 1 Übersetzen aus dem Mhd.

AH 47
> *Sîn name was gnuoc erkennelich:*
> *er hiez der herre Heinrich*
> *und was von Ouwe geborn.*
> *sîn herze hâte versworn*
> *valsch und alle dörperheit*
> *und behielt ouch vaste den eit*
> *staete unz an sîn ende.*
> *âne alle missewende*

55
> *stuont sîn êre und sîn leben.*

Wir formen diesen Text zunächst mit Hilfe unserer Kenntnis der Lautäquivalenzen in nhd. Lautung um:

> Sein Name war genug (?) erkennbar (?)
> er hieß der Herr Heinrich
> und war von Aue geboren.
> Sein Herz hatte verschworen (?)
> Falsches und alle Dörperheit (?)

und behielt auch fast (?) den Eid
stetig (?) bis (?) an sein Ende.
Ohne alle Mißwende (?)
stund (stand) seine Ehre und sein Leben.

Zweifellos ist diese Umsetzung als Übersetzung des mhd. Textes unbrauchbar, wenn auch die Unklarheiten auf kleinere Abschnitte und einzelne Wörter beschränkt bleiben: sowohl Wortarten als auch grammatisch-syntaktischer Bau lassen sich weitgehend beibehalten und zu Elementen in Beziehung setzen, die wir aus unserem eigenen Sprachgebrauch kennen. Das Mhd. tritt uns eben nicht wie eine fremde Sprache gegenüber, sondern eher wie ein Dialekt des Deutschen, der nun nicht räumlich, sondern zeitlich von unserer eigenen Sprache getrennt ist. Diese Tatsache führt dazu, daß uns mhd. Texte – anders als Texte in einer uns gänzlich fremden Sprache – zum Teil verständlich sind und daß wir innerhalb dieser Texte dann nur einzelne Stellen als unverständlich, d. h. als mittels unserer heutigen Sprachkenntnis nicht unmittelbar erreichbar feststellen können. Solche „Störstellen" müssen dann durch eingehendere Untersuchungen geklärt werden. Es ist wichtig, sich dieses Vorgehen, das man beim Lesen eines mhd. Textes meist unbewußt anwendet, bewußt zu machen, damit die Entscheidungen, die man dabei trifft, kontrollierbar werden.

In V. 47 führt bei *erkennelich* u. U. weiteres Probieren zu einem besseren Ergebnis: ‚sein Name war bekannt' ergibt einen Sinn — die Verträglichkeit innerhalb des Kontextes spielt bei der Ermittlung der zutreffenden Übersetzung wie schon bei der Feststellung von Störstellen eine wichtige Rolle. Die Bedeutung eines sprachlichen Zeichens läßt sich oft aus dem Kontext ermitteln. Diese Aufgabe kann nun nicht für jede problematische Stelle vom Leser neu geleistet werden; entsprechende Hilfen bieten die Wörterbücher des Mhd.

Das ‚Kleine Mittelhochdeutsche Wörterbuch' von BEATE HENNIG gibt an:

> **er-kennelich,-kenlich** Adj.
> bekannt; *e. wîsen* refl.+D
> sich zu erkennen geben.

Neben diesem Wörterbuch gibt es noch umfangreichere Wörterbücher des Mhd., zunächst das ‚Mittelhochdeutsche Handwörterbuch' von MATTHIAS LEXER (sog. Großer Lexer), zu dem auch ein knappes Taschenwörterbuch (sog. Kleiner Lexer) existiert. Das große Wörterbuch, das bei sorgfältiger Arbeit und besonders bei schwierigen Stellen mit herangezogen werden muß, enthält zusätzliche Hinweise auf Kontexte, in denen das fragliche mhd. Wort vorkommt. In diesem Wörterbuch finden wir:

er-kennec-lich *adj.* (I. 810ᵇ) *erkennbar, ver-*
ständlich WOLFR. erkenneclîchen harnas het
der herre an sich geleit ERACL. 4726;
er-kennec-lîchen *adv.* (*ib.*) PARZ.;
er-kenne-lich *adj.* (*ib.*) *wolbekannt* A. HEINR.;
er-kenne-lîche *adv.* dô wolde ouch er der
vrowen sich erkenlich wisen, *zu erkennen*
geben PASS. 94, 35;

Zu dem entsprechenden Wort wird hier also auf den ‚Armen Heinrich' verwiesen.

Zusätzlich ist auch noch das Wörterbuch von BENECKE/MÜLLER/ZARNCKE
(im folgenden auch abgekürzt als Mhd. Wb.) zu benutzen, das weitere
Kontexte angibt, die im „Großen Lexer" oft nicht mehr aufgeführt sind.
Dieses mhd. Wörterbuch bereitet dem Benutzer Schwierigkeiten, da das
Material nach etymologischen Gesichtspunkten geordnet ist. Das gesuchte
Wort läßt sich jedoch relativ leicht mit Hilfe des „Großen Lexer" auffinden,
der das Wortmaterial alphabetisch ordnet: hinter dem mhd. Wort sind
jeweils Band und Spalte genannt, wo man das Wort bei BENECKE/MÜLLER/
ZARNCKE nachschlagen kann; an der von LEXER angegebenen Stelle I 810 b
findet man den Eintrag:

erkennelich *adj. bekannt.* sîn name
was gar erkennelich *a. Heinr.* 47.

Betrachten wir nun etwas kürzer noch die anderen Störstellen:
V. 50: *versworn*, Inf. *verswern*

ver-swern[1] stV [VIb] gelo-
ben, versichern; verzichten
auf; ab-, verschwören.
ver-swern[2] stV [IVa] zu
schmerzen aufhören; vernar-
ben; vereitern.

Eine Prüfung aller im Wörterbuch angegebenen Gebrauchsmöglichkeiten
führt dazu, daß hier wohl die Übersetzung ‚abschwören' den besten Sinn
ergibt. Schlägt man auch bei BENECKE/MÜLLER/ZARNCKE (II² 772b) nach,
so findet man dort unter Hinweis auf diesen Vers den Übersetzungsvor-
schlag ‚schwören, etwas nicht haben oder tun zu wollen'.

V. 51: *dörperheit*

dörper-heit stF Grobheit,
Derbheit, Rohheit; Schande.

BENECKE/MÜLLER/ZARNCKE verweisen erneut auf diesen Vers des „Armen
Heinrich" (I 383 b).

V. 53: *staete – unz*

stæte[1] Adj. fest, beständig.
stæte[2] Adv. fest, beständig;
stets.
stætec/ic Adj. fest, beständig.
stætec-heit, stæte-keit stF
Festigkeit, Beständigkeit.

unz[1] Adv. [s.] *unze[1]*.
unz[2] Präp. [s.] *unze[2]*.
unz[3] Konj. [s.] *unze[3]*.
unz[4] stswF [s.] *unze[4]*.
un-zalhaft Adj. unzählbar,
unermeßlich, unsäglich.
un-zallich,-zellich Adj. unzählbar, unermeßlich, un-
säglich.
unze[1], unz Adv. solange;
während dieser Zeit.
unze[2], unz Präp.+Adv./Präp.
[z.B. *u. her/ hin/ zuo, u. an/
in/ ûf/ ze*] bis (zu).
unze[3], unz Konj. bis, solange
als, während.

V. 53: *vaste*

misse-wende[1],-wendec
Adj. tadelhaft.
misse-wende[2] stF Tadel;
Makel, Schande; Untat; Un-
heil, Unglück, Schaden.
misse-wendec [s.] *misse-
wende[1]*.

V. 54: *missewende*

vast[1] Adj. fest, stark, befe-
stigt.
vast[2], vaste Adv. fest, eng;
nahe an, bis an; stark, gewal-
tig; schnell; sehr; recht.

(Bei BENECKE/MÜLLER/ZARNCKE III 688[b] wird auf diesen Vers verwiesen.)
Als weiteres Hilfsmittel kann die mhd. Grammatik von HERMANN PAUL
herangezogen werden, die von PETER WIEHL und SIEGFRIED GROSSE überarbeitet worden ist. Sie hilft bei schwierigen grammatischen Konstruktionen
und in Fragen der Formenbildung und führt auch viele mundartlich bedingte,
vom „Normalmhd." abweichende Bildungen auf.

Zu V. 50 *hâte* verweist z. B. das Wortregister dieser Grammatik unter *haben/hân* auf
§ 288: dort findet sich ein Paradigma der Konjugation dieses Verbs, das die Form
hâte als eine der möglichen Bildungen des Präteritums aufführt, und die Anmerkungen bieten Hinweise zur Entstehung und mundartlichen Verteilung der verschiedenen
Formen.

Damit ergibt sich folgende Übersetzung:

> Sein Name war sehr bekannt. Er hieß Herr Heinrich und war
> von Aue geboren. Sein Herz hatte abgeschworen der Falsch-
> heit und dem rohen Benehmen und hielt auch fest den Eid

dauerhaft bis an sein Ende. Ohne jeden Makel standen seine Ehre und sein Leben (da).

Grundsätzlich müssen wir also nicht nur mit Veränderungen auf der Lautseite, sondern auch mit Veränderungen auf der Bedeutungsseite der sprachlichen Zeichen rechnen. Störstellen fallen sofort auf, wenn die einfache Umsetzung in nhd. Lautung keinen sinnvollen Text ergibt; sie können dann mit Hilfe der Wörterbücher geklärt werden. Schwierigkeiten entstehen allerdings, wenn bei der Umsetzung zwar ein sinnvoller Text entsteht, die Bedeutung sich aber dennoch verändert hat, die Umsetzung also, obwohl sie sinnvoll erscheint, nicht adäquat ist.

5 A 2 *frouwe* und *wîp*

Das folgende Gedicht (MF 216,29) stammt von Hartmann von Aue:

1   Maniger grüezet mich alsô
     – der gruoz tuot mich ze mâze vrô –:
       ”Hartman, gên wir schouwen
       ritterlîche vrouwen.“
5   mac er mich mit gemache lân
          und île er zuo den vrowen gân!
          bî vrowen triuwe ich niht vervân,
          wan daz ich müede vor in stân.

2   Ze vrowen habe ich einen sin:
     als sî mir sint, als bin ich in;
       wand ich mac baz vertrîben
       die zît mit armen wîben.
5   swar ich kum, dâ ist ir vil,
          dâ vinde ich die, diu mich dâ wil;
          diu ist ouch mînes herzen spil.
          waz touc mir ein ze hôhez zil?

3   In mîner tôrheit mir beschach,
     daz ich zuo zeiner vrowen gesprach:
       ”vrowe, ích hân mîne sinne
       gewant an iuwer minne.“
5   dô wart ich twerhes an gesehen.
          des wil ich, des sî iu bejehen,
          mir wîp in solher mâze spehen,
          diu mir des niht enlânt beschehen.

Übertragung:

Mancher grüßt mich so
– der Gruß macht mich nur in Maßen froh –,
„Hartmann, laßt uns aufsuchen
ritterliche Frauen."
Möge er mich in Ruhe lassen
und (allein) zu den Frauen eilen!
Bei Frauen glaube ich nichts zuwege zu bringen,
außer daß ich müde vor ihnen stehe.(?)
     Frauen gegenüber habe ich einen Gedanken:
wie sie mir gegenüber sind, so bin ich es ihnen,
denn ich kann die Zeit besser
mit armen Weibern (?) verbringen.
Wohin ich auch komme, da sind viele von ihnen;
da finde ich die, die (auch) mich will;
die ist auch die Freude meines Herzens:
was nutzt mir ein zu hohes Ziel?
     In meiner Torheit geschah es mir,
daß ich zu einer Frau sprach
„Frau, ich habe meine Sinne
an eure Minne gewandt."
Da wurde ich schief angesehen.
Deshalb will ich, das sei euch gesagt,
mir Weiber (?) mit solcher Einstellung ausspähen,
die mir solches nicht widerfahren lassen.

Eine gewisse Schwierigkeit, vielleicht eine „Störstelle" im obigen Sinn,
ergibt sich bei der Übersetzung von *frouwe* und *wîp*. Die nhd. lautlichen
Entsprechungen ‚Frau' und ‚Weib' sind offensichtlich zur Wiedergabe der
mhd. Wörter nicht voll geeignet. Was meint, auf welchen Sachverhalt
bezieht sich Hartmann von Aue, wenn er *ritterlîche frouwen* und *arme wîp*
einander gegenüberstellt?
Um festzustellen, welche semantischen Merkmale im Mhd. mit den
Wörtern *frouwe* und *wîp* verbunden sind, ziehen wir auch hier das Material
der Wörterbücher heran; um zeitliche Unterschiede im Gebrauch auszu-
schließen, beschränken wir uns weitgehend auf Belege aus der Zeit um 1200.
Wir vollziehen damit den Weg nach, auf dem die Bedeutungsangaben der
Wörterbücher entstanden sind: aus dem Gebrauch von *frouwe* und *wîp*
ermitteln wir wesentliche Komponenten der Bedeutung der beiden Wörter.
Die Bedeutungsangaben der Wörterbücher als Summe dieser Komponenten geben dann umgekehrt mögliche Gebrauchsweisen der Wörter an.

(1)   *nû zaemet ir waerlîche/ze vrouwen wol dem rîche* (Erec 3768)
(2)   *... si enwürde der naht erhaben/ze vrouwen sînem lande* (Erec 6329)

(3) *swie ich doch het übr mînen lîp/ze vrouwen dô ein ander wîp* (Ulrich von Lichtenstein, Frauendienst 318,28)

(4) *iuwer sêle ist mîner sêle frouwe* (Heinrich von Morungen MF 147,11)

(5) *frou küngîn* (Wolfram von Eschenbach, Parzival 276,22)

(6) *frôn Belakân* (Parzival 84,30)

(7) *sist ein frowe von geburt: sô ist ir süezer lîp/von ir tugenden ein vil wîplîch wîp* (Frauendienst 445,20)

(8) *mîn vrouwe diu ist tôt, Helche di vil rîche, mînes herren wîp* (Nibelungenlied 1194,2)

(9) *daz ir mich . . . geruochent minnen/als eine êlichen vrouwen* (Konrad von Würzburg, Trojanerkrieg 8336)

(10) *. . . daz ir aber mîn herre/werden sult in kurzer vrist,/alse sî mîn vrouwe ist* (Iwein 7970)

(11) *friundin und froun in einer waete,/wolte ich an dir einer gerne sehen* (Walther von der Vogelweide 63,20)

(12) *iuwer tohter ist ein schoeniu magt/unde ist edel unde rîch:/sone bin ich niender dem gelîch,/daz ich ir möhte gezemen./ein vrouwe sol einen herren nemen* (Iwein 6622)

(13) *diu küngîn an die snüere reit/mit manger werden frouwen* (Parzival 82,30)

(14) *ez waere frouwe oder man* (Parzival 626,2)

(15) *diu vrouwe von Nârison* (Iwein 3802)

(16) *beidiu/magede unde wîb* (Heinrich von Veldeke, Eneide 340,40)

(17) *und naeme ein hêrre ein wîp durch got* (Freidank 75,10)

(18) *so swüere ich wol daz hie diu wip/bezzer sint danne ander frouwen* (Walther 57,5)

(19) *. . . daz mîn vrouwe ein wîp ist/und daz si sich gerechen niene mac* (Iwein 3128)

(20) *diu ê hiez magt, diu was nu wîp* (Parzival 45, 24)

(21) *si was ein maget, niht ein wîp* (Parzival 60,15)

(22) *sîn wîp, von der ich wart geborn* (Parzival 750,24)

Aus diesen Belegen ergibt sich:

1. *frouwe* wird in der Anrede verwendet (5, 6), *wîp* nicht.

2. *frouwe* bezeichnet Personen weiblichen Geschlechts, die in der ständischen Ordnung einen hohen Rang einnehmen (7), oft geradezu die Herrin (1, 2, 3, 4, 8, 10, 12, 15, 19); *wîp* ist in dieser Hinsicht neutral. Auch Gefolge, das als *frouwen* bezeichnet wird, dürfte adlig sein (13).

3. Die *frouwe* kann, muß aber nicht verheiratet sein; *wîp* dagegen meint

meist die verheiratete Frau, oft hat es geradezu die Bedeutung ‚Ehefrau' (8, 17, 22).

Deshalb sind *wîp* und *maget* ein deutlicher Gegensatz, nicht aber *frouwe* und *maget* (16, 20, 21 gegenüber 12).

4. Zwar kann *frouwe* allgemein die Frau im Gegensatz zum Mann bezeichnen (14), *wîp* begegnet in dieser Verwendung jedoch häufiger (3, 19).

5. In einigen Fällen — sie sind allerdings auf bestimmte Autoren beschränkt — zeigt sich ein Unterschied in der Verwendung von *frouwe* und *wîp* in Hinblick auf eine höhere moralische Wertung des *wîp* (7, 18).

6. *frouwe* bezeichnet manchmal die Geliebte (11).

Versucht man die aufgewiesenen Merkmale für mhd. *frouwe* und *wîp* sowie für nhd. *Frau* und *Weib* in einer Matrix zusammenzustellen, so ergibt sich folgendes Bild:

semantische Merkmale	*frouwe*	*Frau*	*wîp*	*Weib*
weibliche Person	+	+	+	+
in heiratsfähigem Alter	+	+	+	+
unberührt	0	0	—	0
verheiratet	0	0	+	0
hoher Stand/adlig	+	0	0	0
Herrin	+	0	—	—
Geliebte	+	—	—	—
moralisch positiv	0	0	0/+	—
pejorativ	—	—	—	+
Anrede	+	+	—	—

+ ist der Fall/ — ist nicht der Fall/0 kann der Fall sein

Die Matrix läßt folgende Veränderungen vom Mhd. zum Nhd. erkennen: *Frouwe* hat im Mhd. das Merkmal < + hoher Stand >, das das lautlich entsprechende nhd. Wort *Frau* nicht mehr besitzt. *Wîp*, im Mhd. offensichtlich im Gegensatz zur Standesbezeichnung *frouwe* mehr als allgemeine Geschlechtsbezeichnung verwendet, hat im Nhd. im Unterschied zum Mhd. häufig ein Merkmal < + pejorativ >, wohingegen ihm im Mhd. in einer Reihe von Fällen ein Merkmal < + moralisch positiv > zukommt. Nhd.

Weib läßt sich wegen dieses Unterschiedes als Übersetzung für mhd. *wîp* nicht mehr verwenden; der mhd. Gegensatz *frouwe: wîp* ist im Nhd. wiederzugeben mit ‚adlige Dame': ‚Frau'.

Einer solchen adligen Dame hat nun der Sprecher in dem Lied Hartmanns von Aue seine Minne gestanden. Doch bei diesen Damen bringt er wenig zustande. Deshalb hält er es für sinnvoller, sich sozial weniger hoch gestellten Frauen zuzuwenden: dort hofft er, Erhörung und Freude zu finden. Sein im Rahmen der höfischen Konvention durchgeführter Frauendienst hat keinen Erfolg gebracht, statt von *ritterlîchen frouwen* erwartet er nun Erfüllung von den *armen wîben*. Hartmann von Aue spricht hier ein Thema an, das Walther von der Vogelweide in seinen Liedern eingehend behandelt hat; er versucht, dem *wîp* einen sittlichen Vorrang gegenüber der *frouwe* zuzuerkennen:

Walther
48,38   *Wip muoz iemer sin der wibe hohste name,*
         und tiuret baz dan frouwe, als ichz erkenne.

Die folgende Matrix gibt einen größeren Ausschnitt aus dem Bereich der Bezeichnungen für weibliche Personen. Auch hier beschränken wir uns auf einige wesentliche Merkmale des Gebrauchs im Mhd. und Nhd., die Vielfalt der Verwendungsweisen im zeitlichen Ablauf wie auch bei den verschiedenen Autoren ist in dieser Übersicht nicht erfaßt.

semantische Merkmale	Mhd. um 1200				
	frouwe	*wîp*	*frouwelin*	*juncvrouwe*	*maget*
weibliche Person	+	+	+	+	+
in heiratsfähigem Alter	+	+	0	0	0
unberührt	0	–	+	0	+
verheiratet	0	+	–	–	–
hoher Stand/ adlig	+	0	+	+	0
Herrin	+	–	+	+	
Geliebte	+	–	+	–	–
moralisch positiv	0	0/+	0	0	0
pejorativ	–	–	–	–	–
Anrede	+	–	+	+	–
	‚Herrin, Dame'	‚Frau'	‚adliges Fräulein'	‚junge Herrin, Edel- fräulein'	‚Jungfrau, Mädchen'

semantische Merkmale	Frau	Weib	Fräulein	Jungfrau	Magd
weibliche Person	+	+	+	+	+
in heiratsfähigem Alter	(+)	+	+	+	+
unberührt	0	0	0	+	0
verheiratet	0	0	–	–	0
hoher Stand adlig	0	0	0	0	–
Herrin	0	–	–	0	–
Geliebte	–	–	0	–	0
moralisch positiv	0	–	0	0	0
pejorativ	–	+	–	–	–
Anrede	+	–	–	–	–

Innerhalb des Feldes der Bezeichnungen für weibliche Personen hat allmählich eine Verschiebung stattgefunden. Mit dem Rückgang der Bedeutung des Adels und seiner Kultur ist das Merkmal < + hoher Stand > nach und nach geschwunden, ein Vorgang, der sich auch bei anderen mhd. Wörtern beobachten läßt. Damit kann *frouwe/Frau* als allgemeine Geschlechtsbezeichnung verwendet werden, während *wîp/Weib* dies wegen seiner zunehmend pejorativen Bedeutung nicht mehr leisten kann. Als Ersatz für *frouwe* mit seiner ständischen Qualität wird im 17. Jahrhundert neu *Dame* aus dem Französischen entlehnt; für *maget*, das das Merkmal < – hoher Stand > erhält, wird im 15./16. Jahrhundert das Diminutiv *Mädchen* eingeführt. Der Prestigewert von *Frau* zeigt sich noch daran, daß das Wort – anders als *Mann* – in der Anrede verwendet wird. Da heute das Merkmal <verheiratet> in den Hintergrund tritt, ist außerdem *Fräulein* als Anrede verschwunden.

5 A 3 Übergreifende Aspekte mhd. Bedeutungen und des Bedeutungswandels

Auf den in der letzten Übersicht zugrunde gelegten Gesichtspunkt, daß die Bedeutung eines sprachlichen Zeichens im Zusammenhang aller Bezeichnungen mit ähnlicher Bedeutung betrachtet werden muß, weist bereits FERDINAND DE SAUSSURE hin, wenn er feststellt, daß „die Sprache ein System ist, dessen Glieder sich alle gegenseitig bedingen und in dem Geltung und Wert des einen nur aus dem gleichzeitigen Vorhandensein des andern sich ergeben" (^{2}1967, S. 136 f.) „Innerhalb einer und derselben Sprache begrenzen sich gegenseitig alle Werte, welche verwandte Vorstellungen ausdrücken: Synonyma wie *denken, meinen, glauben* haben ihren besonderen Wert nur durch ihre Gegenüberstellung; wenn *meinen* nicht vorhanden wäre, würde sein ganzer Inhalt seinen Konkurrenten zufallen" (^{2}1967 S. 138).

U. a. im Anschluß an diese Feststellung SAUSSURES hat JOST TRIER seine Theorie der Wort- und Begriffsfelder entwickelt: jedes Wort wird in seinem Sinngehalt durch seine gleichzeitigen Nachbarn im selben Begriffsfeld bestimmt (1931, S. 11). Beim Übersetzen mhd. Texte muß nun damit gerechnet werden, daß sich vom Mhd. zum Nhd. innerhalb eines Feldes Umstrukturierungen ergeben haben.

TRIER hat seine Überlegungen an den Wörtern im Sinnbezirk des Verstandes konkretisiert. Wir gehen aus von einigen Versen im „Armen Heinrich". In einer der Reden, in denen das Mädchen seine Eltern von der Notwendigkeit des Opfers für ihren Herrn Heinrich von Aue zu überzeugen sucht, führt es aus:

AH 593 *,vater mîn, swie tump ich sî | mir wonet iedoch diu witze bî | daz ich von sage wol die nôt | erkenne daz des lîbes tôt | ist starc unde strenge.*

– Mein Vater, wie dumm ich auch sei, so verfüge ich doch über die (*witze*?), daß ich von (Hören) Sagen wohl die Not kenne, daß der Tod des Leibes hart und schwer ist.

Außerdem bestehe die Gefahr, daß man durch den Tod Heinrichs in eine schlechte Lage kommen könne: wer wisse, ob ein neuer Herr sie ebensogut behandeln werde. Sie folgert:

AH 625 *den wil ich uns vristen | mit alsô schoenen listen | dâ mite wir alle sîn genesen.*

– den will ich uns erhalten mit so guten (*listen*?), so daß uns allen durch ihn geholfen wird.

tump, witze und *liste* – wie sind diese mhd. Wörter im Nhd. wiederzugeben? ,dumm' für *tump* erscheint möglich, ,Witz' für *witze* aber trifft wohl kaum den gemeinten Sachverhalt, ebensowenig ,List' für *list*. Wir beschränken uns im folgenden auf eine relativ grobe Merkmalscharakterisierung der mhd. Wörter im Sinnbezirk des Verstandes auf der Grundlage der Darstellung TRIERS ohne Differenzierung nach Zeit und Autoren; nur der Wortgebrauch Hartmanns von Aue soll etwas stärker berücksichtigt werden.

TRIER unterscheidet Naturalia (Naturgaben des Intellekts) und Accidentia (Erworbenes). *Witze* und *sin*, die zentralen Begriffe im Bereich der

Naturalia, bezeichnen die dem Menschen eigentümliche, naturgegebene Vernunftseite, die dem einzelnen in verschieden hohem Maße und in verschiedenem Stärkeverhältnis zu den übrigen Seelenkräften zuteil wird. Für Hartmann im „Erec" nur in formelhafter Verwendung belegt, begegnet *witze* im „Iwein" häufiger und bezeichnet dort stärker als *sin* die intellektuelle Seite: ‚Fähigkeit zur Überlegung', ‚Verstand'; im Plural meint *witze* dann ‚kluge Gedanken'. *Sin* bezeichnet neben dem Intellekt auch ‚Gemüt, Gesinnung, Absicht', also außerintellektuelle Kräfte. Vers 594 im „Armen Heinrich" ist also zu übersetzen: ‚so habe ich doch so viel Verstand'.

Zentrale Wörter im Bereich der Accidentia sind *kunst*, *list* und – bei Hartmann vereinzelt – *wîsheit*. Sie bezeichnen das, was man gelernt hat, was man weiß und kann und durch Lehre weiterzugeben vermag. Die Wissensinhalte können weltlicher und geistlicher, theoretischer und praktischer Art sein: Wissenschaften, Künste, Handwerke. *List* wird auch für Magie und Zauberkunst verwendet, nur in bestimmten Kontexten hat es die heutige Bedeutung ‚List'.

Gregorius

1185   *dur nâch gehezzerte sich sîn sin*
            alsô daz im divînitas
            gar durhliuhtet was:
            diu kunst ist von der gotheit.
1190   *swaz im für wart geleit*
            daz lîp und sêle frumend ist,
            des ergreif er ie den besten list.
            dar nâch las er von lêgibus,
            und daz kint wart alsus
1195   *in dem selben liste*
            ein edel lêgiste:
            diu kunst sprichet von der ê.

Mit *list* und *kunst* werden hier die Wissenschaften Theologie und Jura bezeichnet, auch das Können der Ärzte gilt als *list* (AH 182), für AH 626 schlägt TRIER ‚kluge, vorausschauende Maßnahme' vor.

Bei Wolfram von Eschenbach stellt TRIER dann eine Differenzierung der ansonsten meist unterschiedslos gebrauchten *kunst* und *list* fest, die für die spätere Verwendung wichtig wurde: *kunst* bezeichnet höfisch-gesellschaftlich und sittlich wertvolles Wissen und Können, *list* gesellschaftlich irrelevante oder gar bedenkliche, unhöfische Fähigkeiten (1931, S. 318). Das neue Wort *kunst* für sozial angesehene Fähigkeiten verdrängt dann allmählich das sozial niedriger eingeschätzte und damit immer häufiger gering geschätzte Fähigkeiten bezeichnende *list*.

Geht man von der Wortfeldvorstellung aus, so konkurrieren im Mhd. jüngeres *kunst* und älteres *list*, sie können weithin fast synonym gebraucht werden.

Auch *sin* und *witze* stehen sich sehr nahe, für beide geben die Wörterbücher z. B. die Bedeutungen ‚Verstand‘, ‚Besinnung‘ und ‚Weisheit‘ an. *Verstand* wird zunehmend seit dem 16. Jahrhundert gebraucht und gerät dann in Konkurrenz zu *sin* und *witze,* aber auch zu den bereits früher verwendeten *vernust/vernunft* und *wîsheit*; zudem gibt es Bedeutungsüberschneidungen zwischen *kunst, list, sin, witze und wîsheit.* Die Konkurrenz von *wîsheit* und *kunst* äußert sich z. B. darin, daß Autoren meist eines der beiden zur Auswahl stehenden Wörter bevorzugen, Hartmann von Aue und Wolfram von Eschenbach *kunst*, Heinrich von Veldeke und Gottfried von Straßburg *wîsheit.*

Solche konkurrierenden Wörter und Überschneidungen sind der Ausgangspunkt für Umstrukturierungen innerhalb des Wortfeldes und eine klarere Abgrenzung der Wortbedeutungen: *witze/Witz* wird im 17./18. Jahrhundert allmählich auf die heutige Bedeutung ‚Fähigkeit, lustig und treffend zu erzählen‘ bzw. ‚lustige Geschichte, Begebenheit selbst‘ verengt, bei *Sinn* treten die auf den Intellekt zielenden Bedeutungsmerkmale zurück (vgl. aber die formelhafte Wendung: *Ohne Sinn und Verstand*), *Kunst* meint vorwiegend Fähigkeiten und Erzeugnisse im ästhetischen Bereich, *List* die Verwirklichung von Absichten unter Einsatz schlauer Täuschung.

Vielfach kann sich die Bedeutungsvielfalt mhd. Wörter als Schwierigkeit bei der Beschreibung eines Teilbereichs des mhd. Wortschatzes innerhalb eines Wortfeldes erweisen, da sie eindeutige Zuordnungen und Abgrenzungen innerhalb eines Feldes wie gegenüber anderen Feldern erschwert. Die Verwendungsweisen überschneiden sich im Mhd. oft in so starkem Maße, daß man die Anwendbarkeit der Wortfeldtheorie auf den mhd. Wortschatz ganz in Frage gestellt hat. Doch auch für das Mhd. ist die Berücksichtigung der Stellung eines Wortes im Feld bedeutungsverwandter Wörter bei der Bedeutungsanalyse fruchtbar, bei dem Bedeutungswandel spielen Konkurrenzen und Überschneidungen innerhalb eines Wortfeldes eine wichtige Rolle.

Welche der unterschiedlichen mhd. Bedeutungsnuancen jeweils gemeint ist, läßt sich in vielen Fällen aus dem Kontext ablesen; immer ist dies jedoch nicht möglich, und die Bedeutungsfestlegung bleibt eine Aufgabe der Textinterpretation. Zugleich muß man berücksichtigen, daß für den zeitgenössischen Leser oder Hörer dieser Literatur auch die anderen Bedeutungen mitschwingen, auch wenn sie in der aktuellen Verwendung zurücktreten. In seiner Übersetzung des „Armen Heinrich“ verwendet DE BOOR z. B. für *êre* (AH 46, 55, 57, 69, 77, 158) regelmäßig nhd. *Ehre*, GROSSE übersetzt *êre* mit ‚Ansehen‘ (AH 46, 57), ‚gesellschaftliches Ansehen‘ (AH 69), ‚Ruf‘ (AH 55), ‚Geltung‘ (AH 77) und ‚Anerkennung‘ (AH 158). Steht hier wie auch sonst bei Hartmann die Verwendung des Wortes für ‚äußere Ehre‘ im Vordergrund, so findet sich bei Wolfram von Eschenbach zusätzlich auch der Bedeutungsaspekt ‚innere Ehre' (vgl. MAURER, [2]1964, S. 274 ff.). Oft ist es auch schwierig, mhd. Begriffe mit einem einzigen nhd. Wort wiederzugeben, man muß Umschreibungen wählen.

Eine solche Vielschichtigkeit der Bedeutung ist in poetischen Texten manchmal gerade erwünscht, im Sachschrifttum wie Rechtsaufzeichnung, Geschäftsverkehr, Chronik, theologischer Abhandlung wird sie zum Problem. Deshalb setzt hier ein Prozeß der Vereindeutigung ein, die Bedeutungsvielfalt wird eingeschränkt, indem bestimmte Bedeutungskomponenten wegfallen, man sich auf andere konzentriert:

Mhd. *rîten* kann man mit dem Schiff, dem Wagen, dem Pferd, es hat ganz allgemein die Grundbedeutung ‚sich fortbewegen (meist mit einem Hilfsmittel)'; im Nhd. ist die Bedeutung auf eine einzige Fortbewegungsart verengt: *reiten* (mit dem Pferd). Mhd. *êre* wird auf seine moralische Bedeutung hin akzentuiert, bezeichnet eine personbezogene ethische Qualität, ohne daß allerdings andere Verwendungsmöglichkeiten ganz schwinden, *êre* als konkret faßbares ‚Ansehen in der Gesellschaft' wird zum Moralbegriff *Ehre*. Für *tugent* gibt das „Kleine Mhd. Wörterbuch" an: ‚Tugend; Vorzüglichkeit; Brauchbarkeit, Tauglichkeit; Kraft, Macht, Tüchtigkeit; Heldentat; Sitte, Bildung; gute Eigenschaft; Mannesalter; Engelchor'; *tugent* umschließt in höfischer Dichtung „alle leiblichen und sittlichen Fähigkeiten eines Ritters, einschließlich seiner materiellen Möglichkeiten, also alles, was zur Existenz eines Herren, eines Ritters unabdingbar nötig ist" (RUPP, 1951, S. 467). Von dieser umfassenden Bedeutung und Vielzahl von Verwendungsmöglichkeiten bleibt im Nhd. nur *Tugend* als ‚sittlich einwandfreie, vorbildliche Haltung' übrig. Mhd. *vrum* bedeutet ‚tüchtig; ehrbar, gut; angenehm, vornehm; tapfer; förderlich, nützlich, hilfreich; brauchbar; ausgiebig, wirksam; bedeutend'. Geht man von einer Grundbedeutung ‚tüchtig, brauchbar' aus, so sieht man, daß *vrum* diese Tüchtigkeit in bezug auf Sachen wie Personen, Konkreta wie Abstrakta bezeichnen kann; Personen können ‚tüchtig' sein in allgemeiner, moralischer, sozialer, militärischer Hinsicht. Wohl über den moralischen Aspekt entwickelt sich seit dem 15. Jahrhundert dann eine Bedeutung ‚tüchtig in religiöser Hinsicht': *fromm*, die heute allein übrig geblieben ist. Die alte Verwendungsweise finden wir noch in der Formel *zu Nutz und Frommen*, man spricht auch von *lammfromm* ‚sanft', vom *frommen Wunsch* und *frommen Betrug*.

Wie bei *vrum* tritt auch bei *êre* und *tugent* der Bezug auf einen inneren Wert in den Vordergrund, man hat allgemein von einer Verinnerlichung und Ethisierung des Wortschatzes in diesem Bereich gesprochen. Im Zusammenhang dieser Bedeutungsverschiebung, die meist eine Verengung ist, wird die Bedeutung oft abstrakter. In manchen Fällen kann dies zu einem gänzlichen Verblassen der mhd. Bedeutung führen: *vrîlich* bedeutet ‚frei, schrankenlos, unbehindert; unbefangen‘, nhd. *freilich* ist ein Modaladverb in der Bedeutung ‚allerdings, gewiß‘.

Einige der bisher betrachteten Wörter haben eine mitbezeichnete ständische Bedeutungskomponente, die sich im mhd. Wortschatz der höfischen Literatur häufiger feststellen läßt. Sie war uns bereits im Wortfeld der Bezeichnungen für weibliche Personen bei *vrouwe, juncfrouwe, frouwelîn* begegnet, sie findet sich auch bei *tugent, vrum* und *êre* oder bei *kunst* und *list*. Nach TRIER bezeichnet *wîs*, ein weiteres Wort im „Sinnbezirk des Verstandes“, „die ethische und intellektuelle Reife des geistig und ständisch erhöhten Menschen, des Aristokraten, der besonnen in Rat und Urteil, überlegener Rede mächtig, seiner Verantwortung Gott und seinem Stand gegenüber bewußt sich und andere zu leiten weiß, der durch Lebenserfahrung gereift, durch höfische Erziehung und Bildung einer zuchtvoll anmutigen Form im äußeren sich Geben, im Sinne der *vuoge*, einem bewußten vernunftgelenkten Ausgleich der widerstreitenden Triebe im Sinne der *mâze* sich zuentwickelt hat“ (TRIER, 1931, S. 323 f.); *wîs* ist also ebenfalls eine teilweise ständisch zugeordnete Eigenschaft. *Tump* ist dagegen, wer unbesonnen, unerfahren, ungelehrt und ungeschickt ist, die höfischen Verhaltensweisen nicht gelernt hat, wobei das Wort oft objektiv feststellend ohne Wertung gebraucht wird; Unverstand kann z. B. auf Jugend beruhen, *tump* bedeutet dann ‚jung, jugendlich‘ (vgl. AH 593).

Die ständische, auf Gesellschaft bezogene Komponente spielt z. B. im „Armen Heinrich“ bei der Charakterisierung der Hauptgestalt eine große Rolle; ihr eignen *geburt* (AH 39), vornehme Abstammung und Stand, *êre* (AH 46) als Ansehen, Ruhm und Anerkennung in der Gesellschaft, Wertschätzung, *tugent* (AH 33) als Tüchtigkeit und Vortrefflichkeit in körperlicher, sittlicher gesellschaftlicher und religiöser Hinsicht, *lop* (AH 35), Ruhm und Wertschätzung in der Öffentlichkeit, *muot* (AH 46), die vortreffliche standesgemäße Gesinnung, *zuht* (AH 63), die höfisch-adlige Erziehung.

Das ständische Bedeutungsmerkmal tritt im Spätmittelalter mit der zunehmenden Rolle der städtischen Gesellschaft und ihrer Wertvorstellungen zurück, der den entsprechenden Ausdrücken innewohnende Prestigewert bleibt aber oft erhalten wie z. B. bei *kunst* oder *frouwe*.

Diese Bedeutungsveränderungen sind häufig bereits in mhd. Gebrauchsweisen vorgezeichnet, die sich dann vielfach nicht so sehr in der höfisch geprägten Dichtung, sondern eher in geistlicher und fachsprachlicher Literatur finden lassen. So bezeichnet *tugend* bei Notker (+ 1022) als Übersetzung von lat. *virtus* bereits eine ständisch nicht festgelegte, ethisch-religiös bezogene

Qualität, im 13. Jahrhundert tritt diese Bedeutung vor allem in der geistlichen Literatur wieder stärker in den Vordergrund. Für Berthold von Regensburg besitzt nicht *tugent*, wer *eine botschaft hovelîchen gewerben kan* und die Tischsitten beherrscht, sondern wer den *untugenden*, insbesondere den sieben Todsünden widersteht (Berthold von Regensburg, Bd. I, 96, 22 ff.). In der geistlichen Literatur ist auch *hôchmuot* nicht die edle Gesinnung, das freudige Hochgefühl der höfischen Gesellschaft, sondern Übermut, Hochmut (vgl. auch AH 82). Später tritt der religiöse Aspekt von *Tugend* zurück, in der städtischen Vorstellungswelt ist *Tugend* ein verinnerlichter Moralbegriff; *Hochmut* ist Überheblichkeit bis hin zur Todsünde der *superbia*.

5 B 1 Aufgaben

1. Diskutieren Sie die Verwendung von *frouwe, maget, wîp* und *fröuwelîn* durch Hartmann von Aue im „Armen Heinrich". Achten Sie dabei auf die Zusammenhänge, in denen das Mädchen als *maget* einerseits, *frouwe* und *fröuwelîn* andererseits bezeichnet wird.

Belege:

frouwe	1449
maget	224, 231, 302, 342, 355, 446, 460, 557, 562, 903, 922, 1007, 1016, 1020, 1026, 1051, 1060, 1068, 1107, 1177, 1190, 1204, 1271, 1280, 1280 d, 1281, 1343, 1353, 1494
wîp	122, 298, 354, 431, 672, 681, 727, 736, 771, 876, 1122, 1128, 1396, 1479, 1499, 1501, 1503, 1513
fröuwelîn	1094
gemahel	341, 431, 906, 908, 912, 931, 949, 955, 967, 987, 1446, 1490
küneginne	812

2. Ermitteln Sie mit Hilfe der Wörterbücher wesentliche semantische Merkmale der Bezeichnungen für den Mann, die am Anfang des „Armen Heinrich" (V. 1–5, 29–31) begegnen.

Weitere Belege:

ritter	1, 34, 1340
dienstman	5
herre	30, 48, 75, 112, 277, 284, 307, 327, 332, 358, 365, 369, 377, 428, 462, 476, 492, 497, 528, 533, 558, 570, 618, 662 c, 749, 758, 807, 843, 897, 905, 907, 910, 916, 921, 927, 973, 999, 1012, 1051, 1067, 1074, 1111, 1152, 1175, 1182, 1264, 1299, 1311, 1324, 1328, 1372, 1374, 1405, 1474, 1481, 1506
man	122, 672, 727, 742, 747, 753, 760, 1174, 1316, 1423, 1464, 1479
vürste	43

3. Prüfen Sie die Belege für Wörter im Sinnbezirk des Verstandes im „Armen Heinrich" und versuchen Sie, die für die jeweilige Stelle beste Übersetzung zu ermitteln. Vergleichen Sie Ihre Ergebnisse mit den Vorschlägen von JOST TRIER.

Belege:

sin	201, 408, 695, 802, 860, 880
witze	594
wisheit	860, 867
list	182, 374, 626, 1360
wîs	74, 249, 857, 1451
bescheiden	251, 258
gelêrt	1
spaehe	1411
tump	400, 408, 593, 1243
alwaere	545, 1169
tôr	396
gouch	725

J. TRIER, Der deutsche Wortschatz im Sinnbezirk des Verstandes, S. 243–245:

Hartmann: Der arme Heinrich.

sin, Gesinnung; Verstand:

408 *daz verworhte mir min tumber sin . . . .* daß ich ohne Gott leben wollte; cf. 400 *sus troug ouch mich min tumber wân.*

201 *nune ist ab nieman só rîch   noch von só starken sinnen der sî müge gewinnen . . . . .* ihr könnt das einzige Rettungsmittel nicht anwenden, sagt der Arzt.

860 *si begunden ahten under in   daz die wisheit und den sin niemer erzeigen kunde dehein zunge in kindes munde.*

880 *und vil gar vergâzen   durch des kindes minne der zungen und der sinne.*   695, 802 Gesinnung.

witze, das naturale des angeborenen intellektuellen Vermögens, einem gewissen Reifezustand gemäß, Verstand:

594 *Vater mîn, swie tump ich sî,   mir wonet iedoch diu witze bî daz ich von sage wol die not erkenne, daz des libes tôt ist starc unde strenge. . . . . .* wenn ich auch unerfahren bin, so bin ich doch klug genug, um *von sage* wissen zu können, wie hart der Tod ist.

wisheit, sapientia als Wissensinhalt und als Inhalt geistlicher Lehre:

867 *und in die wisheit lêrte daz er ze gote kêrte sîne kintliche*
   güete . . . der hl. Geist lehrt den hl. Nikolaus die „Weisheit", sich zu Gott zu kehren. 860 s. *sin.*

list, 1. Lehre und zwar Heilslehre:
   1360 *sît er* (Christus) *durch sînen süezen list an in beiden des*
      geruochte daz er si versuochte rehte alsô volleclichen
      sam Jôben den rîchen.
   2. Erlerntes Wissen und Können (hier der Ärzte):
      182 *der wîsen arzete list . . .* sucht H. in Salerno.

16*

374 *wie kumet daz ir deheines list ze iuwerm ungesunde niht*
   gerâten kunde?
3. kluge, vorausschauende Maßnahme; Mittel zum Zweck:
   626 *den* (den Herrn H.) *wil ich uns fristen mit alsô schoenen*
      listen dâ mite wir alle sîn genesen . . . . . sagt das Mädchen.

wîs, sapiens; höfisch erzogen:
   74 *er was hübesch und dar zuo wîs.*
   249 *als in dô sîn selbes muot und wîser rât lêrte da erz*
      aller beste bekêrte. er begunde bescheidenlîchen sine
      armen friunde rîchen und troste ouch frömdo armen . . . . .
   857 *und ez so wîslichen sprach . . .* trotz seiner Kindheit.
   1451 *nu begunden im die wîsen râten unde prîsen umb*
      êlîchen hîrât . . . . .

(*bescheiden*, züchtig, höfisch, sittlich, geziemend:
251 s. *wîs* 249.
   258 *alsus so tet er sich abe bescheidenlîche sîner habe.*)
gelêrt, im Lesen unterrichtet:
   1 *ein ritter sô gelêret was daz er an den buochen las swaz*
      er dar an geschriben vant.

(*spaehe*, merkwürdig, auffallend, seltsam; in synonymer
Häufung mit *seltsaene*:
   1411 *ir gruoz wart spaehe undersniten mit vil seltsaenen siten.*
      . . . . . bei der Entdeckung, daß sie gesund sind, wissen
sie sich vor Freuden nicht zu lassen.)

von starken sinnen sin, s. *sin* 201.
mir wonet witze bî, s. *witze* 594.
tump, 1. unerfahren:
   593 *vater mîn, swie tump ich sî, mir wonet iedoch diu witze*
      bî, daz ich von sage wol diu nôt erkenne, daz des lîbes
      tôt ist starc unde strenge . . . . s. Bemerkung zu *witze* 594.
2. töricht, unsinnig:
   400 *sus truog ouch mich mîn tumber wân, wan ich in lützel*
      ane sach von des genâden mir geschach . . . . . .
   408 *daz verworhte mir mîn tumber sin. . . .* im gleichen Zusammenhang.

1243 *du hâst einen tumben gedanc, daz du sunder sînen danc*
gerst zu lebenne einen tac . . . . . sagt H. zu sich selbst.

Tumber wân, tumber sin, tumber gedanc ist es, ohne Gott
leben zu wollen.

alwaere, beschränkten Geistes; im besonderen: Zukünftiges nicht überlegend:

545 *du bist vil alwaere daz du dich sô manege swaere von*
solher klage hâst an genomen der niemen mac zeim ende
komen. . . . Eltern zur Tochter, die nachts weint und
klagt.

1169 *liez ich die himelkrône sô het ich alwaeren sin wand*
ich doch lîhtes künnes bin . . . . Mädchen zum Arzt.
tôr und *gouch*:

396 *daz herze mir dô alsô stuont als alle werlttôren tuont,*
den daz saget ir muot, daz si êre unde guot âne got mügen hân.
cf. *werltzage* 1320.

725 *er ist ein vil verschaffen gouch, der gerne in sich vazzt*
den rouch.

4. Diskutieren Sie die semantische Beschreibung, die S. J. HINTZE für *sage,*
rede, maere und *schrift* im „Armen Heinrich" gibt.

5. Ermitteln Sie aus den folgenden Belegen mögliche Bedeutungen für mhd.
wandel. Vergleichen Sie Ihre Ergebnisse mit den Angaben der Wörterbücher.

(1) *der wolf gebârte gelîch der alten geize an stimme, an wandel*
    (Boner 33, 14)

(2) *gein des mânen wandel ist im* [Anfortas] *wê*
    (Parzival 491, 5)

(3) *ir schoeniu varwe ouch wandel nam*
    (Wigalois 8968)

(4) *an den ist wandel noch gebrest*
    (Engelhard 2481)

(5) *got herre wunderaere, | ist iht des wandelbaere, | dest ie begienge oder*
    begast, | und des an uns geschaffen hast, | so ist hie zeware wandel an, | daz
    dirre herliche man [Tristan], *| an den du solhe saelekeit | libes halben hast*
    geleit, | daz der als irrecliche | von riche ze riche | sine notdürfte suochen
    sol.
    (Tristan 10.011)

(6) *Ich wande daz si waere missewende fri,*
    nu sagent si mir ein ander maere.
    Si jehent daz niht lebendes ane wandel si:

sost ouch min frowe wandelbaere.
(Walther 59,19)

(7) *Ich han iu gar gesaget daz ir missetat,*
zwei wandel han ich iu genennet.
Nu sult ir ouch vernemen waz si tugende hat
(der sint ouch zwo), daz irs erkennet.
(Walther 59,28)

(8) *swelher burger erb und eigen verkoufen wil, der sol dem kouf den wandel*
dingen von einem mitten tag ze dem andern und daz wandel sol ietweder
der kouft oder verkouft haben den kouf ab ze sagen
(Münchner Stadtrecht 448)

(9) *welcher vleishacker sein pank nicht ze hant auftuet, der schol zu wandel*
geben funfzig phenning
(Brünner Stadtrecht 366)

5 B 2 Literatur

Übersetzungen: Hartmann von Aue, Der arme Heinrich, übersetzt von H. de Boor, Frankfurt 1963 (= Fischer-Taschenbuch 6138); von S. Grosse, Stuttgart 1993 (=RUB 456).

Handbuch Sprachgeschichte. Art. 53 (Fritz); Art. 57 (Krewitt); Art. 98 (Menge).

Bachofer, W. (Hg.), Mittelhochdeutsches Wörterbuch in der Diskussion. Symposion zur mhd. Lexikographie, Hamburg, Okt. 1985, Tübingen 1988 (RGL 84).

Berg, H., Zur Geschichte der Bedeutungsentwicklung des Wortes Bescheidenheit, in: Würzburger Prosastudien I. Wort-, begriffs- und textkundliche Untersuchungen, hg. von der Forschungsstelle für deutsche Prosa des Mittelalters am Seminar für deutsche Philologie der Universität Würzburg, München 1968 (Medium Aevum Bd. 13) S. 16–80.

Borst, A. (Hg.), Das Rittertum im Mittelalter, Darmstadt 1976 (Wege der Forschung Bd. 349).

Bumke, J., Studien zum Ritterbegriff im 12. und 13. Jahrhundert, Heidelberg 1964 (Beihefte zum Euphorion H. 1).

Coseriu, Eugenio, Pour une sémantique diachronique structurale, Travaux de linguistique et de littérature (Straßburg) 2,1 (1964) S. 139–186.

Fritz, G., Bedeutungswandel im Deutschen. Neuere Methoden der diachronen Semantik, Tübingen 1974 (Germanistische Arbeitshefte 12).

Hintze, S. J., Onomasiologische und semasiologische Paradigmen in einem mittelhochdeutschen Text, ZDL 43 (1976) S. 297–304.

Hoffmann, W., Semantische Aspekte des Mittelhochdeutschen, Semasia 1 (1974) S. 37–64.

Hundsnurscher, F., Semantische Untersuchung einiger mittelhochdeutscher Verben der Fortbewegung, in: ,Getempert und gemischet' für W. Mohr zum 65. Geburtstag von seinen Tübinger Schülern. Hg. von F. Hundsnurscher und U. Müller (GAG 65) S. 417–443.

Kotzenberg, W., man, frouwe, juncfrouwe. Drei Kapitel aus der mittelhochdeutschen Wortgeschichte, Diss. Berlin 1906.

Ludwig, E., *Wip* und *Frouwe*. Geschichte der Worte und Begriffe in der Lyrik des 12. und 13. Jahrhunderts, Stuttgart/Berlin 1937 (Tübinger Germanistische Arbeiten 24).

Maurer, F., Leid. Studien zur Bedeutungs- und Problemgeschichte, besonders in den großen Epen der staufischen Zeit, Bern/München [3]1964.

Pretzel, U., Mittelhochdeutsche Bedeutungskunde, Heidelberg 1982 (Germanische Bibliothek. R. I).

Reichmann, O., Möglichkeiten der Erschließung historischer Wortbedeutungen, in: In diutscher diute. Festschrift für A. van der Lee, Amsterdam 1983, S. 111–140.

Rupp, H., Tugend, Saeculum 2 (1951) S. 465–472.

Saran, F., Das Übersetzen aus dem Mittelhochdeutschen. Neubearbeitet von B. Nagel, Tübingen 1967.

Saussure, F. de, Grundfragen der Allgemeinen Sprachwissenschaft, Berlin [2]1967.

Scheidweiler, F., *Kunst* und *list*, ZfdA 78 (1941) S. 62–87.

Scheidweiler, F., *kluoc*, ZfdA 78 (1941) S. 184–233.

Schmidt, L. (Hg.), Wortfeldforschung. Zur Geschichte und Theorie des sprachlichen Feldes, Darmstadt 1973 (Wege der Forschung Bd. 250).

Schützeichel, R., Kontext und Wortinhalt. Vorüberlegungen zu einer Theorie des Übersetzens aus älteren Texten, in: „Sagen mit sinne". Festschrift für Marie-Luise Dittrich zum 65. Geburtstag, hg. von H. Rücker und K. O. Seidel, Göppingen 1976 (GAG 180) S. 411–434.

Trier, J., Der deutsche Wortschatz im Sinnbezirk des Verstandes. Von den Anfängen bis zum Beginn des 13. Jahrhunderts, Heidelberg [2]1973 (Erstauflage 1931).

6 Satz, Teilsatz, Satzglied

Nachdem wir uns bisher vornehmlich mit der lautlichen (Kap. 3 und 4) und der inhaltlichen Seite (Kap. 5) einzelner sprachlicher Zeichen befaßt haben, wenden wir uns in den folgenden Kapiteln größeren Textabschnitten zu.

6 A 1 Segmentieren eines mhd. Textes in Sätze und Teilsätze

6 A 1.1 Die Textgrundlage

Als Grundlage für die weitere Arbeit ist ein Prosatext gewählt. Damit sollen Eigentümlichkeiten, die sich u. U. aus der Eigengesetzlichkeit eines Verstextes ergeben, neutralisiert werden. Dies ist gerade deshalb von Bedeutung, weil – wie die Erfahrung mit nhd. Versen zeigt – z. B. die Wortstellung in gereimten Texten freier gehandhabt werden kann als in Prosatexten. Notwendigkeiten der Reimfindung und des Rhythmus veranlassen außerdem oft zur Wahl seltener oder altertümlicher Formen.
Es handelt sich um einen Abschnitt aus dem „Prosa-Lancelot" (cpg 147, Universitätsbibliothek Heidelberg, fol. 5 r). Dieser früheste mhd. Prosaroman ist wohl im 3. Jahrzehnt des 13. Jahrhunderts entstanden, also in der Zeit der ausklingenden höfischen Dichtung. Damit dürfte er in seiner Sprachform den bisher herangezogenen Texten noch ähnlich sein.

Handlungskontext

Claudas hat die Länder der beiden Brüder Ban und Bohort, beide Lehnsleute des Königs Artus, erobert; beide Könige sind tot. Aleine, die Frau des Königs Ban, ist in ein Kloster eingetreten. Evaine, die Frau des Königs Bohort, ist mit ihren beiden Söhnen aus ihrer Burg Montlahyr in einen Wald geflüchtet, wo sie aber von dem Ritter Phariens, einem Feind ihres Mannes, gefangen genommen wird. Der Ritter befindet sich zusammen mit König Claudas auf der Eberjagd. Er ist bereit, Evaine nicht an Claudas auszuliefern, wenn sie ihm ihre beiden Söhne überläßt. Da die Königin keinen Ausweg sieht, geht sie auf diese Forderung ein, bittet ihn aber, ihre Söhne zu beschützen.

Weiterer Gang der Handlung

Phariens läßt Evaine durch seinen Neffen in das Kloster bringen, in dem sich bereits ihre Schwester Aleine aufhält. Er erzieht Evaines Söhne in seinem Haus. Im Verlauf einer Liebesgeschichte mit der Frau des Phariens erfährt der König Claudas den

Aufenthaltsort der Kinder; er bringt sie in seine Gewalt und setzt sie zusammen mit Phariens in ehrenhafte Gefangenschaft.

Auf dem Höhepunkt seiner Macht erwägt Claudas, Artus anzugreifen. Als er jedoch als einfacher Söldner bei Artus dessen Herrscherqualitäten und Machtfülle kennenlernt, gibt er diesen Gedanken auf.

Der Sohn der Aleine, Lancelot, ist von einer Zauberin in ihr Schloß gebracht worden. Diese holt auch Evaines Söhne dorthin; bei ihrem Weggang töten sie Claudas' Sohn. Nach Streitigkeiten, in denen Phariens zwischen Claudas und seinen Gegnern vermittelt, erklärt Claudas sich bereit, Evaines Söhne in ihr Erbe einzusetzen, das Phariens zunächst bis zu seinem Tod verwaltet. Evaine stirbt, nachdem sie vom guten Ausgang des Geschicks ihrer Söhne erfahren hat.

6 A 1.2 Zeilengetreue diplomatische Umschrift

Da sprach der ritter er wolt es gern thun vnd furt sie uß dem wald So ferre das sie kamen zu eim

hofe da bruder waren die des hofes all wegen pflagen / vnd hieß sie alda beyten biß er gesehe ob Clau-

das hinweg were das er nicht gesehe sie / Der ritter furt die kind hinweg vnd furt sie da sie aller ge

machlichst waren vnd aller heimlichst / Die konigine verleib in dem hofe vnd viel dem ritter zu fuß

5 *das er yren kinden gnedig were / das er durch keyns gutes begird jr kind gebe yren fynden noch verkeufft*

Da sprach er So im got must helffen vnd all heiligen Er sehe als vngern das yn leyt geschehe als

imselber Da fur er hin weg zu Claudas vnd da er zu im kam / da was der eber gefangen vnd zu hant

was mere komen das Montlahyr were gewunnen Claudas wart fast fro vnd saß off alzuhant vnd

reyt aldare vnt fant die burgk offgegeben / wan da die konigin nicht daroff getorst beliben da getorst

10 *keyn man die burg behalten / Da Claudas wedder kint noch frauwen enfant / da ward er ser zornig*

vnd vnfro vnd besaczt das lant all vmb vnd hielt es lange / das nymand daroff nicht clagete / noch ny

mant daroff nicht sprach Noch der konig Artus von dem man das lant hielt / wan der konig Artus

was dannoch jung vnd was vnlang konig gewesen vnd enkund es nit wol beschirmen als er gern

wolt Da enwas auch nymant zu lande der dem konig Artus getörst clagen So forchten sie den konig

15 *Claudas von der wunstung / Nu müßen wir die rede laßen vnd sprechen furter wie die konigin*

Evaine gefur die des konig Bohortes wip was von gaune ———————

6 A 1.3 Wort und Satz in dem gewählten Textabschnitt nach Ausweis der Handschrift

Der Text verdeutlicht die Schwierigkeiten, im Mhd. mit den aus der nhd. Grammatik übernommenen Kategorien Wort, Teilsatz und Satz zu arbeiten:

Im Mhd. sind – wie bereits dargestellt – die Wortgrenzen nicht immer eindeutig festzulegen. Zum „Prosa-Lancelot" stellt der Herausgeber R. KLUGE fest: „Ein Bild außerordentlicher Willkür bietet die Hs. durch ihr ewiges Schwanken, Wortverbindungen zu trennen und wieder herzustellen." (1948, S. LXVII)

So finden sich in unserem Abschnitt die Schreibungen:

hin weg (Z. 7) neben *hinweg* (Z. 3)
zu hant (Z. 17) neben *alzuhant* (Z. 8).

Der Rückschluß von der Gegenwartssprache, also ein komparatistisches Verfahren ähnlich wie bei der Festlegung von Lautwerten, ist in solchen Fällen jedoch wenig bedenklich. Auch dürften sich hier nur selten Schwierigkeiten für das Verständnis eines Textes ergeben.

Mehr Probleme wirft die Abgrenzung von größeren Sinneinheiten auf. Markiert ist der Beginn eines neuen Erzählabschnittes durch einen horizontalen Strich und eine Initiale. Neben dieser Großgliederung wird durchgängig mit Hilfe von Großschreibung und Schrägstrichen eine Einteilung in kleinere Sinneinheiten versucht, die aber häufig nicht unseren Vorstellungen von Sätzen entsprechen. In Z. 15 wird außerdem die Erzählerbemerkung durch einen deutlich größeren Zwischenraum von dem vorhergehenden Text abgetrennt. Darüber hinaus bietet der Abschnitt keine weitere optische Untergliederung. Auch da, wo an anderer Stelle in der Handschrift so etwas wie eine Interpunktion auftritt, haben die Markierungen keine „konstante Bedeutung im Sinne einer Zeichensetzung", da sie „ungleichmäßig" sind und „oft an falscher Stelle" stehen (KLUGE, 1948, S. LXVII).

Dennoch ist der Text selbstverständlich weiter strukturiert, und wenn wir versuchen, ihn zu verstehen, bemühen wir uns – z. T. unbewußt –, diese Struktur zu erkennen: wir gliedern ihn dann in Sätze, Teilsätze und Satzglieder. Dabei fließt unsere vom heutigen Gebrauch geprägte, in der sprachlichen Sozialisation erworbene Vorstellung von Sätzen, Teilsätzen und Satzgliedern mit ein, ähnlich wie bei den Herausgebern mhd. Texte, die die handschriftliche Überlieferung mit einer Interpunktion versehen.

Wenn wir uns nun bei der Segmentierung eines Textes freihalten wollen von solchen Vorentscheidungen, benötigen wir ein nachprüfbares Verfahren.

Eine zentrale Rolle bei der Strukturierung eines Textes spielt das Verb. Wenn wir etwa komplizierte Texte verstehen wollen, gehen wir auch bei nhd. Texten häufig vom finiten Verb aus und suchen die von ihm abhängigen Satzglieder, danach versuchen wir, die logischen Beziehungen zwischen diesen, jeweils von *einem* Verb dominierten Textstücken herauszufinden. Vom Verb ausgehend gliedern wir also den Text in Teilsätze, und zwar mit Hilfe der Analyse nach verbalen Wortketten. Als **verbale Wortkette** werden die Teile bezeichnet, die zusammenstehen, wenn das Verb als Infinitiv gesetzt ist, oder die zusammenbleiben, wenn das finite Verb in den Infinitiv umgewandelt wird; bei dieser Operation fällt ein Satzglied, das Subjekt, heraus. In einigen Fällen müssen dabei Satzglieder aus anderen Teilsätzen ergänzt werden. Als **Teilsatz** fassen wir alle die Elemente zusammen, die sich um ein einziges Verb, meist eine finite Verbform, gruppieren. Als eigene Teilsätze gelten auch Infinitivkonstruktionen, außer bei Verbindung mit Modalverben (vgl. 1.2 *es gern thun wellen*); Infinitive können im Mhd. häufiger als im Nhd. ohne *ze/zu* angeschlossen sein (z. B. nach *beginnen, bitten, vürhten, helfen, pflegen, waenen, getrûwen, loben*). Zusätzlich berücksichtigen wir die vom Schreiber dieser Handschrift verwendete Großschreibung, um gegebenenfalls mehrere Teilsätze zu größeren Einheiten zusammenzufassen. Wir wählen also für die syntaktische Analyse einen verbzentrierten Ansatz, wie er in der Valenztheorie vorliegt, und untersuchen vom Verb ausgehend die Abhängigkeitsbeziehungen zwischen dem Verb und den ihm zugeordneten Satzgliedern. Das Verfahren läßt sich bei allen Texten anwenden, auch wenn diese keine Gliederung, wie sie eine Großschreibung darstellt, aufweisen, etwa auch bei dem oben 2 A 3 wiedergegebenen Textstück aus dem „Armen Heinrich".

Teilsatz	**verbale Wortkette // Subjekt**
1.1 *Da sprach der ritter*	*sprechen // der ritter*
1.2 *er wolt es gern thun*	*es gern thun wellen // er*
1.3 *vnd furt sie uß dem wald*	*sie uß dem wald füeren // (er)*
2.1 *So ferre*	*(sie) so ferre (füeren) // (er)*
2.2 *das sie kamen zu eim hofe*	*zu eim hofe komen // sie*
2.3 *da bruder waren*	*/da/ sîn // bruder*
2.4 *die des hofes all wegen pflagen*	*des hofes all wegen pflegen // (sie)/die*
2.5 *vnd hieß sie*	*sie heißen // (er)*
2.6 *alda beyten*	*alda beyten*
2.7 *biß er gesehe*	*gesehen // er*
2.8 *ob Claudas hinweg were*	*hinweg sîn // Claudas*
2.9 *das er nicht gesehe sie*	*sie nicht gesehen // er*
3.1 *Der ritter furt die kind hinweg*	*die kind hinweg füeren // der ritter*
3.2 *vnd furt sie*	*sie füeren // (er)*

3.3 *da sie aller gemachlichst waren vnd aller heimlichst*	*aller gemachlichst sîn vnd aller heimlichst // sie*
4.1 *Die konigĩe verleib in dem hofe*	*in dem hofe verlîben // die konigĩe*
4.2 *vnd viel dem ritter zu fůß*	*dem ritter zu fůß vallen // (sie)*
4.3 *das er yren kinden gnedig were*	*yren kinden gnedig sîn // er*
4.4 *das er durch keyns gutes begird jr kind gebe yren fynden*	*durch keyns gutes begird jr kind yren fynden geben // er*
4.5 *noch verkeufft*	*verkeuffen // (er)*
5. *Da sprach er*	*sprechen // er*
6. *So im got must helffen vnd all heiligen*	*im helffen müezen // got vnd all heiligen*
7.1 *Er sehe als vngern*	*ungern sehen // er*
7.2 *das yn leyt geschehe*	*yn geschehen // leyt*
7.3 *als imselber*	*imselber (geschehen) // leyt*
8.1 *Da fur er hin weg zu Claudas*	*hin weg zu Claudas faren // er*
8.2 *vnd da er zu im kam*	*zu im komen // er*
8.3 *da was der eber gefangen*	*gefangen sîn // der eber*
8.4 *vnd zu hant was mere komen*	*zu hant komen sîn // mere*
8.5 *das Montlahyr were gewũnnen*	*gewũnnen sîn // Montlahyr*
9.1 *Claudas wart fast fro*	*fast fro werden // Claudas*
9.2 *vnd saß off alzuhant*	*alzuhant offsitzen // (er)*
9.3 *vnd reyt aldare*	*aldare rîten // (er)*
9.4 *vnd fant die burgk offgegeben*	*die burgk offgegeben finden // (er)*
9.5 *wañ da die konigĩ nicht daroff getorst beliben*	*nicht daroff beliben geturren // die konigĩ*
9.6 *da getorst keyn man die burg behalten*	*die burg behalten geturren // keyn man*
10.1 *Da Claudas wedder kint noch frauwen enfant*	*wedder kint noch frauwen enfinden // Claudas*
10.2 *da ward er seĩ zornig vnd vnfro*	*seĩ zornig werden vnd vnfro // er*
10.3 *vnd besaczt das lant all vmb*	*das lant all vmb besetzen // (er)*
10.4 *vnd hielt es lange*	*es lange halten // (er)*
10.5 *das nymand daroff nicht clagete*	*daroff nicht clagen // nymand*
10.6 *noch nymant daroff nicht sprach*	*daroff nicht sprechen // nymant*
11.1 *Noch der konig Artus*	*(daroff nicht sprechen) // der konig Artus*
11.2 *von dem man das lant hielt*	*das lant von (im) halten // man*
11.3 *wañ der konig Artus was dannoch jung*	*dannoch jung sîn // der konig Artus*
11.4 *vnd was vnlang konig gewesen*	*vnlang konig gewesen sîn // (er)*
11.5 *vnd enkund es nit wol beschirmen*	*es nit wol beschirmen enkunnen // (er)*
11.6 *als er gern wolt*	*gern wellen // er*
12.1 *Da enwas auch nymant zu lande*	*auch zu lande ensîn // nymant*
12.2 *der dem konig Artus getörst clagen*	*dem konig Artus clagen geturren // (nymant)*
13. *So forchten sie den konig Claudas von der wúnstung*	*den konig Claudas von der wúnstung forchten // sie*
14.1 *Nu müßen wir die rede laßen*	*die rede laßen müezen // wir*
14.2 *vnd sprechen furter*	*furter sprechen // (wir)*
14.3 *wie die konigĩ Evaine gefur*	*gefarn // die konigĩ Evaine*

die des konig Bohortes wip was von   *des konig Bohortes wip von gaune sîn //*
     gaune   *(sie)*

Die Einteilung in Teilsätze, d. h. in Textstücke, die jeweils von einem einzigen Verb oder Verbgefüge bestimmt sind, ermöglicht es also, auch die Struktur eines Textes ohne Interpunktion, wie ihn häufig die mhd. Handschriften bieten, zu erkennen. Es zeigt sich dabei, daß sich bei dem untersuchten Textstück die Schrägstriche mit Nahtstellen zwischen Teilsätzen decken, auch wenn nicht alle in dieser Weise abgegrenzt sind.

6 A 2 Das Subjekt

Durch die Operation der Umformung des finiten Verbs in den Infinitiv läßt sich unterscheiden, welche Satzglieder zur verbalen Wortkette gehören und was als Subjekt fungiert.

Subjekt ist im Mhd. wie im Nhd. meist ein nominaler Ausdruck, der immer im Nominativ steht:

1.1	*der ritter*	Artikel + Substantiv
2.3	*bruder*	Nomen
1.2	*er*	Pronomen
9.6	*keyn man*	Pronomen + Substantiv

Zu Teilsätzen mit Subjektfunktion vgl. 9 A 2.3.

Das Subjekt kann fehlen, es muß dann sinngemäß aus einem vorhergehenden Teilsatz ergänzt werden (z. B. aus 1.1 für 1.2 und 1.3); im Mhd. gibt es dabei Fälle, in denen ein pronominales Subjekt fehlen kann, während es im Nhd. genannt werden muß:

AH 747   *belîbe ich âne man bî iu | zwei jâr ode driu, | sô ist mîn herre*
               lîhte tôt, | und komen in sô grôze nôt | vil lîhte von armuot | daz
               ir mir selhez guot | zeinem man niht muget geben.

       — bleibe *ich* ohne Mann bei euch zwei oder drei Jahre, so ist vielleicht
          mein Herr tot, und *wir* kommen durch Armut vielleicht in so große
          Not, daß ihr mir die Aussteuer für einen Mann nicht geben könnt.

Die Stelle vor der finiten Verbform kann wie im Nhd. von dem „Scheinsubjekt" *ez* besetzt werden: AH 719 *ez envrumet tugent noch êre vür den tôt* ‚es hilft weder Tugend noch Ehre gegen den Tod = weder Tugend noch Ehre helfen gegen den Tod'. Hiervon zu unterscheiden ist *ez* als Subjekt bei unpersönlichen Verben, die vor allem Naturvorgänge, körperliche, seelische oder geistige Empfindungen und schicksalhafte Vorgänge bezeichnen:

Walther

20, 25   *ez regent*

Iwein 259   *Ez geschah mir, …/ daz ich nâch âventiure reit*

Geht dem unpersönlichen Verb der Dativ oder Akkusativ eines Personal-
pronomens voraus, fehlt *ez*:

AH 1281   *Dô diu maget rehte ersach / daz ir ze sterbenne niht geschach …*

Der als Subjekt fungierende nominale Ausdruck stimmt in der Regel wie im
Nhd. in Numerus und Person mit der Personalform des Verbs überein:

1.1   *der ritter*   *sprach-*
2.2   *sie* (Pl.)   *kamen*
2.3   *bruder* (Pl.)   *waren*

Im Mhd. ist jedoch Inkongruenz bezüglich des Numerus, seltener auch der
Person, möglich:

AH 354   *Nû saz der meier und sîn wîp / und ir tohter …*

–   Nun saßen der Meier und seine Frau und ihre Tochter …

6 A 3 Die verschiedenen Satzglieder innerhalb der verbalen Wortkette

Die verbale Wortkette kann, wie bei 1.1, allein aus einem Verb bestehen, in vielen Fällen gehören jedoch zum Verb noch ein oder mehrere
andere Satzglieder. Bei der Abgrenzung von Satzgliedern legen wir
zunächst unsere heutigen Kategorien in Verbindung mit einem groben
Verständnis des Textsinns zugrunde. Allerdings dürfen diese Kategorien
nur kontrolliert verwendet werden: wir müssen uns bewußt bleiben, daß sie
nur hypothetisch angesetzt werden können und u. U. aufgrund der Befunde
in mhd. Texten zu modifizieren oder zu revidieren sind. Eine Analyse der
ersten vier Sätze unseres Textes (Teilsatz 1.1–4.5) läßt verschiedene Möglichkeiten erkennen:

1.1   *sprechen*

1.1   **es**   **gern**   *thun wellen*
      Objekt (Pronomen im   fallfremdes Satzglied
      Akk.)   (Adverb)

1.3   **sie**   **uß dem wald**   *füeren*
      Objekt (Pronomen im   Präpositionalgefüge
      Akk.)   (Dat.)

2.1   (*sie*)   **so ferre**   (*füeren*)
                             fallfremd (Adverb)

2.2 **zu eim hofe**	*komen*	
Präpositionalgefüge (Dat.)		
2.3 [**da**]	*sin*	
Partikel zum Verb		
2.4 **des hofes**	**all wegen**	*pflegen*
Objekt (Gen.)	fallfremd (erstarrter Dat.)	
2.5 **sie**	*heißen*	
Objekt (Pronomen im Akk.)		
2.6 **alda**	*beyten*	
fallfremd (Adverb)		
2.7 *gesehen*		
2.8 **hinweg**	*sin*	
Partikel zum Verb		
2.9 **sie**	**nicht**	*gesehen*
Objekt (Akk.)	Negation	
3.1 **die kind**	**hinweg**	*füeren*
Objekt (Akk.)	Partikel zum Verb	
3.2 **sie**	*füeren*	
Objekt (Akk.)		
3.3 **aller gemachlichst**	*sin vnd*	**aller heimlichst**
Adjektiv (prädikativ) im Superlativ (mit Steigerungsadverb)		Adjektiv (prädikativ) im Superlativ (mit Steigerungsadverb)
4.1 **in dem hofe**	*verliben*	
Präpositionalgefüge (Dat.)		
4.2 **dem ritter**	**zu füß**	*vallen*
Objekt (Dat.)	adverbiale Fügung (Dat.)	
4.3 **yren kinden**	**gnedig**	*sin*
Objekt (Dat.)	Adjektiv (prädikativ)	

4.4	*durch*	*keyns gutes*	*jr kind*	
	begird		Objekt (Akk.)	
	Präposi-	attributiver	*yren fynden*	*geben*
	tional-	Genitiv	Objekt (Dat.)	
	gefüge			
	(Akk.)			

4.5 *verkeuffen*

Die verbale Wortkette enthält fallbestimmte und fallfremde Satzglieder. Als reine **fallbestimmte Satzglieder** (ohne Präposition) begegnen zunächst die *Objekte*:

Akkusativ-Objekt (1.2; 1.3; 2.5; 2.9; 3.1; 3.2; 4.4),

Dativ-Objekt (4.2; 4.4),

Genitiv-Objekt (2.4).

Allgemein gilt für das Mhd., daß Genitivobjekte häufiger sind als im Nhd. Dabei ist im Mhd. die Zuordnung zwischen Verb und zu wählendem Objektkasus oft lockerer als im Nhd.: verschiedene Kasus können wechseln, ohne daß sich daraus ein Bedeutungsunterschied ergeben muß. So wechselt der Kasus, mit dem *vlêhen* verbunden wird, ohne Einfluß auf die Bedeutung:

Iwein

3315

Akk.: Hss. EaD *der einsidel sach im nâ | und vlêget got vil sêre | daz ...*

Dat.: Hs. A   *... und vlêget gote vil sêre ...*

    – der Einsiedler sah ihm nach und flehte Gott sehr an ...

Dagegen bedeutet *beiten* (Teilsatz 2.6) in Verbindung mit einem Genitiv-Objekt ‚warten auf‘, mit einem Dativ-Objekt ‚Zeit lassen‘. Daß ein solcher Unterschied für das Verständnis eines Textes wichtig werden kann, zeigt V. 4070 des „Iwein“: ein Teil der Handschriften hat Genitiv

– *sie beitent mîn unz morgen* –,

ein anderer Dativ

– *sî beitent mir unz morgen.*

Die Ausgabe hat hier aufgrund des aus dem Kontext zu erschließenden Sinnes der Textstelle den Dativ: ‚sie lassen mir Zeit bis morgen‘.

Anstelle eines Genitiv-Objekts verwenden wir heute meist Akkusativ-Objekte oder Präpositionalgefüge, selten auch Dativ-Objekte; allerdings ist im Mhd. das Genitiv-Objekt oft nicht die einzige Anschlußmöglichkeit bei diesen Verben:

AH 287	*und wie schône er sîn genôz*
–	und wie schön er davon Nutzen hatte (das genoß)
AH 878	*... si vergâzen / ... / der zungen und der sinne*
–	sie vergaßen Sprechen und Denken
AH 963	*... die enmugen dîn niht wol enbern. / ich ensol ouch niht ir*
	leides gern ...
–	die können dich nicht gut entbehren. Ich darf auch für sie nichts Leid-
	volles begehren ...
AH 1300	*nû enbirt er und ich enbir / der êren der uns was gedâht*
–	nun entbehrt er und entbehre ich die Ehre, die uns zugedacht war.
AH 440	*... dâ mite ich solde / mîner sühte genesen ...*
–	womit ich von meiner Krankheit genesen sollte
AH 736	*nu gedenket ... / müeterlîcher triuwe*
–	nun denkt ... an eure mütterliche Treue
AH 840	*getroestet iuch mîn*
–	tröstet euch in bezug auf mich

Als mögliche Ursache für den Rückgang des Genitivs als Objektkasus hat man die Abschwächung der Flexionsendungen, durch die der Genitiv sich teilweise morphologisch nicht mehr von anderen Kasus unterscheidet, und den Verlust der semantischen Funktion des Genitivs angeführt.

Ein weiterer Grund für die häufige Verwendung des Genitivs im Mhd. liegt in seiner Funktion, Teilmengen von einem Ganzen zu bezeichnen (partitiver Genitiv); er kann dann absolut wie auch abhängig von Pronomen, Mengen- bezeichnungen und Partikeln gebraucht werden.

AH 402	*... von des gnâden mir geschach / vil êren unde guotes*
–	von dessen Gnade mir viel (an) Ehre und Besitz zuteil wurde
AH 404	*dô des hôchmuotes / den hôhen portenaere verdrôz, ...*
–	als dieser Hochmut den hohen Pförtner verdroß ...
AH 578	*dû hâst des tôdes niht gesehen*
–	du hast den Tod nicht gesehen
AH 637	*senfte mir der rede ein teil*
–	mache mir die Rede ein wenig sanfter
AH 741	*ich weiz wol daz er mir heiles gan*
–	ich weiß gut, daß er mir Glück gönnt
AH 1284a	*si hete leides genuoc*
–	sie hatte viel Leid

Eine Verständnisschwierigkeit in mhd. Texten kann sich daraus ergeben, daß aufeinanderfolgende Pronomen bei gleicher Form auf verschiedene Sachen oder Personen bezogen werden müssen:

AH 1055	*dô er si vol brâhte / hin als er gedâhte / dâ er sînen meister*
	vant, / dô wart ime dâ zehant / vil vroelîchen gesaget, / er hete

> *brâht eine maget | die er in gewinnen hiez. | dar zuo er in si*
> *sehen liez. | daz dûhte in ungelouplich.*

- als er (Heinrich) sie schließlich hingebracht hatte, wie er beabsichtigte,
  wo er (Heinrich) seinen Meister fand, da wurde ihm (dem Meister) sogleich fröhlich gesagt, er (Heinrich) habe ein Mädchen mitgebracht, die
  er (der Meister) ihn (Heinrich) finden hieß. Das schien ihm (dem Meister) unglaublich.

Weiterhin begegnen in dem Text die verschiedenen **Präpositionalgefüge,**
deren Kasus von der jeweiligen Präposition abhängt (1.3, 2.2, 4.1 mit Dativ;
4.4 mit Akkusativ) – auch hier findet sich der Genitiv häufiger als im Nhd. –,
und **fallfremde Ausdrücke:**

(1) Präpositionen,

(2) Adjektive und Adverbien (1.2; 2.1; 3.3; 4.3),

(3) adverbial gebrauchte, erstarrte Kasus (2.4),

(4) Negationen (2.9),

(5) Partikeln (2.3; 2.6; 2.8; 3.1).

Schließlich finden sich in unserem Text in den Teilsätzen 11.4 und 14.4 **Prädikative.**

Die einzelnen Satzglieder können ihrerseits weitere fallbestimmte oder fallfremde Ausdrücke umfassen. Auf die Erweiterung eines Präpositionalgefüges
im Akk. durch einen attributiven Genitiv sind wir bereits bei 4.4 gestoßen.
Ähnliche Ergänzungen finden sich auch bei

13.	*den konig Claudas*	*von der wúnstung*	
	Objekt (Akk.)	attributives Präpositionalgefüge	
		(Dat.)	
und 14.4	*des konig Bohortes*	*wip*	*von gaune*
	attributiver Genitiv	Prädikativ	Präpositionalgefüge (Dativ)

Bei 13. liegt ein attributives Präpositionalgefüge vor, wie es sich auch im Nhd. findet.
Fraglich ist der Bezug des Präpositionalgefüges bei 14.4: *von gaune* kann sich entwe-
der als Ergänzung auf den attributiven Genitiv *des konig Bohortes*, oder, was nach der
Wortstellung näherliegt, als eigenes Satzglied auf das Verb beziehen. Aus dem weiteren
Kontext ergibt sich, daß hier der attributive Gebrauch vorliegt.

Um die verbale Wortkette herauszulösen, muß häufig das finite Verb in einen
Infinitiv umgeformt werden. Z. T. ist dabei der Rückschluß vom Nhd. her
möglich, z. B. bei 1.1 *sprach* zu *sprechen.* Schwieriger ist dies aber bei Formen wie z. B. 9.5 *getorst* oder 10.3 *besaczt* – ein Wort, das *getorst* lautgeschichtlich entspricht, gibt es im Nhd. nicht mehr; zu *besaczt* würde vom
Textsinn her ein Infinitiv *besetzen* passen, das Präterium lautet im Nhd. jedoch *besetzte.* Wegen solcher Schwierigkeiten untersuchen wir im nächsten

Kapitel die Formenbildung der Verben im Mhd. und befassen uns im Zusammenhang damit mit der Wiedergabe zeitlicher Verhältnisse und modaler Abtönung im Mhd.

Auch bei der Analyse der fallbestimmten Satzglieder ergeben sich Probleme. Das Subjekt steht immer im Nominativ, dieser unterscheidet sich jedoch lautlich oft wie im Nhd. nicht von anderen Kasus. Darüber hinaus hat das Mhd. im Kasus- und Numerusbereich der Substantive andere Oppositionen als das Nhd.: bei 10.1 ist vom Sinn des Textes her *kint* als Akk. Pl. aufzufassen, anders als im Nhd. (*Kind – Kinder*) unterscheidet sich dieser Plural aber nicht von der Singularform. Mit der Formenbildung des Substantivs und im Anschluß daran mit dem Aufbau komplexerer Satzglieder befassen wir uns in Kapitel 8.

Noch gar nicht berücksichtigt haben wir die Verknüpfung von Teilsätzen. In unserem Text begegnen nur wenige Teilsätze, die mit einer der durch Großschreibung abgegrenzten Einheiten identisch sind (Teilsätze 5, 6 und 13), in den meisten Fällen sind mehrere Teilsätze zusammengefaßt. Da die mhd. Handschriften meist anders als der „Prosa-Lancelot" überhaupt keine Kennzeichnung größerer Einheiten („Sätze") aufweisen, kann dabei allerdings nicht unbesehen mit einem Satzbegriff gearbeitet werden, wie er für nhd. Texte verwendet wird, da dabei die Markierung durch Satzzeichen und nachfolgende Großschreibung eine wichtige Rolle spielt. Der Frage, wie im Mhd. Teilsätze verbunden werden können, gehen wir in einem weiteren Kapitel (Kap. 9) nach.

6 B 1 Aufgaben

1. Vergleichen und diskutieren Sie die Gliederung des Textstücks, wie sie der Herausgeber R. KLUGE durch seine Interpunktion vorgenommen hat, mit der Gliederung in Teilsätze in 6 A 1.3.

„Prosa-Lancelot" 18, 11 – 30:

Da sprach der ritter, er wolt es gern thun, und fůrt sie uß dem wald so ferre das sie kamen zu eim hofe, da bruder waren die des hofes allwegen pflagen; und hieß sie alda beyten biß er gesehe ob Claudas hinweg were, das er nicht gesehe sie. Der ritter furt die kind hinweg und furt sie da sie allergemachlichst waren und allerheimlichst. Die koniginne verleib in dem hofe und viel dem ritter zu fuß das er yren kinden gnedig were, das er durch keyns gutes begird ir kind gebe yren fynden noch verkeufft. Da sprach er, so im got must helffen und all heiligen, er sehe als ungern das yn leyt geschehe als imselber. Da fur er hinweg zu Claudas. Und da er zu im kam, da was der eber gefangen, und zuhant was mere komen das Montlahyr were gewunnen. Claudas wart fast fro und saß off alzuhant und reyt aldare und fant die burgk offgegeben; wann da die koniginn nicht daroff getorst

beliben, da getorst keyn man die burg behalten. Da Claudas wedder kint noch frauwen
enfant, da ward er sere zornig und unfro und besaczt das lant allumb und hielt es lange,
das nymand daroff nicht clagete noch nymant daroff nicht sprach, noch der konig Artus,
von dem man das lant hielt, wann der konig Artus was dannoch jung und was unlang
konig gewesen und enkund es nit wol beschirmen als er gern wolt. Da enwas auch
nymant zu lande der dem konig Artus getörst clagen. So forchten sie den konig Claudas
von der Wûnstung. – Nu mûßen wir die rede laßen und sprechen furter wie die koniginn
Evaine gefur, die des konig Bohortes wip was von Gaune.

2. Gliedern Sie den folgenden Text in Teilsätze (es handelt sich um eine
diplomatische Umschrift des an den in diesem Kapitel behandelten Text an-
schließenden Abschnittes; vgl. dazu das Facsimile 6 A 1.1).

Diße rede sprichet furbas alsus Da der vertriben ritter uernam das Montlahyr gewünne
was vnd Claudas darwert was geritten Da sante er eynen synen nefen zu der konigine
vnd beualh im das er mit ir ritte zu dem closter da ir schwester jnne was die konigiñ
   Alene
Da er sie zu dem Closter bracht da jr schwester jnn was vnd die eyn die ander
   gesah Da
5 *sol menglich wol wißen das sie beyde freud vnd vnfreud gewünnen Sie hatten vnfreud*
   wañ eyn die
ander arm sah vnd uertriben großen eren Anderhalb hetten sie freud wañ sie beyde
   by einander waren
vnd die ein allweg sorg hett vmb die andern wie es mit ir stunde vnd das yn die zyt
   kurczer were jr
groß leyt sampt weynende vnd zu clagende vnd yren großen ruwen vnd das sie beyd
   sampt got solten
dienen wañ gott zu dienen das ist die gröst zuuersicht zu freuden/Da die ein der
   andern hett gecla
10 *get yrn großen schaden vnd jrs herren dott des konigs vnd wie sie enterbt waren Da*
   clagt aller meyst
die konigiñ Alene von Bonewig vnd sprach Owe leyder jch han allzu vil uerlorn /
   myn lant / mynen
herren vnd mynen sone / der vor alle kint was schoner dañ ein rose Ay liebe schwester
   wo sint uwer kint
nû / Da vil sie zu hant jn vnmacht / Da sie jr schwester jn vnmacht sah vallen da
   viel auch sie in vnmacht
by jr vnd alles das jnn dem closter was macht großen iamer Da die konigine von Gaune
   zu jrselber
15 *kam da begunde sie jr schwester all weynende zusagen wie sie jr zwey kint uerlorn*
   hett / Ach arme spach
die konigine von Bonewig Nu sint wir leyder beyde on kint / vnd saget jr schwester wie
   jr herr' dot ver
leibe vnd wie ein jungfrauw mit jrm kinde in den lac sprang Groß was ir beyder jamer
   vnd ir ruwe
vmb yrn großen verlust / vnd weren sie auch nit by einander gewesen jr ruw wer vil
   mere gewesen vñ
jr jamer vnd ir angst Die konigiñ von Gaune enbot der abtißiñ vnd deth zu hant ir
   hare abschny

den vnd wart nunne wañ der konig Claudas vol schalcket was da getorste sie da mit
   nit lenger bey
   ten Sie endete sich wilen Da sie gewilet wart da enhetten sie keyn sorg vor im | //

3. Vergleichen Sie Ihre Gliederung mit der Gliederung, die der Herausgeber des „Prosa-Lancelot" R. KLUGE in seiner Ausgabe vorschlägt. Wie verhält sich dazu die Textgliederung des Schreibers durch Großschreibung und Schrägstriche?

Diße rede sprichet furbas alsus: da der vertriben ritter vernam das Mont-
lahyr gewunnen was und Claudas darwert was geritten, da sante er eynen synen
nefen zu der koniginne und bevalh im das er mit ir ritte zu dem closter da ir
schwester inne was, die koniginn Alene. Da er sie zu dem closter bracht da ir
schwester inn was, und die eyn die ander gesah, da sol menglich wol wißen das
sie beyde freud und unfreud gewunnen. Sie hetten unfreud, wann eyn die ander
arm sah und vertriben großer eren. Anderhalb hetten sie freud, wann sie beyde
by einander waren und die ein allweg sorg hett umb die andern, wie es mit ir
stunde, und das yn die zyt kurczer were, ir groß leyt sampt weynende und zu
clagende und yren großen ruwen, und das sie beyd sampt got solten dienen:
wann gott zu dienen das ist die gröst zuversicht zu freuden. Da die ein der andern
hett geclaget yrn großen schaden und irs herren dott des konigs und wie sie
enterbt weren, da clagt allermeyst die koniginn Alene von Bonewig und sprach:
‚Owe leyder, ich han allzu vil verlorn, myn lant, mynen herren und mynen sone,
der vor alle kint was schoner dann ein rose! Ay liebe schwester, wo sint uwer
kint nu?' Da vil sie zuhant in unmacht. Da sie ir schwester in unmacht sah
vallen, da viel auch sie in unmacht by ir, und alles das inn dem closter was macht
großen jamer. Da die koniginne von Gaune zu irselber kam, da begunde sie ir
schwester allweynende zu sagen wie sie ir zwey kint verlorn hett. ‚Ach arme',
sprach die koniginne von Bonewig, ‚nu sint wir leyder beyde on kint!' und
saget ir schwester wie ir herre dot verleibe und wie ein jungfrauw mit irm
kinde in den lac sprang. Groß was ir beyder jamer und ir ruwe umb yrn
großen verlust; und weren sie auch nit by einander gewesen, ir ruw wer vil mere
gewesen und ir jamer und ir angst. Die koniginn von Gaune enbot der abtißinn
und deth zuhant ir hare abschnyden und wart nunne; wann der konig Claudas
vol schalcket was, da getorste sie da mit nit lenger beyten, sie endete sich wilen.
Da sie gewilet wart, da enhetten sie keyn sorg vor im. –

4. Klassifizieren Sie die Satzglieder in den einzelnen Teilsätzen dieses Textes.

6 B 2 Literatur

Handbuch Sprachgeschichte Art. 43 (Hundsnurscher), Art. 99 (Grosse).
Lancelot. Nach der Heidelberger Pergamenthandschrift Pal. Germ. 147, hg. von R. Kluge, Bd. I, Berlin 1948 (DTM Bd. 42).

Admoni, W., Historische Syntax des Deutschen, Tübingen 1990.

Bernhardt, E., Beiträge zur mittelhochdeutschen Syntax. I. Vom Fehlen des subjectpronomens beim persönlichen Zeitwort. II. Vom unpersönlichen Zeitwort, ZfdPh 35 (1903) S. 145—156, S. 343—362.

Betten, A., Zu Satzbau und Satzkomplexität im mittelhochdeutschen Prosa-Lancelot. Überlegungen zur Beschreibung der Syntax mittelhochdeutscher Prosa, Sprachwissenschaft 5 (1980) S. 15—42.

Betten, A., Grundzüge der Prosasyntax. Stilprägende Entwicklungen vom Althochdeutschen zum Neuhochdeutschen, Tübingen 1987 (RGL 82).

Betten, A. (Hg.), Neuere Forschungen zur historischen Syntax des Deutschen, Tübingen 1990 (RGL 103).

Dal, I., Kurze deutsche Syntax auf historischer Grundlage, Tübingen [3]1966.

Ebert, R. P., Historische Syntax des Deutschen, Stuttgart 1978 (Sammlung Metzler 167).

Elst, G. van der, Zur Entwicklung des deutschen Kasussystems. Ein Beispiel für Sprachökonomie, ZGL 12 (1984) S. 313—331.

Greule, A. (Hg.), Valenztheorie und historische Sprachwissenschaft. Beiträge zur sprachgeschichtlichen Beschreibung des Deutschen, Tübingen 1982 (RGL 42).

Grimm, J., Deutsche Grammatik, Teil IV: Syntax, 2. Ausgabe, neuer vermehrter Abdruck, besorgt durch G. Roethe und E. Schröder, Gütersloh/Berlin 1898.

Heringer, H.-J., Wertigkeiten und nullwertige Verben im Deutschen, Zs. f. dt. Sprache 23 (1967) S. 13—34.

Horlitz, B., Diachronische Valenzbestimmung im Wörterbuch, ZGL 4 (1976) S. 302—309.

Kern, P., Das Problem der Satzgrenze in mittelhochdeutschen Texten, in: Deutsche Handschriften 1100—1400. Oxforder Kolloquium 1985, hg. von V. Honemann und N. F. Palmer, Tübingen 1988, S. 342—351.

Maxwell, H., Valenzgrammatik mittelhochdeutscher Verben, Frankfurt/Bern 1982 (Europ. Hochschulschriften 1, 504).

7 Das Verb

Unterschiede in der grammatischen Bedeutung einer Verbform (Person, Numerus, Tempus, Modus, Genus verbi: Aktiv und Passiv) können im Deutschen auf zwei verschiedene Arten signalisiert werden:
- durch Veränderung des gleichzeitig die lexikalische Bedeutung tragenden Wortes, man nennt diese Bildungsweise **synthetisch**;
- durch Verknüpfung des die lexikalische Bedeutung tragenden Wortes mit besonderen Formwörtern **(analytische Bildung)**.

So sind z. B. in der lateinischen Form *amabor* synthetisch Person, Numerus, Tempus, Modus und Genus verbi signalisiert, die deutsche Übersetzung *ich werde geliebt werden* ist teils synthetisch, teils analytisch gebildet.

Das früheste bzw. Vor-Ahd. hatte zur Bezeichnung der verschiedenen zeitlichen Inhalte nur die synthetisch gebildeten Formen Präsens und Präterium Aktiv zur Verfügung; schon im Ahd. werden dann jedoch analytische (periphrastische) Formen gebildet, oft in Anlehnung an lateinische Tempora, für die man ja entsprechende Umschreibungen suchen mußte. Im Mhd. sind Präsens und Präterium im Indikativ und Konjunktiv die einzigen synthetisch gebildeten Formen, daneben gibt es zahlreiche analytische Bildungen:

Futur:	*sol* + Inf. (sehr häufig)
	muoz + Inf.
	wil + Inf.
	werden + Part. I bzw. Inf. (selten und spät)
Perfekt:	*haben* + Part. II
	sîn + Part. II
Plusquamperfekt:	*haben* + Part. II
	sîn + Part. II

Die noch im Got. vorhandene Möglichkeit, das Passiv synthetisch zu bilden (*nimada* ‚ich werde genommen‘, *nimanda* ‚wir/ihr/sie werden genommen‘), gibt es im Ahd. und Mhd. nicht. Stattdessen werden zwei Passivformen analytisch gebildet durch das Part. II in Verbindung mit den Verben *sîn* und *werden*. Grundlage dieser Bildungsmöglichkeit ist die passive Bedeutungskomponente des Part. II der transitiven Verben.

Unterschiedliche Funktion innerhalb des Systems der mhd. Tempora hat die Vorsilbe *ge*-: sie weist in Verbindung mit einer Präteritumform darauf hin, daß der durch das Verb bezeichnete Vorgang abgeschlossen ist (perfektive Bedeutung). Je nach Kontext ist die Verbform mit einem Perfekt oder einem Plusquamperfekt wiederzugeben; allerdings kann die Verbindung *ge-* + Prät. auch einfache Vergangenheit bezeichnen. Die Verwendung von *ge-* ist nur bei Verben ohne Vorsilbe möglich.

7 A 1 Das „System" der mhd. Tempora

Der „Prosa-Lancelot"-Text enthält folgende Tempusformen:
synthetische Bildungen

Prät. Ind.
Aktiv: 1.1; 1.2; 1.3; 2.2; 2.3; 2.4; 2.5; 3.1; 3.2; 3.3; 4.1; 4.2; 5; 8.1;
                8.2; 9.1; 9.2; 9.3; 9.4; 9.5; 9.6; 10.1; 10.2; 10.3; 10.4; 10.5;
                10.6; 11.2; 11.3; 11.5; 11.6; 12.1; 13; 14.3; 14.4

Prät. Konj.
Aktiv
(=Konj. II): 2.8; 4.3; 4.5; 6; 12.2

Präs. Ind.
Aktiv: 14.1; 14.2

Präs. Konj.
Aktiv
(=Konj. I): 2.7; 2.9; 4.4; 7.1; 7.2

Da die Hs. sowohl *e* als auch den Umlaut von *â* durch *e* bezeichnet (vgl. *mere*), können diese Formen sowohl Konj. Präs. als auch Konj. Prät. sein.

analytische Bildungen

Prät. Ind. Passiv:	8.3; 8.4
Prät. Konj. Passiv:	8.5
Plusquamperfekt Ind. Aktiv:	11.4

jeweils mit *sîn*

Wir berücksichtigen hier zunächst nur die indikativischen Formen, da die zeitliche Bedeutung des Konjunktivs bereits im Mhd. zu schwinden beginnt (vgl. zum Konjunktiv 7 A 4.1). Präteritumformen überwiegen, da in dem ausgewählten Text ein Geschehen erzählt wird. Präsensformen begegnen allein in der Erzählerbemerkung (14.1/14.2), die nicht zu diesem Geschehen gehört. Die Erzählfolge wird vor allem durch das Adverb *da* gekennzeichnet. Durch den Übergang vom Präteritum zum Plusquamperfekt (11.4) ist innerhalb des vergangenen Geschehens eine zeitliche Schichtung vorgenommen („Vorvergangenheit"). In der Erzählerbemerkung (14.1 — 14.4) findet sich in der Angabe des Themas der weiteren Erzählung (*wie die konigiñ Evaine gefur*) eine Präteritumform. Hier würden wir im Nhd. eher statt eines Prät. das Perfekt gebrauchen („wie es der Königin Evaine ergangen ist').

Die Verwendung der neben den synthetischen Formen entwickelten analytischen für Futur, Perfekt und Plusquamperfekt ist im Mhd. noch nicht so festgelegt wie im Nhd. Ihr Einbau in das Tempussystem erfolgt erst allmählich; selbst im Nhd. hat sich noch kein eindeutiges System der Tempusformen ergeben. Tempusformen von Verben sind außerdem nur *ein* Mittel zur Darstellung von Zeit neben anderen, z. B. Partikeln. Präpositionalgefügen, Kontext im Satz und Text, Textsorte.

Zeitstufenneutral

Zur Bezeichnung von Vorgängen und Sachverhalten ohne zeitlichen Bezug kann im Mhd. wie im Nhd. das Präsens dienen; ein solches Präsens erscheint z. B. im „Armen Heinrich":

113   *der in dem hoehsten werde*
            lebet ûf dirre erde,
            derst der versmâhte vor gote.

In Sätzen, die allgemeine Erfahrungen ausdrücken, kann auch das Präteritum seine zeitliche Bedeutung weitgehend verlieren (sog. gnomisches Präteritum), ebenso das Perfekt.

Walther

13,25   *wol im der ie nâch staeten fröiden ranc*

    –   wohl dem, der immer nach dauerhafter Freude strebt

Gegenwärtiges Geschehen

Gegenwärtiges Geschehen wird im Mhd. wie im Nhd. üblicherweise durch das Präsens ausgedrückt, Beispiele hierfür erübrigen sich. Vereinzelt wird auch das Perfekt verwendet, um etwas Gegenwärtiges, das auch bereits in der Vergangenheit so gewesen ist, zu bezeichnen („durchstehende Zeit"):

Nibelungen-
lied

1147,4   *ich hân erkant von kinde die edelen küneginne hêr*

    –   ich kenne die ... Königin seit ihrer Kindheit

Vorzeitig in bezug auf Gegenwärtiges

Ein Geschehen, das als vorzeitig zu etwas Gegenwärtigem angesehen wird, kann im Mhd. sowohl durch das Präteritum als auch durch das Perfekt

bezeichnet werden; im Nhd. wird hier häufiger das Perfekt gebraucht:
Präteritum:

AH 617   *wir hân êre unde guot:*
daz meinet mînes herren muot,
wan er uns leit nie gesprach
und ouch daz guot nie abe gebrach.

– wir haben Ehre und Besitz, nämlich die Gesinnung meines Herren,
denn er hat uns nie gekränkt und auch kein Eigentum weggenommen.

Durch *ge-* (*gesprach*, *gebrach*) ist hier die perfektive Bedeutung in bezug auf
eine gegenwartsbezogene Aussage (*hân*, *meinet*) ausgedrückt, der im Nhd.
das Perfekt entspricht.
Perfekt:

AH 434   *des dû mich gevrâget hâst,*
daz sage ich dir vil gerne.

– wonach du mich gefragt hast, das sage ich dir gerne

Die Tatsache, daß im Mhd. noch keine systematische Verteilung der
Tempora vorgenommen ist, zeigt sich u. a. darin, daß Präteritum und
Perfektumschreibung im gleichen Satz nebeneinander stehen können,
obwohl zwischen den beiden Tempusformen kein Bedeutungsunterschied
zu erkennen ist:
Parzival

141,6   *die gebruoder hânt dir vil getân: /zwei lant nam dir Lähelîn*

– die Brüder haben dir viel angetan: zwei Länder hat dir Lähelin
genommen.

Vergangenes Geschehen

Zur Bezeichnung eines vergangenen Geschehens dienen im Mhd. in erster
Linie Präteritum und Perfekt; in seltenen Fällen kann auch das Präsens
(„Präsens historicum") verwendet werden.
Hierbei kann man zwischen „unechtem" und „echtem" Präsens historicum
unterscheiden (HEMPEL, 1966); das „unechte" wird in Erzählerbemerkun-
gen verwendet und begegnet im Mhd. sehr häufig:

Erec 1586   *alsô schoene schein diu maget*
in swachen kleidern, sô man saget,
daz sî in sô rîcher wât
nu vil wol ze lobe stât.

– so schön erschien das Mädchen bereits in armseligen Kleidern, wie
man sagt, daß sie nun in so prächtiger Kleidung außerordentlich zu
loben ist.

Selten und im höfischen Epos nie findet sich im Mhd. das „echte" Präsens historicum, das „der Heraushebung von Erinnertem aus dem Darstellungs-flusse in die Schicht der quasi-Wahrnehmung" dient (HEMPEL, 1966, S. 428). Ein frühes Beispiel findet sich im „Reinhart Fuchs":

307   *do was im kvndikeite zit.*
        er sihet, wo ein rone lit,
        dar vnder tet er einen wanc.

-   da hatte er einen schnellen Einfall nötig. Er sieht, wo ein Baumstamm liegt, darunter machte er einen Satz.

Vorzeitig in bezug auf Vergangenes

Die Vorzeitigkeit zu einem vergangenen Geschehen wird im Mhd. durch das Plusquamperfekt, oft aber auch durch das Präteritum ausgedrückt; im Nhd. ist hier immer das Plusquamperfekt erforderlich:

Iwein 622   *den brunnen ich dar under sach und swes mir der waltman jach*

-   den Brunnen sah ich darunter und das, wovon mir der Waldmann erzählt hatte.

Die Bezeichnung von vorvergangenem Geschehen durch ein Präteritum begegnet im „Armen Heinrich" häufig:

350   *dô der arme Heinrich*
        driu jâr dâ entwelte
        und im got gequelte
        mit grôzem sêre den lîp,
        nû saz der meier und sîn wîp
        und ir tohter ...
        und weinden ir herren leit.

-   Als der arme Heinrich drei Jahre dort zugebracht und ihm Gott den Leib mit großen Schmerzen gequält hatte, saßen der Meier und sein Weib und ihre Tochter ... bei ihm ... und beweinten das Leid des Herren.

Hier ist bei einer Verbform der Abschluß der Handlung durch *ge-* bezeichnet (*gequelte*), während bei der anderen einfaches Präteritum vorliegt (*entwelte*), das hier aufgrund des Kontextes durch ein Plusquamperfekt zu übersetzen ist.

Daneben findet sich auch die Bezeichnung der Vorvergangenheit durch das Plusquamperfekt:

AH 50   *sîn herze hâte versworn*
        valsch und alle dörperheit

und behielt ouch vaste den eit
staete unz an sîn ende.

Zukünftiges Geschehen

Zur Bezeichnung eines zukünftigen Geschehens dient im Mhd. wie im Nhd. in der Regel das Präsens; die zeitliche Markierung erfolgt über den Kontext.
Iwein 4260   *alsô tuon ich morgen*

AH 496   *wir gewinnen niemer mêre / deheinen herren alsô guot.*

- niemals wieder bekommen [= werden bekommen] wir einen so guten Herren.

Noch selten ist im Mhd. die nhd. Konstruktion mit *werden* + Inf.; die Beispiele stammen alle aus spätmhd. Zeit:
Wolfdietrich
A 390,1   *swaz wir zwei klagen solten, daz wirt er eine klagen*

Bereits früher begegnen Futurumschreibungen aus *werden* + Part. I:
Nibelungen-
lied 1210,4   *jâ wirt ir dienende vil manic waetlîcher man*
- Sicherlich wird ihr manch tapferer Mann dienen.

Bei einer Reihe von Verbindungen Modalverb + Infinitiv wie *sol* + Inf., *muoz* + Inf., *wil* + Inf. ist bei der Übersetzung zwar zunächst von der modalen Bedeutung des Finitums auszugehen; die in diesen Verben enthaltene futurische Bedeutungskomponente — er soll/muß/will kommen: er kommt also, sofern er kommt, auf jeden Fall erst zu einem zukünftigen Zeitpunkt – kann dabei im Mhd. jedoch so in den Vordergrund treten, daß im Nhd. ein Futur angesetzt werden kann.

Im „Armen Heinrich" finden sich dafür folgende Beispiele:

852   *ez sol ze Salerne geschehen. / dâ sol uns viere der tôt / loesen*
       von aller slahte nôt.

- es wird in Salerno geschehen: da wird uns vier der Tod von jeglicher Not erlösen.

1096   *ezn geschach nie kinde alsô wê / als dir muoz von mir gesche-*
        hen.

- es geschah einem Kinde nie solches Weh, wie dir von mir geschehen wird/muß.

1322a   *ob irz durch iuwer triuwe lât, / daz ist ein vil swacher rât / des*
         iu got niht lônen wil, / wan der triuwen ist ze vil.

> – wenn ihr es um eurer Treue willen unterläßt, so ist das ein sehr schlech-
> ter Entschluß, für den euch Gott nicht lohnen wird …

Das Perfekt – in der Regel Bezeichnung einer vergangenen Handlung –
kann wie im Nhd. auch eine Zukunftsaussage im Sinn eines Futurum
exactum machen.

Hierfür ein Beispiel aus dem „König Rother":

3914   *ist rother dar under,*
              den have wir schire wnden.

> – wenn Rother darunter ist, werden wir ihn bald gefunden haben (haben
> wir ihn bald gefunden).

In der folgenden Übersicht sind die Verwendungsmöglichkeiten der
verschiedenen Zeitformen zur Bezeichnung der verschiedenen zeitlichen
Werte zusammengestellt (seltene Fälle sind eingeklammert):

Zeit- form \ zeit- licher Wert	Vorzeitig zu Ver- gangenem	Ver- gan- genes	Vorzeitig zu Gegen- wärtigem	Gegen- wärtiges	Zukünf- tiges	Tempus- neutral
Präsens		(×)		×	×	×
Präteri- tum	×	×	×			(×)
Perfekt		×	×	(×)	(×)	(×)
Plusquam- perfekt	×					
(Futur)					×	
ge- + Prät.	×	×	×			

Das Präsens ist danach wie im Nhd. vorwiegend unmarkiert; die zeitliche
Markierung ergibt sich aus dem jeweiligen sprachlichen oder situativen Kontext.

Das Präteritum bezeichnet im Mhd. jeden in der Vergangenheit liegenden
Vorgang, Abstufungen innerhalb der Vergangenheit – Vorzeitigkeit oder
perfektische Bedeutung mit Bezug des Ergebnisses zur Gegenwart – werden
in der Regel ebenfalls durch das Präteritum bezeichnet; daneben erscheinen
allerdings auch Perfekt- und Plusquamperfektumschreibungen.

Da die analytischen Formen noch nicht in das „System" eingegliedert sind,
gibt es in der Regel verschiedene Möglichkeiten zur Bezeichnung der
zeitlichen Werte.

7 A 2 Die lautliche Signalisierung von Tempus sowie Person/Numerus und Modus bei den synthetischen Verbformen

7 A 2.1 Die Bildung des Präteritums im Mhd.

Die Operation der Umsetzung des finiten Verbs in den Infinitiv, durch die die verbale Wortkette ermittelt wird, bereitet u. U. gewisse Schwierigkeiten. Es ist häufig nicht leicht, den zugehörigen Infinitiv festzustellen, mit dessen Hilfe man dann auch die Bedeutung eines Verbs im Wörterbuch nachschlagen kann. Zwar kann der Infinitiv oft vom Nhd. her vermutet werden, etwa bei

1.1	*sprach*	– nhd. *sprach*	– Inf.: *sprechen*
2.2	*kamen*	– nhd. *kamen*	– *kommen*
2.5	*hieß*	– nhd. *hieß*	– *heißen,*

schwieriger aber ist er etwa bei 2.4 *pflagen,* 4.1 *verleib,* 9.3 *reyt* oder 10.3 *besaczt* herauszufinden. Die für das Mhd. geltenden Regularitäten der Tempusbildung müssen demnach untersucht werden.

Die folgende Tabelle stellt Präteritum und Infinitiv einiger mhd. Verben nebeneinander und vermerkt die jeweilige Kennzeichnung des Präteritums:

	Präteritum	Infinitiv	Vokal-wechsel	Dental
1.1	*sprach*	*sprechen*	+	–
1.2	*wolt*	*wellen*	+	+
1.3/3.2	*furt/fuort*	*füeren*	+	+
2.2	*kamen*	*komen*	+	–
10.5	*clagete*	*clagen*	–	+

Es finden sich im Mhd. also wie im Nhd. folgende Möglichkeiten zur Kennzeichnung des Präteritums:
Vokalwechsel allein, Dentalzusatz allein, Dentalzusatz und Vokalwechsel. Verben, die das Präteritum nur mit Hilfe eines Vokalwechsels bilden, werden als **stark,** alle Verben, die es mit Hilfe eines Dentalzusatzes bilden, als **schwach** bezeichnet.

7 A 2.1.1 Die Präteritumbildung der schwachen Verben

Das Präteritum wird bei den schwachen Verben durch einen Dentalzusatz gekennzeichnet, das Partizip II durch die Vorsilbe *ge-* und ebenfalls einen Dentalzusatz. Der Dental erscheint dabei in unterschiedlicher Form:

(1) als -*t*- wie z. B. bei 1.1 *furt* – das unbetonte Endungs-*e* ist hier apokopiert, normalmhd. jedoch vorhanden;

(2) als -*et*- wie bei 10.5 *clagete*;

(3) als -*d*- wie bei 11.5 (*en*)kund(*e*).

Die Suffixe -*t*- und -*d*- können zusammengefaßt werden, denn -*d*- ist aus -*t*- durch Lenisierung entstanden; da diese nicht immer durchgeführt wird, gibt es häufig Doppelformen, etwa neben 1.2 *wolt*(*e*) die Form *wolde*. Auf eine weitere Erscheinung bei der Präteritumbildung der schwachen Verben weist

10.3 *besaczt* ‚besetzte‘   Inf. mhd. *besetzen*.

Das Präteritum wird hier durch Dentalzusatz und Vokalwechsel gebildet. Wir haben es mit dem bereits erwähnten **sog. Rückumlaut** zu tun, der im Mhd. bei einer größeren Zahl von schwachen Verben begegnet als im Nhd. Rückumlaut liegt in unserem Text auch vor bei

1.3 *furt* ‚führte‘ (normalmhd. *fuorte*)   Inf. mhd. *füeren*.

Zur Erklärung der Erscheinung des Rückumlauts muß auf das Ahd. zurückgegriffen werden, da die mhd. Endsilbenabschwächung die Ursachen nicht mehr erkennen läßt.

Die ahd. schwachen Verben werden nach der Infinitivendung in drei Gruppen eingeteilt:

I. – *en* (*jan*-Verben)	Prät.: -(*i*)*t* -*a*
II. – *ôn*	-*ôt* -*a*
III. – *ên*	-*êt* -*a*

Bei langsilbigen *jan*-Verben (I) – also Verben mit langem Vokal oder mehrfacher Konsonanz im Stammauslaut – ist schon vor Eintritt des *i*-Umlauts das *i* der Präteritumendung ausgefallen, während das *j* des Infinitivs und das *i* bestimmter Präsensendungen länger erhalten blieb. Deshalb sind umlautfähige Stammvokale solcher Verben im Präteritum im Gegensatz zu Infinitiv und Präsens nicht umgelautet. Die Unterschiede im Vokalismus von Präteritum und Präsens sind im Nhd. außer bei den Verben *brennen, kennen, nennen* und *rennen* zugunsten der umgelauteten Formen beseitigt, so auch bei mhd. *besetzen/besazte* nhd. *besetzen/besetzte* und bei mhd. *füeren/fuorte* nhd. *führen/-führte*. Bei *senden* und *wenden* gibt es im Nhd. Doppelformen.

Lautgeschichtlich entsteht bei den ahd. Verben der Gruppen II und III sowie bei den kurzsilbigen *jan*-Verben der Dentalzusatz -*et*-, bei den langsilbigen *jan*-Verben der Dentalzusatz -*t*-. Diese Verteilung ist im Mhd. durchbrochen, da das *e* synkopiert werden kann; dadurch finden sich häufig Doppelformen.

Die schwachen Verben bilden im Mhd. ihr Präteritum also mit dem Dentalzusatz -(e)t-/-d-, ein Teil zeigt zusätzlich Vokalwechsel. Die e-lose Variante des Dentalzusatzes begegnet vor allem bei den Verben mit dem Stammauslaut -l und -r sowie bei den Verben mit Vokalwechsel.

Die Ermittlung des Infinitivs ist nur bei der Gruppe der schwachen Verben mit zusätzlichem Vokalwechsel schwierig: Erscheint in einer Präteritumform eines schwachen Verbs ein umlautfähiger, aber nicht umgelauteter Vokal, handelt es sich um ein Verb mit langer Stammsilbe (z. B. *hôrte*, *ful(l)te*) und tritt die e-lose Variante des Dentalzusatzes auf, so hat der Infinitiv in der Regel den entsprechenden umgelauteten Vokal (*hoeren*, *füllen*).

Alle seit dem Ahd. neu gebildeten Verben werden schwach flektiert. In vielen Fällen sind auch ehemals starke Verben in die schwache Flexion übergetreten, wie z. B. in unserem Text 2.4 *pflagen – pflegten*. Zu erläutern ist auch noch 13.1 *forchten – fürchteten*. Dieses Verb hatte im Präteritum – wie auch mhd. *denken, dünken* und *würken* — nie einen Zwischenvokal und also auch keinen Umlaut; da auf den Stammvokal ein *a* folgte, wurde das *u* des Infinitivs im Präteritum zu *o* gebrochen. Schließlich ist hier im Mhd. das Präteritumsuffix mit dem Dental des Stammes zusammengefallen, ein Vorgang, der im Nhd. rückgängig gemacht ist.

Die meisten schwachen Verben sind von starken Verben, Nomen oder Adjektiven abgeleitet:

mhd.	Grundwort mhd.	Wortart	ahd.	Klasse
1.3 *füeren*	*var(e)n*	st. Verb	*fuoren*	*jan*
4.5 *verkoufen*	*kouf*	Substantiv	*farcouffen*	*jan*
10.3 *besetzen*	*besitzen*	st. Verb	*-sezzen*	*jan*
10.5 *klagen*	*klage*	Substantiv	*klagôn, klagên*	*ôn/ên*
– *wermen*	*warm*	Adjektiv	*wermen*	*jan*

Der jeweiligen Klassenzugehörigkeit entsprechen unterschiedliche Bedeutungsnuancierungen (vgl. HENZEN, 1965, § 141 – 143): *jan*-Verben haben meist kausative und faktitive Bedeutung, d. h., es wird ein Bewirken des im Grundwort genannten Sachverhalts ausgedrückt:

nhd. *füeren* ‚fahren machen: in Bewegung setzen, führen‘
mhd. *koufen* ‚Kauf bewirken: kaufen‘
mhd. *setzen* ‚sitzen machen: setzen‘
mhd. *wermen* ‚warm machen: wärmen‘

Verben, die im Ahd. die Endung *ên* haben, haben häufig ingressiv-inchoative Bedeutung (Beginn, Einsetzen eines Vorgangs):

mhd. *fûlen* ‚faul werden: faulen‘

Verben auf ahd. *ôn* können instrumentale und faktitive Bedeutung im weitesten Sinn haben:

nhd. *salben* ‚mit Salbe versehen: salben‘

Sie können auch, oft bei Ableitungen von Substantiven, ein Beschäftigtsein mit etwas ausdrücken:

mhd. *klagen* ‚mit Klage beschäftigt sein: klagen‘.

Diese Beziehungen zwischen morphologisch bedingter Klassenzugehörigkeit und Bedeutung gelten jedoch keineswegs allgemein.

7 A 2.1.2 Die Präteritumbildung der starken Verben

Für folgende Verben lassen sich in dem „Prosa-Lancelot"-Text mehrere Formen nachweisen:

1.1	*sprach* (= 5, 10.6)	[*er*]	*sprach*
14.2	*sprechen*	[*wir*]	*sprechen*
2.2	*kamen*	[*sie*]	*kamen*
8.2	*kam*	[*er*]	*kam*
8.4	*komen*		*gekommen*
2.3	*waren* (= 3.3)	[*sie*]	*waren*
2.8	*were* (= 4.3, 8.5)	[*er*]	*wäre*
8.3	*was* (= 8.4, 11.3, 11.4, 14.4)	[*er*]	*war*
11.4	*gewesen*		*gewesen*
12.1	*(en)was*	[*er*]	*war*

Präteritum und Partizip II werden bei diesen Verben im Mhd. wie im Nhd. nicht durch ein Dentalsuffix gebildet, sondern durch einen Wechsel im Vokalismus der Stammsilbe, den **Ablaut.**

Auf den ersten Blick lassen sich keine Gemeinsamkeiten zwischen den verschiedenen starken Verben erkennen; doch ist ihre Bildung nur scheinbar unsystematisch.

Im Nhd. lassen sich starke Verben mit gleichem Ablaut zusammenfassen:

	geben	*gab*	*gegeben*
	sehen	*sah*	*gesehen*
	geschehen	*geschah*	*geschehen*
oder	*sprechen*	*sprach*	*gesprochen*
	treffen	*traf*	*getroffen*
	stechen	*stach*	*gestochen*
oder	*greifen*	*griff*	*gegriffen*
	reiten	*ritt*	*geritten*
	leiden	*litt*	*gelitten.*

Es gibt demnach offensichtlich bei der Tempusbildung der starken Verben bestimmte Regularitäten, auch wenn diese schwerer zu erkennen sind als bei den schwachen Verben. Es ist nun zu prüfen, ob sich auch für das Mhd. Gruppen mit gleichem Ablaut aufweisen lassen.

Während sich bei 2.5 *hieß/hieß* der Unterschied im Vokalismus zwischen mhd. und nhd. Form mit Hilfe der im 3. Kapitel dargestellten lautlichen Äquivalenzen erfassen läßt, ist dies bei 9.3 *reyt/ritt* nicht möglich. Der Stammvokal des Sg. Prät. unterscheidet sich im Mhd. häufig von dem der übrigen Präteritumformen; als Stammformen werden deshalb im Mhd. im Gegensatz zum Nhd. jeweils vier Formen angegeben:

Infinitiv/1.3. Sg. Ind. Prät./1.3. Pl. Ind. Prät./Part. II.

Im Nhd. sind die Unterschiede innerhalb des Präteritums durch Systemausgleich beseitigt.

Der weiteren Arbeit legen wir eine Liste der Stammformen der starken Verben zugrunde, die sich in dem „Prosa-Lancelot"-Text finden:

(1)	*sprechen*	*sprach*	*sprâchen*	*gesprochen*
(2)	*komen*	*quam*	*quâmen*	*komen*
		kam	*kâmen*	
(3)	*wesen* ‚sein'	*was*	*wâren*	*gewesen*
(4)	*heizzen*	*hiez*	*hiezen*	*geheizen*
(5)	*sehen*	*sach*	*sâhen*	*gesehen*
(6)	*belîben* ‚bleiben'	*beleip*	*beliben*	*beliben*
(7)	*vallen*	*viel*	*vielen*	*gevallen*
(8)	*geben*	*gap*	*gâben*	*gegeben*
(9)	*helfen*	*half*	*hulfen*	*geholfen*
(10)	*geschehen*	*geschah*	*geschâhen*	*geschehen*
(11)	*faren*	*fuor*	*fuoren*	*gefaren*
(12)	*fâhen* ‚fangen'	*fienc*	*fiengen*	*gefangen*
(13)	*gewinnen*	*gewan*	*gewunnen*	*gewunnen*
(14)	*werden*	*wart*	*wurden*	*worden*
(15)	*sitzen*	*saz*	*sâzen*	*gesezzen*
(16)	*rîten*	*reit*	*riten*	*geriten*
(17)	*finden*	*fant*	*funden*	*funden*
(18)	*behalten*	*behielt*	*behielten*	*behalten*
(19)	*lazzen*	*liez*	*liezen*	*gelazzen*

Im Mhd. fehlt die Vorsilbe *ge-*, die den Abschluß eines Vorgangs bezeichnet, bei den Part. II *komen*, *funden*, *troffen* und *worden*, wohl weil diese Verben bereits selbst perfektive Bedeutung haben, außerdem wie im Nhd. bei Verben mit untrennbarer Vorsilbe (z. B. *behalten*).

Von diesen Verben lassen sich zunächst

  (4) *heizzen*

  (7) *vallen*

(12) *fâhen*

(18) *behalten* und

(19) *lazzen*

zusammenfassen: sie haben in beiden Präteritumformen den Stammvokal *ie*; die Vokale im Infinitiv und im Partizip II weichen zwar untereinander ab, gemeinsam ist diesen Verben aber, daß der Infinitiv-Stammvokal jeweils auch im Partizip II erscheint.

Einen Vokalwechsel *e/a/â/e* wie

  (3) *wesen* haben außerdem die Verben

  (5) *sehen*

  (8) *geben*

(10) *geschehen* und – lediglich mit einem anderen Infinitiv-Vokal –

(15) *sitzen*.

Weiter lassen sich mit dem Vokalwechsel *i/a/u/u*

(13) *gewinnen*

(17) *finden*

zusammenfassen. Ebenso gehören offensichtlich

  (9) *helfen*

(14) *werden*

mit einem Vokalwechsel *e/a/u/o* zusammen. Berücksichtigen wir, daß *e* und *i* sowie *u* und *o* in Abhängigkeit von den Folgelauten wechseln können (Brechung, vgl. 3 A 3.1), so lassen sich die vier letztgenannten Verben sogar nochmals zu einer einzigen Gruppe zusammenfassen.

Gleichen Vokalwechsel zeigen weiterhin

  (6) *belîben* und

(16) *rîten*

sowie – diesmal mit einem Unterschied im Infinitiv –

  (1) *sprechen* und

  (2) *komen*.

Es bleibt als Einzelfall nur noch der Wechsel *a/uo/uo/a* in

(11) *faren*.

Wir können also die 19 starken Verben unseres Textes zu 6 Gruppen zusammenfassen.

In einer Übersicht ist der Vokalwechsel für diese Verben nochmals zusammengestellt. Zudem sind Ergänzungen vorgenommen, die sich aus der Heranziehung weiterer Beispiele ergeben würden; außerdem sind die

Gruppen nach einem für die Klassifizierung der starken Verben allgemein eingeführten System numeriert.

Klasse	Infi-nitiv	Sing. Prät.	Plur. Prät.	Part. II	Beispiele
I a	$\hat{\imath}$	ei	i	i	6, 16
b	$\hat{\imath}$	$\hat{e}$	i	i	*zîhen, zêh, zigen, gezigen* ,zeihen beschuldigen'
II a	ie	ou	u	o	*biegen, bouc, bugen, gebogen* ,biegen'
b	ie	$\hat{o}$	u	o	*bieten, bôt, buten, geboten* ,bieten'
III a	i	a	u	u	13, 17
b	e	a	u	o	9, 14
IV	e	a	$\hat{a}$	o	1, 2
V	e	a	$\hat{a}$	e	5, 8, 10, 15
VI	a	uo	uo	a	11
VII	a, â, ei, ou, ô, uo	ie	ie	a, â, ei, ou, ô, uo	4, 7, 12, 18, 19

Außerdem gehören in die II. Klasse *lûchen* ,schließen', *sûfen* und *sûgen* mit *û* im Infinitiv und im Präsens, in Klasse IV auch *stechen, vehten*.
Den Vokalismus des Infinitivs haben außerdem Part. I, Ind. Präs. und Konj. Präs.; den Vokalismus des Sg. Prät. nur 1. und 3. Sg. Ind. Prät., den des Pl. Prät. außerdem die 2. Sg. Ind. Prät. und Konj. Prät. (mit Umlaut, falls umlautfähiger Vokal vorliegt); der Vokalismus des Part. II schließlich ist allein dieser Form vorbehalten.

Auftretende starke Verben lassen sich nach dem Infinitiv-Vokal zunächst eindeutig nur Klasse I (*î*), und Klasse II (*ie*) zuweisen. Der Klasse Ib gehören dabei die Verben an, bei denen auf *î* ein *h* oder *w* folgt; der Klasse IIb gehören die Verben an, bei denen auf *ie* ein Dental (*t, d, z, s*) oder ein aus dem Germ. überliefertes *h* folgt.
Da bei Klasse III, IV und V in der Regel – außer bei IIIa – der gleiche

Infinitiv-Vokal *e* auftritt, müssen hier für die Klassenzuweisung zusätzliche Kriterien herangezogen werden:

- bei Klasse III folgt auf den Stammvokal *e* bzw. *i* immer ein Nasal (*m, n*) + Konsonant (= IIIa) oder ein Liquid (*l, r*) + Konsonant (= IIIb), dieser Konsonant kann auch ein zweiter Liquid/Nasal sein;
- bei Klasse IV folgt dem *e* einfacher Nasal oder Liquid, dieser Konsonant kann dem Stammvokal auch vorausgehen (z. B. bei *sprechen*);
- bei Klasse V folgt dem Stammvokal *e* ein beliebiger anderer Konsonant.

Die Zuordnung starker Verben mit dem Infinitiv-Stammvokal *a* zur Klasse VI oder VII kann vor allem vom Nhd. her erfolgen: Verben der Klasse VI haben im Nhd. im Prät. ein [u:] (*fahren, fuhr, gefahren*), Verben der Klasse VII ein [i:] (*raten, riet, geraten*).

Übersicht:

I a	*î*
b	*î* vor *r, w* oder germ. *h*
II a	*ie*
b	*ie* vor *t, d, z, s* oder germ. *h*
III a	*i* + *m, n* + Konsonant
b	*e* + *l, r* + Konsonant
IV	*e* + *m, n, l, r* (auch: *m, n, l, r* + *e*)
V	*e* + Konsonant (außer *m, n, l, r*)
VI	*a* – nhd. Prät. [u:]
VII	*a, â, ei, ou, ô, uo* – nhd. Prät. [i:]

Der Ablaut hängt zusammen mit dem idg. Akzent. Man unterscheidet **qualitativen Ablaut** als Wechsel in der Klangfarbe des Vokals (Abtönung der Grundstufe) und **quantitativen Ablaut** als Wechsel in der Vokaldauer (Grundstufe – Dehnstufe – Schwundstufe). Dem idg. Ablautsystem liegt ein Wechsel von *e* als Grundstufe, *o* als Abtönungsstufe und der Schwundstufe zugrunde; zu diesen Grundvokalen treten dann bestimmte Halbvokale bzw. Sonanten oder Konsonanten. Diese Laute entwickeln sich nach bestimmten „Lautgesetzen" bis zum Mhd.

Es soll noch auf einige lautliche Erscheinungen hingewiesen werden, die beim Prät. der starken Verben zu beobachten sind:

1. Im Sg. Prät. wird dort, wo es lautlich möglich ist, die Auslautverhärtung durchgeführt (Verb 6, 8, 12, 14, 17).

2. Die starken Verben haben Grammatischen Wechsel, da der idg. Akzent nicht fest war, sondern auf verschiedenen Silben der Verbformen liegen konnte (vgl. dazu 3 A 3.1). Es wechseln dann:

Stammform 1 und 2 Inf. u. Sg. Prät.	Stammform 3 und 4 Pl. Prät. u. Part. II	Beispiele
d	*t*	*lîden, leit*[1]– *liten, geliten* ‚leiden‘
h	*g*	*dîhen, dêh* – *digen, gedigen* ‚gedeihen‘
f	*b*	*heven – huop*[2], *huoben, erhaben* ‚heben‘
s	*r*	*kiesen, kôs* – *kurn, gekorn* ‚prüfen, wählen‘

1 Auslautverhärtung
2 Systemausgleich und Auslautverhärtung zugunsten des Plural-Konsonanten, z. T. bei diesem Verb auch im Inf. Präs.

Im Nhd. wird der Grammatische Wechsel in der Regel beseitigt, eine Entwicklung, die bereits im Ahd. beginnt.

3. Einige Verben, zu denen z. B. auch (15) *sitzen* gehört, zeigen im Infinitiv und im Präsens lautliche Besonderheiten. Diese Verben hatten ursprünglich ein *j* als zusätzliches Präsenskennzeichen; sie heißen daher ***j*-Präsentien.** Zu diesen Verben gehören:

Klasse V: *bitten, sitzen, lig(g)en*

VI: *heven* ‚heben‘, *entseben* ‚bemerken‘, *schepfen, swern* ‚schwören‘

VII: *er(e)n* ‚ackern, pflügen‘

Das *j* ist zwar im Mhd. geschwunden, zu erkennen sind jedoch seine Auswirkungen:

– Brechung bei Klasse V, Umlaut bei Klasse VI und VII;

– auf Gemination zurückzuführende Unterschiede zwischen dem Konsonantismus des Präs.- und dem des Prät.-Stammes (*sitzen – saz, schepfen – schuof*) als Folge der 2. Lautverschiebung.

4. Verben der Klassen II, IIIb, IV und V haben im Sg. Ind. Präs. Brechung, Verben der Klassen VI und VII haben bei der 2./3. Sg. Ind. Präs. Umlaut, sofern umlautfähige Stammvokale vorliegen.

ziehen (II) – Ind.: *ich ziuhe, du ziuhest, er ziuhet*
                – *wir ziehen*

Konj.: *ich ziehe, du ziehest, er ziehe*
    – wir ziehen

nemen (IV)   – Ind.: *ich nime, du nimest, er nimet*
                   – wir nemen

             Konj.: *ich neme, du nemest, er neme*
                   – wir nemen

faren (VI)   – Ind.: *ich fare, du ferest, er feret*
                   – wir faren

             Konj.: *ich fare, du farest, er fare*
                   – wir faren

Bei der 1. Sg. Ind. Präs. ist die Brechung im Nhd. ausgeglichen (bei Klasse II durchgängig).

Das regelhafte mhd. System der Stammformenbildung der starken Verben ist zum Nhd. hin aufgelöst. Der Ausgangspunkt dafür liegt im wesentlichen in der Beseitigung der vokalischen Oppositionen innerhalb des Ind. Prät. durch Analogie, in weiteren Analogiebildungen und in unterschiedlicher Beseitigung der kurzen offenen Tonsilbe, einerseits durch Dehnung, andererseits durch Konsonantenverdoppelung. Für die IV. Ablautreihe zählt die Mhd. Grammatik z. B. 21 Verben auf, die mit Ausnahme von *komen* alle gleichen Vokalwechsel (*e – a – â – o*) haben. Davon sind im Nhd. 14 starke Verben übrig geblieben, die anderen 7 werden z. T. nicht mehr benutzt (z. B. *dehsen* ‚Flachs schwingen‘), z. T. werden sie schwach flektiert. Die restlichen Verben dieser Klasse zeigen 8 verschiedene Arten des Vokalwechsels (vgl. Augst, 1977, S. 157):

nehmen – nahm – genommen (Dehnung, Pluralvokal im Prät., Konsonantenverdoppelung)
brechen – brach – gebrochen (wie mhd., Pluralvokal, wie mhd.)
stehlen – stahl – gestohlen (Dehnung, Pluralvokal, Dehnung)
scheren – schor – geschoren (Dehnung, gedehnter Vokal des Part. II, Dehnung)
bersten – barst – geborsten (wie mhd., Singularvokal, wie mhd.)
löschen – losch – geloschen (Rundung, Vokal des Part. II, wie mhd.)
gebären – gebar – geboren (Dehnung mit Senkung, Pluralvokal, Dehnung)
kommen – kam – gekommen (Konsonantenverdoppelung, Pluralvokal, Konsonantenverdoppelung).

7 A 2.1.3 Tabelle zur Ermittlung des Infinitivs bei Verben mit Vokalwechsel

Da die Ermittlung des Infinitivs für das Nachschlagen der Wortbedeutung erforderlich ist, dies aber bei Verben mit Vokalwechsel oft gewisse Schwierigkeiten bereitet, ist in der folgenden Auflösungstabelle der Versuch gemacht, von den flektierten Formen her auf den Vokalismus des zugehörigen Infinitivs zurückzuverweisen:

1./3. Sg. Ind. Prät. Stammvokal im Text	Inf.-Vokal	Beispiel		1./3. Pl. Ind. Prät. Stammvokal im Text
stv. *a*	*e*	*half*	*helfen*	*â*
	i	*bant*	*binden*	
ê	*î*	*dêch*	*dîhen* ‚gedeihen'	*i*
ei	*î*	*greif*	*grîfen*	*ie*
ie	*a*	*hielt*	*halten*	
	â	*liez*	*lâzen*	
	ei	*hiez*	*heizen*	
	ô	*stiez*	*stôzen*	
	ou	*lief*	*loufen*	
	uo	*rief*	*ruofen*	*iu*
ô	*ie*	*bôt*	*bieten*	*u*
ou	*ie*	*bouc*	*biegen*	
	iu	*blou*	*bliuwen* ‚schlagen'	
	û	*souc*	*sûgen*	
uo	*a*	*gruop*	*graben*	
	e	*schuof*	*schepfen*	
				û *uo*
swv. *a*	*ä*	*garte*	*gärwen* ‚bereiten'	
	e	*wante*	*wenden*	
â	*ae*	*wânde*	*waenen*	
	e	*dâhte*	*denken*	
	i	*brâhte*	*bringen*	
ei	*a*	*seite*[1]	*sagen*	
	e	*leite*[1]	*legen*	
o	*ü*	*forhte*	*fürhten*	
ô	*oe*	*hôrte*	*hoeren*	
ou	*öu*	*lougente*	*löugnen* ‚leugnen'	
u	*ü*	*kuste*	*küssen*	
û	*iu*	*lûhte*	*liuhten* ‚leuchten'	
uo	*üe*	*gruozte*	*grüezen*	

1 Kontraktionsformen, vgl. dazu 7 A 3 (5)

Inf.-Vokal	Beispiel		Part. II Stammvokal	Inf.-Vokal	Beispiel	
e	nâmen	nemen	a	a	gegraben	graben
i	bâten	bitten		ä	gewagen	gewähenen ‚erwähn
î	stigen	stîgen		e	geschaffen	schepfen
a	hielten	halten	â	â	gelâzen	lâzen
â	liezen	lâzen	e	e	gegeben	geben
ei	hiezen	heizen		i	gebeten	bitten
ô	stiezen	stôzen	ei	ei	geheizen	heizen
ou	liefen	loufen	i	î	gegriffen	grîfen
uo	riefen	ruofen	o	e	geholfen	helfen
î	spiuwen	spîwen ‚speien'		ie	gebogen	biegen
				ou	geloffen	louffen
e	hulfen	helfen		û	gesogen	sûgen
i	bunden	binden	ô	ô	gestôzen	stôzen
ie	bugen	biegen	ou	ou	geloufen	loufen
ou	luffen	loufen[1]	u	i	gebunden	binden
û	sugen	sûgen	û	iu	geblûwen	bliuwen
				û	erbûwen	bûwen
iu	blûwen	bliuwen				
a	gruoben	graben	uo	uo	geruofen	ruofen
e	schuofen	schepfen				
			a	a	gemaht	machen
				ä	gegart	gärwen
				e	gevalt	vellen
			â	ae	gewânt	waenen
				i	brâht	bringen
			ei	a	geseit	sagen[2]
				e	geleit	legen[2]
			o	ü	geforht	fürhten
			ô	oe	gehôrt	hoeren
			ou	öu	gelougnet	löugnen
			u	ü	gekust	küssen
			û	iu	gelûht	liuhten
			uo	üe	gefuort	füeren

1 nur für dieses Verb

Bei unseren Überlegungen zur lautlichen Signalisierung von Person/Numerus und Modus gehen wir aus von einer Zusammenstellung aller synthetisch gebildeten Formen der beiden Verben *loben* und *nemen*.

Infinitiv	Imperativ	Partizip I	Gerundium	Partizip II
loben	*lobe* *loben* *lobet*	*lobende*	*lobenne(s)*	*gelobet*

	Präsens		Präteritum	
	Indikativ	Konjunktiv (I)	Indikativ	Konjunktiv (II)
er, ez, siu	*lobet*			
		lobe	*lobete (lobet)*	*lobete*
ich	*lobe (loben)*			
du	*lobest*	*lobest*	*lobetest*	*lobetest*
sie, siu sie	*lobent*			
		loben	*lobeten*	*lobeten*
wir	*loben*			
ir	*lobet*	*lobet*	*lobetet*	*lobetet*

Infinitiv	Imperativ	Partizip I	Gerundium	Partizip II
nemen	*nim* *nemen* *nemet*	*nemende*	*nemenne(s)*	*genomen*

	Präsens		Präteritum	
	Indikativ	Konjunktiv (I)	Indikativ	Konjunktiv (II)
er, ez, siu	*nimet*			
		neme	*nam*	*naeme*
ich	*nime*			
du	*nimest*	*nemest*	*naeme (naemest)*	*naemest*
sie, siu sie	*nement*			
		nemen	*nâmen*	*naemen*
wir	*nemen*			
ir	*nemet*	*nemet*	*nâmet*	*naemet*

Bei mhd. *loben* trägt *lob-* die lexikalische Bedeutung. Trennt man diesen Bestandteil sowie das Präteritumzeichen des schwachen Verbs – in diesem Fall *-et-* – ab, bleiben die Endungen übrig; diese müssen die Information Person, Numerus und Modus tragen.

Die Analyse der starken Verben im Hinblick auf Person-, Numerus- und Moduskennzeichnung scheint zunächst schwieriger, da hier kein einheitliches Element als Träger der lexikalischen Bedeutung vorliegt. Denn für die starken Verben ist ja gerade charakteristisch, daß Vokalveränderungen innerhalb des Teils, der auch die lexikalische Bedeutung trägt, zur Kennzeichnung des Tempus verwendet werden. Zur Feststellung der Endungen muß bei den starken Verben deshalb ein Element mit unterschiedlicher Lautform abgetrennt werden, das die lexikalische und die Tempusbedeutung trägt; bei mhd. *nemen* ist dies der Bestandteil *nem-/nim-/nam-/nâm-*. Nach Abtrennung dieses Teils bleiben die Endungen zur Kennzeichnung von Person, Numerus und Modus übrig.

Ähnlich wie beim Präteritumkennzeichen der schwachen Verben wechseln bei den Personalendungen bei einer Reihe von Formen eine *e*-haltige und eine *e*-lose Variante: die *e*-lose Form erscheint bei kurzem Stammvokal und Stammauslaut auf -*l* oder -*r*.

Ein Vergleich mit dem Nhd. zeigt nur wenige Unterschiede:

1. Bei der 3. Pl. Ind. Präs. ist im Nhd. das auslautende -*t* weggefallen (mhd. -*ent* > nhd. -*en*), dadurch ist diese Form mit der 1. Pl. Ind. Präs. und mit der 3. Pl. Konj. Präs. zusammengefallen.

2. Die 2. Sg. Ind. Prät. der starken Verben ist wie die 1./3. Sg. Konj. Prät. gebildet; im Nhd. ist das -*st* der 2. Sg. Präs. verallgemeinert (*du naeme – du nahmst*).

3. Unterschiede im Vokalismus innerhalb des Ind. Prät. der starken Verben sind im Nhd. ausgeglichen.

Allgemein ist zu beobachten, daß zahlreiche Unterschiede der grammatischen Bedeutung im Mhd. lautlich nicht gekennzeichnet sind: so unterscheiden sich zwar Ind. und Konj. im Prät. der starken Verben dort, wo umlautfähige Stammvokale vorliegen, bei den schwachen Verben aber lauten beide Modi gleich. Auch Unterschiede in der Person sind nur z. T. an der lautlichen Gestalt zu erkennen (*wir lobeten – sie lobeten*).

Im Ahd. sind diese Bedeutungsunterschiede noch deutlich markiert: der Konj. Präs. hat durchgängig ein *ê* (im Auslaut gekürzt zu *e*), der Konj. Prät. ein *î* (bzw. *i*), das dann bei den starken Verben im Mhd. Umlaut bewirkt hat. Die Personalendungen unterscheiden sich ebenfalls deutlich:

Ind. Präs.	Ahd.	Mhd.	Nhd.
Sg. 3.	*it*	*(e)t*	*(e)t*
1.	*u*	*(e)*	*e*
2.	*is(t)*	*(e)st*	*(e)st*

Ind. Präs.	Ahd.	Mhd.	Nhd.
Pl. 3.	*ant*	*(e)nt*	*(e)n*
1.	*am(es)*	*(e)n*	*(e)n*
2.	*at*	*(e)t*	*(e)t*

Viele dieser Oppositionen sind durch die Endsilbenabschwächung verlorengegangen. Die Person wird deshalb im Mhd. nicht mehr in erster Linie
durch die Personalendung bezeichnet, sondern durch das Personalpronomen. Dieses ist – anders als noch im Ahd. – weitgehend obligatorisch geworden, so daß die noch vorhandenen Personalendungen redundant sind.

7 A 2.3 Besondere Verben

1. Vergleichen wir folgende Formenreihe:

mhd.	nhd.	mhd.	nhd.
ich warf	*warf*	*bedarf*	*bedarf*
du würfe	*warfst*	*bedarft*	*bedarfst*
er warf	*warf*	*bedarf*	*bedarf*
wir wurfen	*warfen*	*bedurfen*	*bedürfen*
ir wurfet	*warft*	*bedurfet*	*bedürft*
sie wurfen	*warfen*	*bedurfen*	*bedürfen*

Mhd. *warf/wurfen* sind Präteritumformen eines starken Verbs der III.
Klasse zu einem Infinitiv mhd. *werfen*; man bezeichnet mit ihnen in der
Regel einen Vorgang in der Vergangenheit. Mit Ausnahme der 2. Sg. sind
die Formen mhd. *bedarf* usw. zwar in gleicher Weise gebildet, sie bezeichnen
jedoch in der Regel einen Vorgang in der Gegenwart.

Mhd. *bedarf* gehört zu einer Gruppe von Verben, die dadurch gekennzeichnet ist, daß ihre stark gebildeten präteritalen Formen eine präsentische
Bedeutung angenommen haben, den **Präterito-Präsentien.** Das ursprüngliche Präsens ist bei diesen Verben verlorengegangen. Infinitiv, Präteritum
und Part. II werden neu gebildet, letztere beide durch Dentalsuffix;
zugrunde gelegt wird dabei meist der Stammvokal des Plurals. Die 2. Sg.
Präs. (*du bedarft*) unterscheidet sich von der üblichen Form der 2. Sg. Prät.
der starken Verben, die hier zum Vergleich herangezogen werden muß (*du
würfe*): die Präterito-Präsentien haben den ursprünglichen Vokalismus und
die alte Perfektendung *-t* bewahrt. Der Ind. Präs. zeigt häufig umgelautete
Doppelformen; ihr Ursprung ist umstritten.

Die Entstehung dieser Gruppe von Verben läßt sich als Verschiebung der Bedeutung ihrer Vergangenheitsformen erklären: eine in der Vergangenheit vor sich gegangene Handlung wirkt in ihrem Ergebnis in die Gegenwart hinein; die Präterito-Präsentien heben nicht mehr den Aspekt des Vergangenen, sondern den des gegenwärtigen Ergebnisses hervor.

Das Präterito-Präsens der I. Klasse *ih weiz* z. B. geht zurück auf einen idg. Stamm mit der Bedeutung ‚sehen‘: ‚ich habe gesehen – ich weiß (jetzt)‘. Das Präterito-Präsens der III. Klasse *ih kan* hat die Grundbedeutung ‚ich habe erkannt – ich kann (jetzt)‘ (vgl. lat. *novi* ‚ich habe erkannt – ich weiß‘). Das Präterito-Präsens der IV. Klasse *ih sol* geht auf einen Stamm mit der Bedeutung ‚schulden‘ zurück: ‚ich habe geschuldet – ich soll (jetzt)‘. Dem Präterito-Präsens der VI. Klasse *ih muoz* schließlich liegt ein idg. Stamm mit der Grundbedeutung ‚besitzen als Zugeteiltes‘ zugrunde: ‚ich besitze als mir Zugeteiltes – ich kann, ich darf‘.

Das Beispiel des letzten Verbs weist darauf hin, daß bei diesen Verben oft Bedeutungsveränderungen vor sich gegangen sind; in der folgenden Übersicht über die mhd. Präterito-Präsentien sind deshalb die Bedeutungen mit angegeben.

Klasse	1./3. Sg.	1./3. Pl.	Bedeutung
I	*weiz*	*wizzen*	wissen
		eigen	haben
II	*touc*	*tugen*	taugen
III	*gan*	*gunnen*	gönnen
	kan	*kunnen*	können (im Sinne von ‚wissen‘, aber auch bereits von ‚vermögen‘)
	darf	*durfen*	brauchen, bedürfen
	tar	*turren*	wagen
IV	*sol*	*suln*	sollen
V	*mac*	*mugen*	vermögen, können, imstande sein
VI	*muoz*	*müezen*	können, dürfen, müssen

Ein Teil dieser Verben dient zur modalen Abstufung von Vorgängen, die durch ein im Infinitiv hinzugefügtes Verb bezeichnet werden („Modalverben") (vgl. dazu unten 7 A 4.2).

In den folgenden Tabellen sind die Formen eingetragen, die in der Mhd. Grammatik, dem Mhd. Wörterbuch und dem Großen Lexer belegt sind. Häufiger auftretende Formen sind unterstrichen (vgl. Mhd. Gramm. §§ 270−275).

wizzen						*gewist* *gewizzet* *gewest* *gewust* *gewizzen*		
er, ez, siu	*weiz*	*wizze*	*wisse*	*wesse*	wuste	*wisse*	*wesse*	wüste
ich			wiste	weste	waste	*wiste*	*weste*	
du	*weist*	wizzest	wessest			wessest		
sie, siu sie	*wizzen*	*wizzen*	*wissen*	*wessen*		*wessen*		
wir			wisten	westen				
ir	wizzet				wust	wesset		
						west		

eigen				*eigen*
er, ez, siu				
ich		*eige*		
du				
sie, siu sie –	*eigen*	*eigen*		
wir				
ir				

er, ez, siu ich	*touc*	*tüge* *tuge*	*tohte*	*töhte* tohte
du		tügest		
sie, siu sie wir	*tugen* *tügen*	tügen	*tohten*	töhten
ir				

gunnen
günnen   gunnen
                                                        gegünnet
                              gegunnen   gegunnet
                                                        gegunst

er, ez, siu ich	*gan*	gunne günne	*gunde* gonde	*günde* *gunde*
du	*ganst*	gunnest		
sie, siu sie wir	*gunnen günnen*	gunnen günnen	*gunden*	günden gunden
ir	gunnet			

ebenso: *(v)erban*

141

kunnen _künnen_ können   (kunnen)
                                gekunnet

er, ez, siu ich	_kan_	künne kunne konne	_kunde_ _konde_	_künde_ _kunde_ konde könde
du	_kanst_	kunnest		
sie, siu sie wir	_kunnen_ _künnen_ können	künnen	kunden	künden
ir	kunnet			

durfen   _dürfen_   bedurft
                           (bedorft)   bedörft

er, ez siu ich	_darf_	dürfe	_dorfte_	_dörfte_ dorfte
du	_darft_ darfst			
sie, siu sie wir	_durfen_ _dürfen_	dürfen	_dorften_	_dörften_
ir	durfet dürft		dorftet	

ebenso: _bedarf_

turren   _türren_

er, ez, siu **ich**	_tar_	turre tür türre	_torste_	_törste_ torste türste
du	_tarst_ tars	turrest		
sie, siu **sie** **wir**	_turren_ _türren_ torren		_torsten_	törsten torsten
ir	turret		torstet	törstet

verstärkt: _ge-tar_

              sollen
suln   _süln_   soln
              scholn

er, ez, **siu** **ich**	_sol_ scal sal schal schol	sul sül(e) sol söl	_solde_ _solte_ sulte sulde	_solde_ _solte_ (sülte)
du	_solt_ salt		soldest	soldest
sie, siu **sie** _suln_ _süln_ **wir**	sulnt sün sun son sunt sont		solden solten	solden
ir	_sult_ sült			soldet

+ Formen mit _sch-_
               _sc-_

	mugen / magen	mügen / megen	mogen				gemügt
er, ez, siu / **ich**	mac	mach / mage	müge	mege / moge	mahte mohte	mähte / mehte	möhte · · · mohte
du	maht	moht / mahst / magst	mügest				möhtest
sie, siu / **sie** / **wir**	mugent / mugen magen	mügent / mügen megen / mün	mogen mögen	mügen megen	mehten mohten		möhten
ir	muget / maget	müget / meget	moget / mugent				möhtent

	müezen	mûzen	môzen			
er, ez, siu / **ich**	muoz	müeze	muose	muoste	müese	müeste
du	muost	müezest				
sie, siu / **sie** / **wir**	müezen	müezen	muosen		müesen	müesten
ir	müezet					müeset

2. Unregelmäßig flektiert, nämlich im Präsens stark, im Präteritum schwach, werden im Mhd. die beiden Verben *bringen* und *beginnen*. Allerdings gibt es bei beiden Verben im Präteritum auch jeweils stark gebildete Formen. Im Nhd. wird *bringen* im Präteritum schwach, *beginnen* stark flektiert. (Stark gebildete Prät.-Formen sind unterstrichen.)

bringen brengen (III a) (sw.) — brâht *brungen*

er, ez, siu	bringet				
		bringe	brâhte	branc	braehte
ich	bringe				
du	bringest	bringest	braehte	brâhtest	braehtest
sie, siu / sie	bringent				
		bringen	brâhten	brungen	braehten
wir	bringen				
ir	bringet	bringet	brâhtet		braehtet

beginnen (III a) — begunnen begunst / begonst

er, ez, siu	beginnet					
		beginne	began	begonste	begunde	begünde
			begunde	begonde		
ich	beginne					
du	beginnest	beginnest	begundest		begundest	begünne
						begünde
sie, siu / sie	beginnent					
		beginnen	begunden		begunden	
wir	beginnen					
ir	beginnet	beginnet	begundet		begundet	

3. Der Ind. Präs. von *wellen* ist durch Optativformen gebildet, weil die Wunschform in der Rede vorherrschte; ein Konjunktiv und ein schwaches Präteritum sind dazu neu gebildet worden. Das Verb, das in der Regel im Mhd. die gleiche Bedeutung wie im Nhd. hat, dient im Mhd. auch zur Umschreibung des Futurs. Die im Nhd. vorherrschenden Formen mit *o* entstehen im Mitteldeutschen unter dem Einfluß des Präteritums, seit dem 14. Jahrhundert begegnen sie auch im Oberdeutschen.

	wellen	wollen				gewellet / gewellt / gewöllet / gewölt
er, ez, siu ich	wil	willet wilt wile wille	welle wolle	wolte wolde	wolte	wolde wölte wölde
du	wil	wilt wile wit	wellest	woltest	woltest	
sie, siu sie wir	wellen wollen went	wellent welnt wollent weln	wellen	wolten	wolten	
ir	wellet	welt wolt wollet	wellet	woltet	woltet	

4. Eine letzte Gruppe der unregelmäßig flektierten Verben wird als **Wurzelverben** bezeichnet, da die Flexionsendung bei ihnen unmittelbar, d. h. ohne Zwischenvokal (auch Themavokal genannt, daher auch „athematische Verben") an den Stamm angefügt wurde:

Diese Verben sind: *tuon*, *gân/gên*, *stân/stên* und *sîn/wesen*. Die 1. Sg. Präs. endet bei diesen Verben auf *-n* (*ich tuon*), eine Endung, die im Nhd. nur noch bei der 1. Sg. Präs. von *sein* erhalten ist (*ich bin*). Diese Endung geht auf idg. *-mi* zurück, deshalb werden diese Verben auch als mi-Verben bezeichnet.

Das Flexionsparadigma von *sin/wesen* ist aus Formen zusammengesetzt, die auf drei verschiedenen idg. Wurzeln beruhen:

(1) idg. **es-*, Schwundstufe **s-*: mhd. *ist* und alle mit *s* anlautenden Formen;

(2) idg. **bhu/bheu-* (kontaminiert mit **es-*): alle mit *b* anlautenden Formen;

(3) idg. *ues-: alle restlichen Formen.

wesen ist ein regelmäßig flektiertes starkes Verb der V. Klasse mit Grammatischem Wechsel (*was – wâren*). Dieser ist zum Nhd. ausgeglichen; der Infinitiv *wesen* ist durch das neu gebildete *sîn/sein* ersetzt und nur noch als substantivierter Infinitiv (*das Wesen*) erhalten; an die Stelle des von *wesen* gebildeten Sg. Imp. *wis* ist der Sg. Imp. *sî/sei* aus dem Konj. I getreten.

	tuon		tuonde		getân	gedôn
er, ez, siu	tuot	deit	tuo	tüeje / tüege	tet tete	taete tete
ich	tuon	tuo				
du	tuost	deist	tuost	tüejest	taete	taetest
sie, siu, sie	tuont		tuon	tüejen	tâten taeten / teten	taeten
wir	tuon	tuont				
ir	tuot	tuont	tuot	tüejet	tâtet	taetet

gân (alem. rhfrk.)	ganc	genc gâ		gânde	gangen	gegangen
gên (bair., md.)	gât	ginc gê		gênde		gegân

	Präs. Ind.			Präs. Konj.		Prät. Ind.		Prät. Konj.
er, ez, siu	gât	gêt	geit	gê	gâ / gange	gienc	gie / ginc	gienge
ich	gân gâ	gên gê						
du	gâst	gêst	geist	gêst	gâst / gangest	gienge		giengest
sie, siu, sie	gânt	gênt		gên	gân / gangen	giengen		giengen
wir	gân	gên						
ir	gât	gêt		gêt	gât / ganget	gienget		gienget

Prät. von ahd. *gangan* VII

	stân (alem., rhfrk)	stant	stâ	stê		stânde	gestanden gestân
	stên (bair., md.)	stât		stêt		stênde	

er, ez, siu	stât		stêt	steit	stê	stâ / stande	stuont	stunt / stuot	stüende
ich	stân	stâ	stên	stê				
du	stâst		stêst	steist	stêst	stâst / standest		
sie, siu / sie	stânt		stênt		stên	stân / standen	stuonten	stüenden
wir	stân		stên					
ir	stât		stêt		stêt	stât / standet	stuontet	stüendet

Prät. von ahd. *stantan* VI

	sîn	wis	bis		sînde	gewesen	gewest
	wesen	sît	weset		wesende		gesîn

er, ez, siu	ist		is	sî	wese	sîge / sîe	was	waere
ich	bin							
du	bist			sîst	wesest	sîgest / sîest	waere waer	waerest
sie, siu / sie	sint		sîn	sîn	wesen	sîgen / sîen	wâren wârn	waeren
wir	birn	sîn	sint					
ir	birt	sît	bint / sint	sît	weset	sîget / sîet	wâret	waeret

5. Möglicherweise z. T. in Analogie zu den Wurzelverben entwickeln sich
seit dem 11. Jahrhundert **Kontraktionsformen,** die für das Mhd. charakteristisch sind. Solche kontrahierten Verben sind *lân* (< *lâzen*) und *hân*
(< *haben*).

Kontrahierte Formen entstehen außerdem
(1) durch Schwund von inlautendem *h*
   z. B. *hâhen : hân*   ‚hängen‘
       vâhen : vân   ‚fangen‘
       geschehen : geschên,

(2) durch Kontraktion von *-ige-*, *-ibe-*, *-ide-*, *-ege-*, *-ebe-* und *-ede-* zu *-î-*
    z. B. *liget* : *lît*
        gibet : *gît*
        quidet : *quît* ‚er sagt‘,
(3) durch Kontraktion von *-age-* zu *-ei-*
    z. B. *klaget* : *kleit*
        saget : *seit.*

	lân	lâzen		lân		gelân
er, ez, siu	lât	laet		lâ	lie	liez
ich	lân		lâ			
du	lâst	laest		lâst		
sie, siu sie	lânt					
wir	lân			lân		
ir	lât			lât		

	hân	haben				gehabet / gehapt / gehebet / gehat / gehât
er, ez, siu	hât hat / heit	habe hâ / heije	hâte haete	hêt hête / het hete / hiet hiete hate / hate hatte	hate	haete hete hiete / hette
ich	hân han					
du	hâst hast	habest hâst / hei- jest	hâtest haetest	hêtest haete / hetest hête / hietest hiete / hatest hattest		
sie, siu sie	hânt hant	haben hân	hâten heten			
wir	hân han					
ir	hât hat	habet hât				

Zu *hân*/*hâhen* werden die Kurzformen *hie*, *gehân* neben *hienc*, *gehangen*, zu *vân*/*vâhen* die Kurzformen *vie*, *gevân* neben *vienc*, *gevangen* gebildet.

7 A 3 Das Passiv

Das Passiv wird gebildet durch das Part. II in Verbindung mit *sîn* und *werden*. In den ersten 175 Versen des „Armen Heinrich" finden sich folgende Beispiele für diese analytischen Bildungen:
1. *sîn* + Part. II
1.1 Präs.

mhd.	nhd.	Kommentar
108 *unser süeze ist vermischet / mit bittere gallen*	Unsere Süßigkeit ist mit bitterer Galle gemischt	dauernder Zustand bzw. Gegebenheit ohne zeitliche Festlegung

1.2 Prät.

1 *Ein ritter sô gelêret was*	Ein Ritter war so gebildet	Zustand, der bei einem bestimmten Subjekt in der Vergangenheit bestanden hat (‚war ein so Gebildeter')
4 *der was Hartman genant*	der war Hartmann genannt	Zustand in der Vergangenheit (‚war einer namens Hartmann'), allerdings kann – ohne zeitliche Fixierung – der Vorgang der Namengebung (‚war Hartmann genannt worden') noch geringfügig mitschwingen
32 *an dem enwas vergezzen / nie deheiner der tugent*	an dem war keinerlei Tugend vergessen	Zustand in der Vergangenheit (‚war im Besitz aller Tugend') als Ergebnis eines Vorgangs (‚war keine Tu-

mhd.	nhd.	Kommentar
		gend vergessen worden', ,war mit allen Tugenden ausgestattet worden'), der ohne zeitliche Fixierung noch anklingt
49 *und was von Ouwe geborn*	und war von Aue geboren	Zustand in der Vergangenheit (,ein Geborener von Aue')
56 *im was der rehte wunsch gegeben / von werltlîchen êren*	ihm war die ganze Fülle weltlichen Ansehens gegeben	Zustand in der Vergangenheit (,war im Besitz weltlichen Ansehens') als Ergebnis eines zeitlich unpräzisierten Vorgangs (,war gegeben worden'), vgl. V. 32
80 *er was vür al sîn künne / geprîset unde gêret*	er war über all seine Verwandtschaft hinaus gepriesen und geehrt	Zustand in der Vergangenheit (,war ein Gepriesener und Geehrter')

2. *werden* + Part. II
2.1 Präs.

kein Beleg

2.2 Prät.

82 *sîn hôchmuot wart verkêret* (1) / *in ein leben gar geneiget / an im wart erzeiget* (2), / ... *daz diu üppige krône /.../ vellet under vüeze*	Sein hohes Selbstgefühl wurde verkehrt in ein ganz tiefgebeugtes Leben. An ihm wurde gezeigt, ... daß die üppige Krone weltlicher Wonne unter die Füße fällt.	(1) Vorgang zu einem bestimmten Zeitpunkt innerhalb der Vergangenheit, ohne Angabe des Bewirkenden

(2) Vorgang, zeitlich wie Fall (1) |
| 160 *vervluochet und verwâzen / wart vil dicke der* | Verflucht und verwünscht wurde sehr oft der Tag, | Vorgang |

*tac	dâ sîn ge-*	an dem seine Ge-
burt ane lac	burt lag.
165 *wan im wart*	denn ihm wurde Vorgang
dicke geseit	oft gesagt

Ein Vergleich der beiden Umschreibungsmöglichkeiten auf der Grundlage dieses Materials zeigt:

– Formen von *sîn* + Part. II bezeichnen in der Regel eine Verfassung, einen Zustand, in dem sich ein Subjekt befindet bzw. in der Vergangenheit befunden hat und der das Ergebnis eines Vorgangs ist. Die zeitliche Einordnung der Präsensformen ist in der Regel unbestimmt, sie können sich auf Vergangenes, Gegenwärtiges und Zukünftiges beziehen, Formen des Präteritums jedoch nur auf Vergangenes.

– Formen von *werden* + Part. II bezeichnen vornehmlich einen Vorgang: Im Präsens, wofür unser Text kein Beispiel enthält, haben sie eine futurische Komponente, da der dargestellte Vorgang als in der Zukunft endend gedacht wird:

AH 191   *wan swaz mir vür wirt geleit | von guote ode von arbeit, | daz trûwe ich volbringen.*

   –   was immer mir auferlegt (werden) wird an Aufwand oder Mühe, das traue ich mir zu zu vollbringen.

Im Präteritum bezeichnen sie einen Vorgang in der Vergangenheit, der zu dem Sachverhalt geführt hat, der durch das Part. II. bezeichnet ist; manchmal hat das Präteritum dabei eine perfektische oder plusquamperfektische Komponente.

Die hier dargestellte Unterscheidung von Zustandspassiv (*sîn* + Part. II) und Vorgangspassiv (*werden* + Part. II) ist im Mhd. nicht immer konsequent durchgeführt. Wenn die Umschreibungen mit *sîn* + Part. II statt eines Zustands einen Vorgang bezeichnen, ändert sich allerdings die zeitliche Bedeutung: bei den Präsensformen ist sie nicht mehr präsentisch, sondern perfektisch, bei den Präteritumformen nicht mehr präterital, sondern plusquamperfektisch. Häufig ist dabei eine eindeutige Zuschreibung zu Vorgangs- oder Zustandspassiv nicht möglich. Die im Nhd. in diesen Fällen verwendeten dreigliedrigen Formen sind in Deutschland nicht vor Wolfram von Eschenbach bezeugt (Parzival 57,29: *nu wasez ouch über des jâres zil, | daz Gahmuret geprîset vil | was worden dâ ze Zazamanc*), nach vereinzeltem Auftreten im 13. Jahrhundert setzen sie sich allmählich durch – noch in Luthers Bibelübersetzung sind sie selten.

7 A 4 Modalität

Zum Ausdruck der subjektiven Stellung des Sprechers zum Inhalt seiner
Äußerung dienen die Modi Indikativ, Imperativ und Konjunktiv, Modalverben und Modaladverbien.

7 A 4.1 Konjunktiv

Die temporale Bedeutung des Konjunktivs ist im Nhd. geschwunden, so
daß man nur noch entstehungsgeschichtlich von Konj. Präs. und Konj.
Prät. spricht, während man ansonsten durch die Verwendung der Begriffe
,,Konj. I" und ,,Konj. II" die modale Verschiedenheit betont. Die zeitliche
Bedeutung der Konjunktivformen tritt bereits im Mhd. gegenüber der
modalen zurück. Im Mhd. wird der Konjunktiv häufiger gebraucht als im
Nhd.

Im selbständigen Satz hat

1. der Konj. Präs. (Konj. I) voluntative Bedeutung, die durch eine
Umschreibung mit dem Konj. Präs. von *muoz* + Infinitiv gesteigert werden
kann:

Iwein 4490   *got ... sende mir hînaht* (= heute nacht) *den tôt*

Iwein 5530   *got müez iuch bewarn / unde gebe iu saelde und êre*;

2. der Konj. Prät. (Konj. II) voluntative oder potentiale Bedeutung; der
Wunsch ist dabei irreal oder seine Verwirklichung erscheint dem Sprecher
als unmöglich:

Willehalm 60,24 *waere ich doch mit dir erslagen!*

In Fragesätzen kann der Konj. Prät. potentiale Bedeutung haben:
Iwein 1806   *wâ waere der*?

         – wo könnte ein solcher sein?

Im Nebensatz kann ein Konjunktiv statt des im Nhd. gebrauchten
Indikativs erscheinen, wenn der Hauptsatz modal gefärbt ist. Dies ist häufig
der Fall, wenn der Hauptsatz negiert ist, da dann die Hauptsatz-Aussage als
nicht-seiend anzusehen ist:

Iwein 3831   *nune west mîn her Iwein / von wederm sî waere*

         – Nun wußte mein Herr Iwein nicht, von woher sie [die Stimme] kam.

Auf Konjunktiv oder Imperativ des Hauptsatzes kann außerdem im
Nebensatz ein Konjunktiv folgen,

1. wenn der Nebensatz-Inhalt ebenfalls voluntativ/potentiale Modalität hat:

Parz.

652, 15   *nu lât den knappen wider komn, | von dem diu botschaft sî vernomn*;

2. wenn der Nebensatz-Inhalt futurisch ist (im Nhd. Indikativ):

Parz.

88, 29   *sît hie unz ich mîn reht genem*;

3. wenn es sich um den Bedingungssatz eines konditionalen Gefüges handelt und der Nebensatz-Inhalt als nicht-möglich bzw. noch unentschieden gilt:

Iwein 538   *sî dir nû ... kunt umb selhe wâge iht, | daz verswîc mich niht*;

4. wenn der Modus des Nebensatzes an den Konjunktiv des Hauptsatzes angeglichen ist, obwohl die Nebensatz-Aussage indikativisch ist (im Nhd. Indikativ):

Nibelungen-
lied 997, 1   *lât si geniezen, daz si iuwer swester sî.*

Eine Tendenz zum Konjunktiv zeigen schließlich

1. der Relativsatz, besonders nach verallgemeinernden Relativpronomen:

AH 26   *man giht, er ... erloese sich dâ mite, | swer vür des andern schulde bite.*

2. der abhängige Fragesatz:

AH 29   *Er las daz selbe maere, | wie ein herre waere | ze Swâben gesezzen.*

Als formales Kennzeichen der indirekten Aussage dient der Konjunktiv in abhängigen Sätzen nach Verben des Sagens, Aufforderns, Mitteilens, Denkens und Meinens. Hierfür enthält der „Prosa-Lancelot"-Text zahlreiche Beispiele:

(1.1) *Da sprach der ritter* (1.2) *er wolt es gern thun*
(vgl. weiter: 2.7/2.8/2.9; 4.3/4.4/4.5; 5/6/7.1/7.2; 8.4/8.5).

7 A 4.2 Die Modalverben

Ein weiteres Mittel zur modalen Abstufung einer Aussage sind die Modalverben.

Im Prolog zum „Armen Heinrich" führt Hartmann von Aue aus, daß er in verschiedenen Büchern nach einem Stoff gesucht habe,

AH 10
dâ mite er swaere stunde | möhte senfter machen, | und von sô gewanten sachen, | daz gotes êren töhte | und da mite er sich möhte | gelieben den liuten.

– womit er schwere Stunden möchte (?) leichter machen und von so gearteten Dingen, daß es zu Gottes Ehre taugen sollte und womit er sich den Menschen angenehm machen möchte (?).

Die Übertragung des Textes ergibt für *möhte* offensichtlich „Störstellen" (vgl. Kap. 5). Vom Sinn der Textstelle her bietet sich statt *möchte* eine Übertragung durch *könnte* an. Eine Untersuchung weiterer Belegstellen (z. B. AH 188, 202, 221) ergibt, daß mhd. *mugen | mügen* im allgemeinen die objektive Möglichkeit bezeichnet und im Nhd. meist durch ‚können, vermögen' zu übersetzen ist.

Wenn mhd. *mugen* häufig dort begegnet, wo im Nhd. *können* erscheint – wie wird dann mhd. *kunnen | künnen* gebraucht? Mhd. *kunnen* bezeichnet vielfach die intellektuellen Möglichkeiten und Fähigkeiten einer Person im Sinne von ‚geistig vermögen, wissen, verstehen', es wird aber auch bereits in der allgemeinen nhd. Bedeutung ‚können, vermögen' gebraucht. Der Unterschied im Gebrauch von *kunnen* und *mugen* wird deutlich in Belegen, in denen beide Verben formelhaft nebeneinandergestellt sind:

Weinschwelg

164
ich kan wol trinken unde mac | ich hân künste unde craft

– ich verstehe zu trinken und ich kann es, ich habe die geistige und die körperliche Fähigkeit dazu

Iwein 2286
Iwein sprach: „ichn mac noch enkan | iu gebieten mêre | wandels noch êre, | wan rihtet selbe über mich: | swie ir welt, alsô wil ich."

– Iwein sprach: „Weder kann ich noch weiß ich euch größeren Schadenersatz oder Ehre zu bieten, als daß ihr selbst über mich richten sollt: wie immer ihr wollt, so will auch ich."

Während das Mhd. und Nhd. beim Gebrauch der Modalverben *wellen* ‚wollen' ganz und bei *suln* ‚sollen, müssen, dürfen' fast ganz übereinstimmen, gibt es z. T. erhebliche Bedeutungsunterschiede zwischen Mhd. und Nhd. bei den beiden Modalverben *müezen* und *durfen | dürfen*: *müezen* ist vielfach mit ‚können, dürfen' zu übersetzen; das Mhd. kennt allerdings auch bereits die Bedeutung ‚müssen' (z. B. AH 222, 224). Mit *durfen* dagegen werden meist Notwendigkeit oder Erfordernis bezeichnet: ‚müssen, brauchen, bedürfen‘; es begegnet fast nur in verneinten Sätzen.

7 A 4.3 Modaladverbien (Partikeln)

Die subjektive Stellung des Sprechers zum Inhalt seiner Äußerung kann schließlich durch Modaladverbien bezeichnet werden. Im folgenden sind einige solcher im Mhd. verwendeten Modalwörter zusammengestellt.
Der Bestätigung oder Verstärkung des Inhalts einer Aussage dienen z. B.:

benamen gewißlich, sicherlich

AH 527   *... daz si benamen ir leben | umbe ir herren wolde geben*

    – daß sie gewißlich ihr Leben für ihren Herrn geben wollte

dêswâr wahrhaftig

AH 1126   *deiswâr ir handelt es niht wol ...*

    – ihr handelt wahrhaftig nicht gut ...

gewisse sicherlich

AH 816   *ez ist gewisse sîn gebot ...*

    – es ist gewiß sein Gebot ...

jâ wahrlich

AH 638   *jâ wiltû allez dîn heil | an uns verwürken wider got.*

    – du willst wahrlich all dein Heil verwirken bei Gott durch das, was du gegen uns tust

sicherlîchen sicherlich

Walther
113, 4   *ob ir in welt fröiden rîchen, | sicherlîchen | des wirt manic herze frô.*

    – wenn ihr ihn an Freuden reich machen wollt, wird sicherlich davon manches Herz froh

wol wohl, sicher

Walther
119, 3   *Wol mac sî mîn herze sêren | waz danne, ob sî mir leide tuot? sî mac ez wol verkêren.*

    – Wohl kann sie mein Herz verwunden; was tut es, wenn sie mir Leid zufügt? Sie kann es wohl ändern

zewâre wahrhaftig

AH 1134   *zewâre ich enwaere her niht komen,*

- ich wäre wahrhaftig nicht hierher gekommen

Eine Aussage kann eingeschränkt werden durch

eht, êt, et; *oht, ôt, ot* eben, nun (einmal)

Parzival
450, 5   *wîp sint et immer wîp*

   – Frauen sind eben immer Frauen

halt eben, ja, allerdings, nun (einmal)

Parzival
289, 26   *ez sinket halt ein mers kiel*

   – es sinkt nun einmal ein Schiff

Bedauern wird u. a. ausgedrückt durch

leider leider

AH 146   *dô tete der arme Heinrich / leider niender alsô*

   – so handelte der arme Heinrich leider nicht

Vermutung oder Zweifel am Inhalt seiner Aussage kann der Sprecher
ausdrücken durch

lîhte, vil lîhte vielleicht, möglicherweise, wahrscheinlich

AH 749   *sô ist mîn herre lîhte tôt, / und komen in sô grôze not / vil lîhte*
          von armuot ...

   – so ist mein Herr vielleicht tot und wir kommen durch Armut
     möglicherweise in so große Not

(ih) waen(e) ich vermute, vermutlich, wohl – parenthetisch

Nibelungen-
lied 1073, 3   *wir suln in unser lant. wir waen unmaere geste bî dem Rîne sîn*

   – wir sollten in unser Land zurückkehren. Wir sind – vermute ich –
     unwillkommene Gäste am Rhein

Iwein 5279   *dar an lît, waen ich, groezer kraft*

   – daran liegt meiner Meinung nach größere Kraft

wol wohl, möglicherweise

Parzival
126, 29   *sô kumt er mir her wider wol*

   – so kommt er wohl wider zu mir zurück

Zur Verstärkung der Verneinung vgl. unten 8 A 2.3.

7 B 1 Aufgaben

1. Ermitteln Sie in dem Text unter 6 B 1 („Prosa-Lancelot" 18,31 – 19,20) die verbale Wortkette durch Umsetzung der finiten Verben in den Infinitiv.

2. Was ist aus den Übersetzungen von *conceptus est* durch *infangener ist* und *enphangen wart* in den oben 3 B 1 abgedruckten Glaubensbekenntnissen über die Passivbildung im Ahd. und Mhd. – auch im Vergleich zum Nhd. – abzulesen?

3. Ermitteln und diskutieren Sie die „Tempussysteme" des Ahd. und Mhd., wie sie sich aus den folgenden Bibelübersetzungen von Mt. 23,31 – 35 und Mt. 27,3 – 8 erkennen lassen,
a) im Vergleich zum Lateinischen,
b) im Vergleich zum Nhd.

Erläuterung zu den Texten:

A = Lateinische Vulgata
Texte B – F nach WILHELM WALTHER, Die deutsche Bibelübersetzung des Mittelalters, 3 Tle, Braunschweig 1889 – 92:

B = Tatians Evangelienharmonie; 9. Jh.; Fulda, hochfränkisch (WALTHER 446 – 455)

C = Alemannische Evangelien und Psalter; Hs. 14. Jh., Vorlage 13. Jh.; Zürich (WALTHER 485 – 493)

D_1 = Evangelienharmonie; Hs. 1367, Vorlage 1335; München (WALTHER 493 – 498)

D_2 = Md. Evangelien; Hs. 1343, gleiche Vorlage wie D_1 (1335); Leipzig (WALTHER 498 – 506)

E = Matthäus und Johannes; Hs. 15. Jh., Vorlage 14. Jh.; München (WALTHER 516 – 521)

F = Luthers Bibelübersetzung; gedruckt 1544

G = Übersetzung von U. WILCKENS, 1970

Matthäus 23, 31 – 35   A

31 *Itaque testimonio estis vobismetipsis, quia filii estis eorum qui prophetas occiderunt.*

32 *Et vos implete mensuram patrum vestrorum.*

33 *Serpentes, genimina viperarum, quomodo fugietis a iudicio gehennae?*
34 *Ideo ecce ego mitto ad vos prophetas et sapientes et scribas, et ex illis*
   occidetis et crucifigetis et ex eis flagellabitis in synagogis vestris et
   persequimini de civitate in civitatem,
35 *ut veniat super vos omnis sanguis iustus qui effusus est super terram a*
   sanguine Abel iusti usque ad sanguinem Zachariae filii Barachiae, quem
   occidistis inter templum et altare.

Matthäus 27, 3—8

3 *Tunc videns Iudas, qui eum tradidit, quod damnatus esset, paenitentia*
  ductus rettulit triginta argenteos principibus sacerdotum et senioribus
4 *dicens: Peccavi tradens sanguinem iustum. At illi dixerunt: Quid ad nos? tu*
  videris.
5 *Et, proiectis argenteis in templo, recessit et abiens laqueo se suspendit.*
6 *Principes autem sacerdotum, acceptis argenteis, dixerunt: Non licet eos*
  mittere in corbonam, quia pretium sanguinis est.
7 *Consilio autem inito, emerunt ex illis agrum figuli in sepulturam*
  peregrinorum.
8 *Propter hoc vocatus est ager ille Haceldama, hoc est ager sanguinis usque*
  in hodiernum diem.

B

ir birut urcundon selbon bithiu ir iro kind birut thie dar uuizagon sluogun
inti ir gifullet mez îuuuerô faterô
berd natruno vvuo fliohet ir fon duome selliuuizzes
[ih sentu zi in uuizzagon inti boton] inti spahe inti scribera fon then slahet ir inti
hahet inti fon then fillet ir in iûuueren samanungôn inti ahtet fon burgi zi burgi
thaz queme ubar iuuuh iogiuuelih bluot rehtaz thaz ergozzan uuard ubar erda
fon bluote thes rehten abel îo unzan bluot Zachariases thes barachiases
sunes then ir sluogut untar themo temple inti themo altere

Tho gisah iûdas ther inan salta thaz her fornidirit uuas riuuua gileitit
uuidarbrahta thie drîzzug pfenningo then heroston thero heithaftono inti then
alton
quedenti suntota selenti reht bluot sie quadun tho uuaz zi uns thu gisehes

*inti uoruuorpfanen silabarlingon in thaz tempal thana fuor gangenti erhieng
sih mit stricu*

*thie heroston thero heithaftono intfanganen silabarlingon quadun nist erloubit
thaz man sie sente in thaz trosofaz uuanta iz ist uuerd bluotes*

*Girate giganganemo couftun fon then accar leimuurhten in grabasteti
elilenterô*

*Bithiu uuas giheizzan ther accar acheldemach accar bluotes iô unzan
hiutlihhan tag*

C

*also sint ir vch selb gezúgnisse dc ir iener súne sint die da erslůgen die
propheten*

vnd ir súlent ŏch úwer uetter mâsse erfüllen

*Ir slangen natern geslechte wie wellent ir enpfliehen dem vrteil des hellschen
fúres*

*Sehent da von wil ich zů vch senden propheten vnd wise vnd schriber oder
gesezde meister vnd vs den súlent ir etliche ertŏden vnd krúzigen vnd vs in
súlent ir etlich geislen in úwern schůlen vnd súlent si durechten vnd iagen von
stat ze stat*

*dc vber vch kom alles dc gerechte blůt dc vergossen ist vf der erde sider dem
blůte des gerechten abel bis zů dem blůte zacharie sunes barachie den ir
ertŏtent entzwischent dem tempel vnd dem altare*

*also do Judas gesach der in da hin gab dc er ze dem tot wc verdamnet do wc es
in gerúwen vnd die drissig silbrin pfenning gab er wider den priester fúrsten vnd
den eltesten des volkes*

*sprechende Ich hab gesundet hin gebende dc gerechte blůt mer si seiten wc gat
vns dc an dc solt dv gesehen*

*vnd do er die drissig silbrin pfenning in dc tempel gewarf do schiet der dannan
vnd gieng hin vnd erhieng sich an einen strik*

*do namen der priester fúrsten die pfenninge sprechende man sol si nit legen in
den schazstok wan es ist gelt blůtes*

*vnd giengen ze rate dar vmb vnd kamen vberein dc si da mit kŏften einen aker
eins haueners ze begrebde ellender lúten*

*da von ist der aker geheissen acheldemach dc sprichet ein aker des blůtes vnz
an den húttigen tag*

dc = daz, wc = was oder waz

160

*vnd also gezeuget ire auch selber daz ir seit ir sŏne die die propheten tŏten
vnd ervolt ir dan die mazze ewer veter
ir slangen geslehte wie schůlt ir entflihen vor dem kŭnftigen vrtail der helle
ich sol zv euch senden mein propheten vnd mein aposteln vnd mein schreiber
vnd der schůlt ir etlich toten vnd etlich kreutzigen die andern schůlt ir gaiseln in
ewern synagogen vnd schůlt sie iagen von stete zv stete
daz ŭber euch kome alle die rache dez plutes aller propheten daz vergozzen ist
auf der erden von dem plut abels dez gerehten biz zv dem plut zacharie der da
svn waz barrachie den ir tŏt zwischen dem tempel vnd dem altare*

*da iudas sach der in verriet daz er vertŭmmet waz zvm tode da berawe ez in vnd
gab wider den fŭrsten der priester vnd den altsten auz dem volke die XXX
silbrein pfenninge
vnd sprach ich han gesŭndet ich han daz gereht plůt verkaufte vnd sie sprachen
waz get vns daz an sich du dar zv
da warf er die XXX silbrein pfenninge in den tempel vnd gink enwek vnd hink
sich an einen strike
Da namen die fŭrsten der prister di XXX silbrein pfenninge vnd sprachen ez ist
erlaubet daz man sie lege in die arche wann sie sint ein lone dez plutes
da wurden sie zv rate vnd kauften da mit einen acker eines hafeners daz man
dar auf begraben solt die ellenden pilgreime
darŭmb wart der acker gehaizzen alcheldemach daz ist ein acker dez plutes bis
auf disen heuttigen tak so ist er also gehaizzen*

*vnd also sit ir vwers selbis gezŭcnisse daz ir sit ire svne di die propheten habin
getotet
Vnd ir irfullit die maze vwere vetere
Ir slangen nateren geburt wie mŭget ir intvlihen von dem gerichte der helle?
Darum Seht ich sante zŭ uch di propheten vnd die wisen vnd di scribere vnd
etliche uz en werdet ir toten vnd crucigen vnd etliche uz en werdet ir geiselin in
uweren synagogen vnd iagen si von stat zŭ stat
uf daz uf uch kŭme alliz daz girechte blut daz vergozzin ist uf di erden von de
blute abelis des gerechten biz zŭ dem blute zacharie bararchie svn den ir totet
zwischen dem temple vnd dem altare*

vnd Do Judas sach der en verratin hatte daz her vortůmet was her wart von
ruwen gefurt vnd brachte wider di drizec silberine den vůrsten der pristere vnd
den eldestin

vnd sprach Ich habe gesundet ich han verraten daz gerechte blut vnd si sprachin
waz gehoret vns daz zů des sich du

vnd her warf di silberine in den tempil vnd ginc in wec vnd hinc sich an einen
strik

Aber di vůrsten der pristere namen di silberine vnd sprachin Iz zcimet nicht si
zů werfine in den stok carbonam wan iz ist ein lon des blutes

vnd si gingen in einen rat vnd kouften dar umme einis topferis ackir zů
begrabine die pilgrime

vnd durch daz ist ienre acker geheizen mit irme gezůcnisse acheldemach dz ist
ein ackir des blutes biz in den hutigen tag

E

Also seit ir zeugen aber ewch salber wan ir seit ir sun die die weissagen ertottet
haben

Nu er fullet ist daz mas ewrer vater

jr natern ain gepurd der vippern wie wer ir fliechent von dem gericht des helles
feurs

recht darumb sent jch zů ew die propheten vnd weisen vnd schreiber vnd aus den
totet vnd chraucziget vnd gegaiselt in euren sinagogen vnd wert achten von
ainer stat hincz der andern

daz vber euch schrei al daz plüt das vergossen ist von dem plüt abel dez
gerechten vncz hincz dem plüt zacharie barachie sun den ir ertotet habt
zwischen dem tempel vnd dem altar

da sach Judas daz er in hin geben het das er verdampt was den räu das vnd
pracht hin wider die dreyssig pfenning der fursten der priester vnd den alten
dez volkes

vnd sprach Ich han gesundet daz ich verkaufft han daz recht plüt Da sprachen
sy waz ist vns daz da sich du vmb auf

da warff er die pfenning in den tempel vnd gie noher vnd hing sich an ain strick

Da sprachen die fursten der priester vns ist nicht erlauleich daz wir sy legen in
corbanam daz ist ain pehaling des schaczes wan es ain lon des plutz ist

Da gingen sy zü rat vnd chauften ainen acker eines hafners ze ainer grebnis der pilgräim
der ist gehaissen der aker acheldemach das ist ain acker dez plütz vncz an den heutigen tag

F

So gebt jr zwar vber euch selbs zeugnis das jr Kinder seid dere die die Propheten getödtet haben.
Wolan erfüllet auch jr das mas ewer Veter.
Jr schlangen jr ottern Gezichte Wie wolt jr der Hellischen verdamnis entrinnen?
Darumb sihe Jch sende zu euch Propheten vnd Weisen vnd Schrifftgelerten Vnd der selbigen werdet jr etliche tödten vnd creutzigen vnd etliche werdet jr geisseln in ewren Schulen vnd werdet sie verfolgen von einer Stad zu der andern.
Auff das vber euch kome alle das gerechte Blut das vergossen ist auff Erden von dem blut an des gerechten Abels bis auffs blut Zucharias Barachie son welchen jr getödtet habt zwischen dem Tempel vnd Altar.

Da das sahe Judas der jn verrhaten hatte das er verdampt war zum tode Gerewet es jn vnd bracht erwider die dreissig Silberling den Hohenpriestern vnd den Eltesten
vnd sprach Jch habe vbel gethan das ich vnschüldig Blut verrhaten habe. Sie sprachen Was gehet vns das an? Da sihe du zu.
Vnd er warff die Silberlinge in den Tempel Hub sich dauon gieng hin vnd erhenget sich selbs.
Aber die Hohenpriester namen die Silberlinge vnd sprachen Es taug nicht das wir sie in Gottes kasten legen Denn es ist Blutgeld.
Sie hielten aber einen Rat vnd keufften einen Töpffers acker darumb zum begrebnis der Pilger.
Da her ist der selbige Acker genennet der Blutacker bis auff den heutigen tag.

G

Aber so seid ihr nur eure eigenen Zeugen dafür, daß ihr die Söhne der Prophetenmörder seid.

Ihr habt das Maß eurer Väter voll gemacht.

Ihr Schlangen, ihr Natternbrut! Wie wollt ihr der Verurteilung zur Hölle entgehen?

Darum siehe, ich sende Propheten, Weise und Schriftgelehrte zu euch, und einige von ihnen werdet ihr ermorden und kreuzigen, andere in euren Synagogen auspeitschen und verfolgen von Stadt zu Stadt.

So kommt das Blut aller Gerechten, das auf Erden vergossen ist, über euch, von dem Blut Abels des Gerechten bis auf das Blut des Zacharias, Barachias Sohn, den ihr zwischen Tempel und Altar ermordet habt!

Als nun Judas, sein Verräter, erfuhr, daß er verurteilt war, erfaßte ihn die Reue, und er brachte die dreißig Silbermünzen den Hohepriestern und Ältesten zurück

und sagte: ,,Ich habe gesündigt, weil ich unschuldiges Blut verriet." Doch sie entgegneten: ,,Was geht das uns an? Das mußt du mit dir selber ausmachen!"

Da warf er die Silberstücke in den Tempel, lief fort und erhängte sich.

Die Hohepriester aber nahmen die Silberstücke und sagten: ,,In den Tempelschatz dürfen wir sie nicht tun; denn es ist Blutgeld."

So beschlossen sie, den Acker des Töpfers davon zu kaufen und eine Begräbnisstätte für Ausländer daraus zu machen.

Darum heißt dieser Acker Blutacker bis zum heutigen Tage.

4. Der Konjunktiv II wird heute vielfach durch *würde* + Inf. umschrieben. Erläutern Sie diese Entwicklung; beachten Sie dabei, bei welchen Verben solche Umschreibungen vornehmlich gewählt werden.

5. Versuchen Sie, den folgenden Text aus der ,,Eneide" Heinrichs von Veldeke zu übersetzen.

275, 38 *von diu wil ich den Troiân*   *sô mûste mir etwîchen*
              minnen stâtechlîche.   *mîn herze und mîn sin.*
              und ob al ertrîche (10202)   *wister daʒ ich ime bin*
              Turnûses wâre,   *sô unmâʒlîchen holt*
              her wâre mir doch unmâre   *âne menneschlîche scholt,*
              wider den edelen Troiân.   *der ich nie kunde gewan,*
              wie moht ich gekêren dan   *hern wâre nie sô ubel man,*
              mîn herze an zwêne mân?   *hern mûste mich minnen.*
              ich ne mach noch enkan,   *ichn weiʒ des wie beginnen,*
              ich ne wil noch enmach.   *deichʒ immer vore bringe,*
              sint daʒ ich gesach   *mit deheinem dinge.*
              Enêam den rîchen.

6. Erläutern Sie Tempus- und Modusgebrauch in den folgenden Textauszü-
gen:

AH

dô man die swærem gotes zuht
gesach an sînem lîbe;
man unde wîbe
wart er dô widerzæme.
nû sehet, wie genæme
er ê der werlte wære,
und wart nû als unmære,
daz in niemen gerne sach:
als ouch Jôbe geschach,
dem edeln und dem rîchen,
der vil jæmerlîchen
dem miste wart ze teile
iemitten in sînem heile.

Iwein

und vil schiere sach ich komen,
dô ich in die burc gienc,
eine júncvrówen diu mich empfienc:
ich gihe noch als ich dô jach,
daz ich nie schæner kint gesach.
diu entwâfénte mich.
und einen schaden clage ich
(des enwunder niemen),
daz der wâfenriemen
alsô rehte lützel ist,
daz sî niht langer vrist
mit mir solde umbe gân.
es was ze schiere getân:
ichn ruochte, soldez iemer sîn
ein schárláches mäntelîn
dáz gáp sî mir an.
ich únsaéliger man,
daz sî mîn ouge ie gesach,
dô uns ze scheidenne geschach!

Erec

6750 ez wâren disiu driu lant
an ein ander gewant
unde nâhen genuoc,
daz dâ er den grâven sluoc,
und aber des wênigen man
6755 von dem er die wunden gewan,
und des künec Artûses gewalt.
disiu driu enschiet niuwan der walt
dâ er enmitten inne reit
nâch dirre arbeit.
6760 und als si kâmen in den walt
ûz der sorgen gewalt
wider ûf ir kunden wec,
nû vrâcte der künec Êrec
vrouwen Ênîten mære
6765 wie er komen wære
in des grâven gewalt
den ich iu geslagen hân gezalt.
nû tete si im die sache
ir ougen zungemache
6770 allez weinende kunt.
dô endete sich zestunt
diu swære spæhe
und diu vremde wæhe
der er unz an den tac
6775 mit ir âne sache phlac,
daz er si mit gruoze meit
sît er mit ir von hûse reit.

Handbuch Sprachgeschichte, Art. 29 (Werner), Art. 97 (Grosse).

Mhd. Gramm. §§ 237—296, 302—335, 468—487.

Augst, G., Sprachnorm und Sprachwandel. Vier Projekte zu diachroner Sprachbetrachtung, Wiesbaden 1977 (SLL 7) S. 125—177.

Bech, G., Grundzüge der semantischen Entwicklungsgeschichte der hochdeutschen Modalverba, Kopenhagen 1951.

Coetsem, F. van, Zur Frage der internen Ordnung der Ablaut-Alternanzen im voreinzeldialektischen Germanischen I, in: H. Steger (Hg.), Vorschläge für eine strukturale Grammatik des Deutschen, Darmstadt 1970, S. 385—413.

Eroms, H.-W., Zum Passiv im Mhd., in: Kolb-Festschrift, Bern usw. 1989, S. 81—96.

Eroms, H.-W., Zum Verbalpräfix ge- bei Wolfram von Eschenbach, in: Studien zu Wolfram von Eschenbach. Festschrift für W. Schröder, hg. von K. Gärtner und J. Heinzle, Tübingen 1989, S. 19—32.

Fourquet, J., Das Werden des nhd. Verbsystems, in: Festschrift für H. Moser, hg. von U. Engel u. a., Düsseldorf 1969, S. 53—65.

Glinz, H., Zum Tempus- und Modussystem des Deutschen. Einige grundsätzliche Bemerkungen, in: Der Begriff Tempus – eine Ansichtssache? Düsseldorf 1969 (Beihefte zu WW 20) S. 50—58.

Hempel, H., Vom ‚Präsens historicum' im Deutschen, in: H. H., Kleine Schriften, Heidelberg 1966, S. 422—429.

Henzen, W., Deutsche Wortbildung, Tübingen ³1965.

Herchenbach, H., Das Präsens historicum im Mittelhochdeutschen, Berlin 1911 (Palaestra 104).

Klooke, H., Der Gebrauch des substantivierten Infinitivs im Mittelhochdeutschen, Göppingen 1974 (GAG 130).

Marache, M., Le composé verbal en ge- et ses fonctions grammaticales en moyen haut allemand, Paris 1960 (Germanica 1).

Oubouzar, E., Über die Ausbildung der zusammengesetzten Verbformen im deutschen Verbalsystem, PBB (Halle) 95 (1974) S. 1—96.

Rupp, H., Zum ‚Passiv' im Althochdeutschen, PBB (Halle) 78 (1956) S. 265—286.

Saltveit, L., Studien zum deutschen Futur, Bergen 1962. Dazu Rez.: Dal PBB (Tübingen) 86 (1964) S. 161—167; Schröder AfdA 74 (1964) S. 156 ff.

Schröder, W., Zur Passiv-Bildung im Althochdeutschen, PBB (Halle) 77 (1955) S. 1—76.

Werner, O., Vom Formalismus zum Strukturalismus in der historischen Morphologie. Ein Versuch, dargestellt an der Geschichte deutscher Indikativ-/Konjunktiv-Bildungen, ZfdPh 84 (1965) S. 100—127 (auch in: H. Steger (Hg.), Vorschläge für eine strukturale Grammatik des Deutschen, Darmstadt 1970, S. 349—384).

Wolf, N. R., Zur mhd. Verbflexion in synchronischer Sicht, The German Quarterly 44 (1971) S. 153—167.

Wolff, L., *Uns wil schiere wol gelingen*. Von den in die Zukunft weisenden Umschreibungen mit ‚wollen', in: Schröbler-Festschrift, Tübingen 1973, S. 52—69.

8 Fallbestimmte und fallfremde Satzglieder

8 A 1 Fallbestimmte Satzglieder

8 A 1.1 Übersicht: Fallbestimmte Satzglieder im ,,Prosa-Lancelot''-Text

Die Untersuchung des ,,Prosa-Lancelot''-Textes ergibt folgende Möglichkeit für fallbestimmte Satzglieder neben dem Subjekt (im Nominativ):

	Substantiv als Kern		Pronomen als Kern	
Akk.-Objekt	3.1	*die kind*	1.2	*es*
	4.4	*jr kind*	1.3	*sie*
	9.4	*die burgk*	2.5	*sie*
	9.6	*die burg*	2.9	*sie*
	10.1	*kint*	3.2	*sie*
	10.1	*frauwen*	10.4	*es*
	10.3	*das lant*	11.5	*es*
	11.2	*das lant*		
	13	*den konig Claudas von der wunstung*		
	14.1	*die rede*		
Dat.-Objekt	4.2	*dem ritter*	6	*im*
	4.3	*yren kinden*	7.2	*yn*
	4.4	*yren fynden*	7.3	*imselber*
	12.2	*dem konig Artus*		
Gen.-Objekt	2.4	*des hofes*	–	
Prädikativ	11.4	*konig*	–	
	14.4	*des konig Bohortes wip von gaune*		

Präpositio-nalgefüge	1.3	*uß dem wald*	*uß* + Dat.	8.2	*zu im* *zu* + Dat.
	2.2	*zu eim hofe*	*zu* + Dat.	11.2	*von (im)* *von* + Dativ
	4.1	*in dem hofe*	*in* + Dat.		
	4.2	*zu fuß*	*zu* + Dat.		
	4.4	*durch ... begird*	*durch* + Akk.		
	8.1	*zu Claudas*	*zu* + Dat.		
	12.1	*zu lande*	*zu* + Dat.		

Wir haben schon auf die Tatsache hingewiesen, daß Kasus und Numerus im Mhd. oft nicht einfach durch lautliche Umsetzung ins Nhd. erschlossen werden können, weil sich die Bildungsweise geändert hat:
mhd. *kint* (3.1, 4.4, 10.1) kann sowohl Nom. und Akk. Singular als auch Nom. und Akk. Plural sein, während im Nhd. zwar nicht zwischen den Kasus, wohl aber zwischen den beiden Numeri unterschieden wird: *Kind – Kinder*. Bei 3.1 verdeutlicht der Artikel, daß es sich um einen Plural handelt, bei

4.4 *das er durch keyns gutes begird jr kind gebe yren fynden* läßt sich nur aus dem Kontext erkennen, daß es sich hier um einen Plural handeln muß (ebenso bei 10.1). Auch der Dativ Plural zu *kint* lautet im Mhd. anders als im Nhd.: 4.3 *kinden* gegenüber *Kindern*.
Bei *bruder* (2.3) ist der Plural ohne Umlaut gebildet, so daß sich im Mhd. wiederum Singular und Plural nicht unterscheiden (normalmhd. *bruoder – brüeder*). Da es sich bei *bruder* um das Subjekt handelt, ergibt sich aus dem Numerus des Verbs, daß ein Plural angesetzt werden muß.

Auch in den bisher bei unserer Arbeit verwendeten Texten aus dem „Armen Heinrich" lassen sich Beispiele für unterschiedliche Kasus- und Numerusbildung im Mhd. und Nhd. finden:

der Gen. Pl. zu *tugent/Tugend* heißt z. B. im Mhd. *tugent* (AH 33), im Nhd. *Tugenden*; der Dat. Pl. zu *lant/Land* heißt *landen* (AH 37, 265) gegenüber *Ländern* (vgl. auch AH 263 Nom. Pl. *lant/Länder*), zu *hant* lautet er *handen* gegenüber *Händen* (AH 38; vgl. noch nhd. *zuhanden*).

Bei den Pronomen scheinen zunächst weniger Schwierigkeiten zu bestehen; allerdings sind auch hier Numerus und Kasus manchmal nicht durch einfache Umsetzung der mhd. in nhd. Lautung festzustellen: bei 7.2 *yn* z. B. weist der Kontext darauf hin, daß hier kein Akk. Sing. *ihn*, sondern ein Dat. Pl. *ihnen* vorliegt.
Wir untersuchen deshalb zunächst eingehender die Flexion der Substantive und im folgenden Abschnitt 8 A 1.3 die der Pronomen.
Häufig teilt man die nhd. Substantive in drei Deklinationsklassen ein (stark, schwach und gemischt) und unterscheidet innerhalb dieser Klassen nach den Genera. Die historisch orientierte Grammatik, die die Substantive in Wurzel, stammbildendes Element und Kasussuffix zerlegt, bildet nach der Art des stammbildenden Elementes zwei große Gruppen: starke Flexion bei vokalischem, schwache Flexion bei konsonantischem Stammauslaut. Bei den starken Substantiven unterscheidet man im Germ. dann *a-, ô-, i-* und *u*-Stämme mit Unterarten, deren Stammauslaut durch Halbvokale modifiziert ist (*ja*,

wa; *jô*, *wô*), bei den schwachen Substantiven *iz/az-*, *nd-*, *r-* und *n*-Stämme sowie Wurzelnomina, bei denen das Kasussuffix unmittelbar – ohne zwischengeschaltetes stammbildendes Element – an die Wurzel tritt. Im Zuge der Endsilbenabschwächung sind bereits im Ahd. die alten stammbildenden Elemente und Kasussuffixe stark verkürzt oder geschwunden, so daß der Stammauslaut in vielen Fällen nicht mehr zu erkennen ist. Im Mhd. lassen sich dann – durch weitere Abschwächung der Vokale in Nebentonsilben, durch Apokope und Synkope, durch Systemausgleich – die stammbildenden Elemente und Kasussuffixe noch weniger unterscheiden; sie verlieren ihre distinktive Funktion innerhalb eines Paradigmas wie zwischen den verschiedenen Klassen:

			Akk. Pl			Gen. Pl.			Nom. Pl.
Wurzel	stammbildendes Element [stE]	Kasussuffix [K]	W	stE	K	W	stE	K	
germ.	*dag – a	– nz	*dag – õn			*geƀ – o – z			
	(< idg. – o – ns)		(< idg. – õm			(< idg.-ãs			
			< -o-ôm)			< -â-es)			
ahd.	tag – a		tag – o			geb – â			
mhd.	tag – e		tag – e			geb – e			

(Stamm = Wurzel + stammbildendes Element [stE])

(nach von Kienle)

Historische Kategorien können zur Beschreibung des mhd. Zustandes deshalb nicht mehr herangezogen werden.

Das Paradigma von mhd. *tac*

Sg. NA	*tac*	Pl. NA	*tag-e*
G	*tag-es*	G	*tag-e*
D	*tag-e*	D	*tag-en*

zeigt einen Bestandteil, der in allen Kasus gleich bleibt und die lexikalische Bedeutung trägt (*tag-*), den Stamm, und ein Flexionszeichen, das Kasus und Numerus signalisiert. Es wird also nicht mehr eine Dreiteilung, sondern eine Zweiteilung des Wortes vorgenommen.

Im Auslaut ist *g* zu *k* (*c*) verhärtet; beim Stamm können noch weitere Allomorphien auftreten, die durch Konsonantenvereinfachung (*bal* – *ball-es*), Schwund von *w* (*sê* – *sêw-es*) und Synkope von unbetontem *e* (*dienest* – *dienst-es*) bedingt sind.

Einer Deklinationsklasse werden alle Substantive mit gleicher Konstellation der Flexionszeichen zugewiesen. Der gleichen Klasse wie mhd. *tac* gehören also die Wörter mit den folgenden Flexionszeichen an:

Sg. NA ∅		Pl. NA *e*
G *es*		G *e*
D *e*		D *en*

Vergleichen wir damit das Paradigma von mhd. *hirte*

Sg. NA *hirte*		Pl. NA *hirte*
G *hirte-s*		G *hirte*
D *hirte*		D *hirte-n*,

so lassen sich von dem Stamm *hirte-* die Flexionszeichen

Sg. NA ∅		Pl. NA ∅
G *s*		G ∅
D ∅		D *n*

abtrennen, die charakteristisch für eine andere Gruppe von Substantiven sind. Die Verteilung von Endungen mit *e* wie bei mhd. *tac* und Endungen ohne *e* wie bei mhd. *hirte* folgt bestimmten Regeln, so daß sich Substantive beider Typen zu einer Gruppe zusammenfassen lassen:

(1) Die *e*-lose Variante ist obligatorisch,
– wenn der Stamm auf *-e* endet;
– wenn der Stamm einsilbig und kurz ist und auf *-l* oder *-r* endet;
– wenn der Stamm mehrsilbig und in der Tonsilbe lang ist und auf *-el*, *-er*, *-em*, *-en* endet.

(2) *e*-lose und *e*-Variante sind fakultativ,
– wenn der Stamm mehrsilbig und in der Tonsilbe kurz ist und auf *-el*, *-er*, *-em*, *-en* endet;
– wenn der Stamm auf Langvokal endet.

(3) die *e*-Variante ist obligatorisch in allen übrigen Fällen.

Das Paradigma vom mhd. *gast*

Sg. NA *gast*		Pl. NA *gest-e*
G *gast-es*		G *gest-e*
D *gast-e*		D *gest-en*

zeigt die gleichen Flexionszeichen wie mhd. *tac*; es unterscheidet sich von diesem Paradigma durch eine zusätzliche Kennzeichnung des Numerus, den Umlaut. Trotz gleicher Flexionszeichen müssen beide Wörter verschiedenen Deklinationsklassen zugewiesen werden, da sich für Vorkommen

oder Nicht-Vorkommen des Umlauts keine Regel aufstellen läßt.
Betrachten wir zwei weitere Paradigmen, mhd. *lamp* und mhd. *rint*:

Sg. NA *lamp* *rint*
    G *lambes* *rindes*
    D *lambe* *rinde*
Pl. NA *lember* *rinder*
    G *lember(e)* *rinder(e)*
    D *lember(e)n* *rinder(e)n*

Der Singular zeigt bei beiden Wörtern gleiche Flexionszeichen. Im Plural
tritt – bei gleichen Flexionszeichen und Wechsel von *e*-loser und *e*-Variante
gemäß Regel (2) – bei *lamp* als zusätzliches Numeruskennzeichen wiederum
Umlaut auf. Hier lassen sich beide Paradigmen zusammenfassen, da sich
das Auftreten des Umlauts nach einer Regel vorhersagen läßt:
– Der Umlaut erscheint im Plural immer dann, wenn der Stammvokal
  umlautfähig ist.

Danach lassen sich die mhd. Substantive in folgender Weise ordnen:

			Sg.				Pl.			
			N	A	G	D	N	A	G	D
I^1	a) *tag-, dienest-, sêw-* b) *stil-, hirte-, engel-* c) *nagel-*	M			$(e)s$	(e)	(e)		(e)	$(e)n$
	a) *wort-, kniew-* b) *spil-, künne-, venster-* c) *weter-*	N	$\emptyset$				$\emptyset$			
	a) *zît-, jugend-* b) *krône-, tür-, muoter-*[4]	F			$\emptyset, \quad (e)^5$		(e)			
II^1 (mit Um- laut im Pl.)	a) *gast-* b) *apfel-* c) *zaher-*	M			$(e)s$	(e)	$(e)^*$			$(e)n^*$
	a) *lamb-, blat-, rind-, lid-* b) *tal-*	N	$\emptyset$				$er^{(*)3}+\emptyset$	$er^{(*)3}$ $+(e)$		$er^{(*)3}$ $+(e)n$
	a) *kraft-* b) *müeter-* (nur Plural?)	F			$\emptyset, \quad (e)^{*5}$		$(e)^*$			$(e)n^*$

		Sg.				Pl.			
		N	A	G	D	N	A	G	D
III¹ a) *künegîn-* b) *gebe-, zal-, nâdel-,* c) *gabel(e)-*² *brâ-*	F	ø				ø			(e)n
IV¹ a) *van-* b) *ar-, bote-, haber(e)-* c) *pfâ-*	M⁷	ø	(e)n⁶			(e)n⁶			
b) *bir-, zunge-, videl(e)-* c) *krâ*	F								
b) *ore-, ouge-, herze-, wan-ge-*⁸	N								

a) *e*-Variante des Flexivs obligatorisch
b) Variante ohne *e* obligatorisch
c) beide Varianten möglich
*   Umlaut
(*) Umlaut, soweit umlautfähig

Anmerkungen:

1 Bei Klasse I–III handelt es sich unter diachronem Gesichtspunkt um die starke Deklination (*a-, ô-, i-, u-, ja-, wa-, jô-, wô-, iz/az-, nd-* und *r*-Stämme), bei Klasse IV um die schwache Deklination (*n*-Stämme).
2 Fakultative Doppelformen.
3 *-er*⁽*⁾ – ist hier Pluralflexiv.
4 Auch als starkes Fem. II.
5 Gen. und Dat. Sg. der starken Fem. I und II zeigen durchgehend fakultative Doppelformen.
6 In der Mehrzahl der Fälle kommt das Flexiv in der Form *-n* vor.
7 Zum Nhd. hin schwindet im Nom. Sg. Mask. häufig das *-e*. Viele Wörter dieser Gruppe gehen deshalb in die starke Deklination über, z. T. nur im Sg. (Mischdeklination). Z. T. erhält der Nom. Sg. Mask. auch die Endung *-(e)n* der obliquen Kasus, die betroffenen Substantive werden dann ebenfalls stark. Deshalb gibt es im Nhd. nur noch wenige schwache Maskulina.
8 Dies sind alle Substantive dieser Gruppe.

Doppelformen:

(1) *vater* und *bruoder* flektieren als starke Mask. I oder II, daneben erscheint der Gen. Sg. mit der Endung ø.
(2) *vriunt* flektiert als starkes Mask. I, daneben ist der Nom. Pl. mit der Endung ø möglich.
(3) *man* flektiert selten als starkes Mask. II, daneben erscheint die Endung ø in allen Kasus beider Numeri.
(4) *genôz* flektiert als starkes Mask. I.
(5) *vuoz* flektiert meist als starkes Mask. II, manchmal als starkes Mask. I.

(6) *naht* und *brust* flektieren als starke Fem. I oder II, daneben gibt es den Nom. und Akk. Pl. mit der Endung ∅.

(7) *hant* flektiert als starkes Fem. II, daneben Dat. Pl. mit der Endung *-en*.

Das Flexionszeichen *-(e)s* charakterisiert als wichtigstes Klassenkriterium immer den Gen. Sg. eines Mask. oder Neutr. der Klassen I und II. Gen. Sg. und Nom. Pl. der Klasse IV werden immer mit dem Flexiv *-(e)n*, die gleichen Kasus der Klassen I – III nie mit diesem Flexiv gebildet.

Das Mhd. nimmt auf dem Weg zum nhd. System eine Zwischenstellung ein. Da bereits im Mhd. die Endung die Kasuscharakterisierung nicht mehr in allen Fällen zu leisten vermag, übernehmen z. T. Pronomen – besonders die bereits im Ahd. aus dem Demonstrativum entstandenen Artikel –, flektierte Begleitadjektive, Präpositionen, Wortstellung und semantische Kategorien diese Aufgabe. Der Umlaut wird im Mhd. zu einem wichtigen Kasus- und Numeruskennzeichen. Im Nhd. erhält der Umlaut verstärkt und eindeutig die Funktion des Pluralkennzeichens dadurch, daß eine Reihe von Substantiven in die entsprechenden Deklinationsklassen übergeht, z. B. mhd. *buoch* und mhd. *lant*, und die bei den Feminina der Klasse II im Sg. möglichen Umlaute rückgängig gemacht werden. Die Endung *-er*, ursprünglich ein Klassenkennzeichen für eine Reihe auch inhaltlich zusammengehöriger Substantive (Tiere, Tierprodukte, Teile von Pflanzen), ist im Nhd. zum Pluralmerkmal auch für andere Neutra (mhd. *kint* – nhd. *Kinder*) und Maskulina (mhd. *lîp* – nhd. *Leiber*) geworden. Die Numeruskennzeichnung bleibt im Nhd. weitgehend beim Substantiv, während die Kasuskennzeichnung von anderen Mitteln übernommen wird. Eine weitere Veränderung zum Nhd. besteht darin, daß alle Feminina, auch die der Klasse IV, im Sg. endungslos werden.

8 A 1.3 Die Pronomen

8 A 1.3.1 Die Formenbildung der Pronomen

Die mhd. Pronomen gliedern sich ihrer Flexion und der ursprünglichen Wortart nach in

1. ungeschlechtige Pronomen (Pers. Pron. der 1. und 2. Person), die eine von den übrigen Nomen abweichende Flexion haben,

2. geschlechtige Pronomen (z. B. Pers. Pron. der 3. Person), die eine den Nomen ähnliche Flexion haben,

3. Pronominaladjektive, die in der Regel wie Adjektive, also stark und schwach, (vgl. dazu unter 8 A 3.2.1) flektieren,

4. Pronominalsubstantive.

Nur stark flektieren die Possessivpronomen, weiterhin *sum*, *ein*, *dehein* und *kein* sowie Komposita mit -*lîch*. Der Nom. Sg. ist dabei bei allen Genera endungslos. Wie die zugehörigen Grundwörter flektieren die Komposita mit -*man* und -*iht* sowie mit -*wer* und -*weder*.

PERSONALPRONOMEN

3. Person

	Sg.			Pl.	
	m.	n.	f.	m. f.	n.
N	*ër* (md. *her*, *hê*)	*ëʒ* (*iʒ*) (mfrk. *it*)	*siu* (*si(e)*, *sî*)	*sie* (*si*, *sî*)	*siu* (*si(e)*, *sî*)
A	*in* (*inen*)		*sie* (siu, sî)		
G	*es* (*iʒ*), *sîn*		*ir* (*e*)	*ir* (*e*)	
D	*im(e)*			*in*	

PERSONALPRONOMEN

1./2. Person

	Sg.		Pl.	
N	*ich*	*du*, *dû*	*wir* (md. *wî*)	*ir* (md. *î*, *gî*)
A	*mich*	*dich*	*uns* (*unsih*)	*iuch* (*iuwich*)
G	*mîn* (md. *mînes*, *-er*)	*dîn* (md. *dînes*, *-er*)	*unser*	*iuwer*
D	*mir* (md. *mî*)	*dir* (md. *dî*)	*uns*	*iu* (hess. *iuch*)

Die Personalpronomen der 2. Person werden auch für die Anrede verwendet. Gegenüber höher gestellten Personen wird dabei in der Regel *ir* benutzt, zwischen Freunden und gegenüber niedriger eingestuften Personen *du*; unter einfachen Leuten, z. B. Bauern und Handwerkern, gilt nur *du*. In der höfischen Gesellschaft des Hochmittelalters spielte die Wahl der richtigen Anredeform eine wichtige Rolle, die Herausbildung von Normen für die Anrede steht im Zusammenhang mit der Zivilisierung höfischen Lebens.

Im „Armen Heinrich" reden sich Arzt und Ritter Heinrich gegenseitig mit *ir* an (194 ff., 1176 ff.); der Meier redet Heinrich mit *ir* an, umgekehrt gilt *du* (370 ff., 973 ff.). Auch das Mädchen verwendet Heinrich gegenüber *ir*, während er sie duzt (907 ff.); Gleiches gilt im Gespräch zwischen Arzt und Mädchen (1064 ff.). Während das Mädchen die Eltern mit *ir* anredet, verwenden diese *du* (631 ff., 565 ff.).

Thematisiert wird die Form der Anrede im „Parzival":

749,15 *dô sprach der rîche Feirefîz | ‚Jupiter hât sînen vlîz, | werder helt, ge-*
leit an dich. | du solt niht mêre irzen mich: | wir heten bêd doch einen
vater.' | mit brüederlîchen triwen bater | daz er irzens in erlieze | und in
duzenlîche hieze. | diu rede was Parzîvale leit. | der sprach ‚bruodr, iur
rîcheit | glîchet wol dem bâruc sich: | sô sît ir elter ouch dan ich. | mîn
jugent unt mîn armuot | sol sölher lôsheit sîn behuot, | daz ich iu duzen
biete | swenn ich mit zühte niete.'

	m. f.	n.
N	*wër* (md. *wê, wie*)	*waʒ* (mfrk. *wat*)
A	*wën*	
G	*wës*	
D	*wëm(e)*	
I		*wiu*

REFLEXIVPRONOMEN

	Sg. m. n.	Sg. f.	Pl. m. n. f.
A	*sich*		*sich*
G	*sîn*	*ir*	*ir(e)*
D	*im(e)*	*ir(e)*	*in*

Das Reflexivpronomen der 1. und 2. Person stimmt mit dem entsprechenden Personalpronomen überein, bei der 3. Person unterscheiden sich nur der Akk. (*sich*) und der Gen. Sg. (*sîn*) vom entsprechenden Personalpronomen. Im Frühnhd. tritt an die Stelle der Dativformen *im*, *ir* und *in* durchgängig *sich*, so daß sich Dativ und Akk. nicht mehr unterscheiden.

Der bestimmte Artikel ist ursprünglich ein einfaches Demonstrativpronomen, daneben gibt es ein zusammengesetztes, verstärktes. Das einfache Demonstrativpronomen, das im Mhd. teilweise noch deiktische Funktion hat, dient auch als Relativpronomen. Als unbestimmter Artikel wird das ursprüngliche Zahlwort *ein* benutzt.

ARTIKEL. DEMONSTRATIVPRONOMEN

	Sg. m.	Sg. f.	Sg. n.	Pl. m. f.	Pl. n.
N	**der** (md. dê, die, dî) / **dirre, dise(r)** (md. dëse(r), dërre) / **jener** (ener, giner, geiner)	**diu** (md. die) / **disiu** (-ë-) / **jeniu** (e-, gi-, gei-)	**daʒ** (mfrk. dat) / **dirʒ(e), dîʒ** (mfrk. rhfrk. dît) / **jeneʒ** (e-, gi-, gei-)	**die** / **dise** (-ë-) / **jene** (e-, gi-, gei-)	**diu** (md. die) / **disiu** (-ë-) / **jeniu** (e-, gi-, gei-)
A	**den** / **disen** (-ë-) / **jenen** (e-, gi-, gei-)	**die** / **dise** (-ë-) / **jene** (e-, gi-, gei-)		**die** / **dise** (-ë-) / **jene** (e-, gi-, gei-)	
G	**des** (m. md. dis) / **dises, disse(s)** (-ë-) / **jenes** (e-, gi-, gei-)	**dër(e)** / **dirre, diser(e)**		**dër(e)** / **diser(e), dirre** (e-, gi-, gei-) / **jener(e)** (e-, gi-, gei-)	
D	**dëm(e)** / **disem(e), disme** (-ë-) / **jenem(e)** (e-, gi-, gei-)	(-ë-) / **jener(e)** (e-, gi-, gei-)		**dën** (alem. dien) / **disen** (-ë-) / **jenen** (e-, gi-, gei-)	
I		*diu*			

8 A 1.3.2 *Exkurs: Versuch einer semantischen Klassifikation der mhd. Pronomen*

Die folgende semantische Klassifizierung der mhd. Pronomen folgt einer Übersicht, die H.GLINZ für die nhd. Pronomen gegeben hat (²1975, S. 172−175). Es kann sich dabei nur um eine grobe Einteilung handeln − die genaue Bedeutung ist jeweils nur unter Berücksichtigung des Kontextes festzulegen. Für das Mhd. ist außerdem zu berücksichtigen, daß die Bedeutungen der Pronomen oft noch weniger fixiert sind als im Nhd.

1. Demonstrativpronomen

Die Pronomen weisen auf eine Person oder Sache hin, die als gegeben und in dieser Gegebenheit als bekannt präsentiert werden.

der, diu, daz (im Mhd. z. T. noch stärker deiktisch als im Nhd.)	der, die, das
diser, disiu, diz	dieser, diese, dieses
jener, jeniu, jenez	jener, jene, jenes
Art. + *jener* (z. T. + *-ig*)	derjenige
Art. + *selp*	derselbe

Verstärkung durch Identitätspronomen *selbes, eines* ‚selbst, selber'

Untergruppe: Interrogativpronomen

wer, waz	wer, was
weder	welcher von beiden
welîch/welch/welich	welcher

Untergruppe: Unterscheidung zweier als bekannt vorausgesetzter Personen oder Sachen

der eine − der ander	der eine − der andere
sumelich − sumelich	
der ander	der andere von zweien

Untergruppe: Relativpronomen

der, diu, daz	der, die, das
wer	wer
swer	wer auch immer
swelch	welcher
weder	welcher von beiden
sweder	welcher von beiden auch immer

Verstärkung durch *dâ, dar*

2. Personalpronomen

Jemand/etwas wird in der jeweiligen Gesprächssituation nach seiner Rolle als Besprochener bzw. Besprochenes, als Sprechender, als Angesprochener charakterisiert. Das Referenzobjekt wird dabei als bekannt vorausgesetzt.

er, siu, es –	er, sie, es –
sie, sie, siu – man	sie – man
ich – wir	ich – wir
dû – ir	du – ihr
ir/dû	Sie [Anrede]

(*er* kann z. T. auch in deiktischer Bedeutung verwendet werden, vgl. AH 26 ff.)

Untergruppe: Reflexivpronomen

flektierte Formen des Pers. Pron. in allen Fällen außer *sîn* (Gen. Sg. Mask.) und *sich* (Akk.)

3. Possessiv-Pronomen

Jemand/etwas wird charakterisiert als zugehörig zu einem in einer der drei Gesprächsrollen gegebenen jemand/etwas.

sîn, ir – (ir)	sein, ihr – ihr
mîn – unser	mein – unser
dîn – iuwer	dein – euer

Verstärkung durch Identitätspronomen *selbes, eines*

4. Mengen- und Zahlenpronomen

4a. Wählbarkeitspronomen

Jemand oder etwas soll aus einer bereits genannten oder gleich genannten Klasse frei gewählt werden.

ein, einer, einiu, einez	ein, einer, eine, eines
ieman	jemand
dehein/kein/enkein/enhein	irgendein, kein
sichein [nur westmd.]	
iht/ieht/iht/iet/ît/et	etwas
etewaz/etwaz/etewer	

4b. Wählbarkeitspronomen mit Mengenhinweis

Durch das Pronomen soll eine Mehrzahl von Einheiten aus der betreffenden Klasse gewählt werden; diese Menge wird zugleich grob charakterisiert.

sum, sumlich	einige
et(e)slich/et(e)lîch	irgendein, einige
manec	manche
etelîch/eteslîch/ette(s)lîch	
sumelîch/sümelîch	

178

4c. Grobe Mengenpronomen, graduierbar

manec /	viel –
vil – mêre – meiste	mehr – meiste
wênec /	wenig –
lützel – minner – minnest	weniger – wenigste

4d. Genau bestimmte Mengen (Zahlwörter)

Genaue Angabe der Menge, sowohl für frei Wählbares wie für schon Bekanntes

ein, zwei, drî,	ein, zwei, drei,
vier, ...	vier, ...

4e. Extreme Mengenpronomen

Extreme der Mengenangabe: Totalität – völlige Negation

al	alle
gelîch + Gen. Pl.	jeder
iegelîch/ieclîch/iegeslîch	jeglicher
iewelch	
ieweder/geweder/iegeweder	jeder von beiden
desweder/iedeweder/ ietweder	
nechein/nekein/nehein/enhein/	kein
enkein/engein/dehein (+ *ne*)	
neweder/enweder	keiner von beiden
nieman	niemand
niwiht/niewiht/nieweht/	nichts
niuweht/niuwet/niwet/nûwet (md.)	
nieht/nîht/niht/niuht/nût/	
nît/nit	
enwiht	

Der Akk. Sg. wird im Nhd. zur Negationspartikel *nicht*; der Gen. Sg., der zur Verstärkung von einfachem *niht* dient (*nihtes niht*) zu nhd. *nichts*.

4f. Urteilendes Mengenpronomen

Die Menge wird auf einen Bedarf bezogen und in Relation dazu als befriedigend beurteilt.

genuoc	genug

5. Qualitätspronomen

Sehr allgemeine Qualitätsangaben, z. T. bezogen auf die Menge der Merkmale oder auf ein Wesen in bestimmter Gesprächsrolle

solîch	solch

8 A 2 Fallfremdes

8 A 2.1 Präpositionaladverbien

Als Ersatz für Präpositionalgefüge dienen Präpositionaladverbien. Dieser Zusammenhang ist z. B. zu erkennen an „Prosa-Lancelot"

9.5 *nicht daruff* [= normalmhd. *dar ûf*] *beliben geturren* = *nicht ûf der burg*
[aus 9.4] *beliben geturren* (vgl. auch 10.5, 10.6).

Ähnlich ersetzt das Präpositionaladverb *dar an* das Präpositionalgefüge *an den buochen* in den Anfangsversen des „Armen Heinrich":

AH 1   *Ein ritter sô gelêret was*
              daz er an den buochen las
              swaz er dar an geschriben vant.

Im Mhd. werden diese Präpositionaladverbien gebildet aus

dâ/dar/der/dir/dr	+ Präposition
wâ/war	+ Präposition
swâr/swâ	+ Präposition und
hie	+ Präposition

Im Unterschied zum Nhd. werden sie überwiegend getrennt geschrieben.

Neben den Verbindungen mit *wâ/war* haben auch die Verbindungen mit *dâ/dar* zusätzlich zu der demonstrativen u. U. eine relative Funktion.

demonstrativ oder relativ *dâ/dar* + Präp.	relativ oder Frage *wâ/war* + Präp.	Frage verallgemeinernd *swâ/swâr* + Präp.	verstärkter Hinweis *hie* + Präp.
dar abe, drabe	*war an*	*swar an*	*hie bî*
dar after	*warbî*	*swâ mite*	*hie in/hien/hier inne*
dar ane/dran/	*warûf*	*swar nâch*	*hie under*
daran	*war umbe/*	*swâ von*	*hie vor*
dar âne	*warumbe*	*swâ vür*	*hie wider*
dâ bî	*war zuo*	*swâ zuo*	*hier an*
dar durch/	*wâ mite*		*hie mite*
derdurch	*war nâch*		*hie umbe*
derfüre	*wâ von*		
dar în/drîn/			
darinne			
darumbe			
dar zuo/derzuo		usw.	

180

Ein Adjektiv kann im Nhd. gebraucht werden als Attribut zu einem Substantiv, als Attribut zu einem anderen Adjektiv (*schrecklich kalt*) sowie als selbständiges Satzglied prädikativ oder zu einem Verb (adverbales Satzadjektiv). Nur das Adjektiv als Attribut zu einem Substantiv kann flektiert werden, in den anderen Fällen wird die unflektierte Form benutzt, formal/morphologisch sind also diese Gebrauchsweisen nicht zu unterscheiden.

Im Gegensatz dazu wird im Mhd. noch oft zwischen der Verwendung eines Adjektivs als Attribut zu einem Substantiv und als Prädikativ einerseits, als adverbales Satzglied andererseits getrennt: als Attribut wird das Adjektiv wie im Nhd. flektiert, in prädikativer Funktion wird die endungslose Form verwendet, adverbal finden sich häufig besondere Formen. Es ist also sinnvoll, für das Mhd. anders als für das Nhd. zwischen Adjektiv und **Adverb** zu unterscheiden.

Adverbien unterscheiden sich im Mhd. von den endungslosen Formen der Adjektive durch ein angehängtes *-e*: *lanc – lange*. Adverbien zu Adjektiven, die bereits auf *-e* enden, sind an der Umlautlosigkeit eines umlautfähigen Vokals zu erkennen:

Adjektiv:		Adverb:	
schoene		*schône*	
swaere		*swâre*	
süeze		*suoze*	
veste		*vaste.*	

Neben der sehr verbreiteten Bildungsweise auf *-e* gibt es im Mhd. noch weitere Möglichkeiten, das Adverb zu bilden:

(1) durch *-lîche/lîchen/liche* (meist bei Adjektiven auf *-isch*, *-ec*),
(2) aus einem anderen Stamm (*wol* zu *guot*),
(3) durch erstarrte Kasus (*lützel, vil, wênec, genuoc, gar, alles, gelîches, michels, staetes*),
(4) durch *-en* (*nâhen, wîten, unlangen*),
(5) durch präpositionale Verbindungen (*zewâre, überal*).

Beispiele:

veste –	Konrad von Megenberg, Buch der Natur
vaste	194,1 *vaste arbaiten*
	90,20 *vester rauch*
	Konrad von Würzburg, Engelhard
	3354 *daz leit ist gar ze veste*

schoene – *schône*	Hartmann von Aue, Büchlein 797 *schône dienen* MF 133,31 *schoene … ist sî, mîn frouwe* 22, 28 *sîn liep er schône haben sol*
süeze – *suoze*	Engelhard 1323 *suoze sprechen* Walther 25, 23 *süezer got*
guot – wol	Konrad von Megenberg, Buch der Natur 183, 28 *wol singen* Nibelungenlied 1001, 2 *guote liute*
heftec – *hefteclîche*	Frauenlob 158 *diu bôsheit ist sô heftic* Krone 26.136 *dirre heftige strît* Liedersaal II 131,111 *diser strit, den wir so hefftiglichen tragen*
lanc – *lange*	Konrad von Megenberg, Buch der Natur 47,1 *langer âtem* MSH 1,204 a *mîn kumber ist gar ze lanc* Winsbecke 41,1 *ich hân lange her vernomen*

Bereits im Mhd. gibt es jedoch Ausgleichsformen: *sîn ros giengen swaere* (Kudrun 270, 2). Im Nhd. ist die formale Opposition zwischen einem Adjektiv zu einem Substantiv oder Pronomen einerseits und zu einem Verb andererseits (Adverb) weitgehend zugunsten der Form des Adjektivs aufgegeben. Ursprüngliche Adverbformen sind nur dort erhalten, wo sich die Bedeutung des Adverbs von der des zugehörigen Adjektivs entfernt hat (*schön – schon*; *gut – wohl*).

Das Adverb der Vergleichsformen ist mit der endungslosen Form (s. 8 A 3.2.1) des gesteigerten Adjektivs gleichlautend. Da im Ahd. die Endung *-ôr/-ôst* verwendet wurde, findet sich im Mhd. nur in Ausnahmefällen Umlaut. Die Komparativadverbien der sog. Suppletivsteigerung lauten:
baz, wirs, min/minner/minre, mê/mêre.

Adjektive und Adverbien können durch **Steigerungsadverbien** modifiziert werden.
Als Steigerungsadverbien dienen im Mhd.:

alleclîche, alles, alle wîs, *in allen dingen*	ganz und gar
alzoges/alzuges	durchaus
gar, begarwe	ganz und gar, völlig
genôte	sehr
genuoc	hinreichend, reichlich, viel

grôz	sehr
harte	sehr
herzelîche/herzeclîche(n) (selten)	sehr
inneclîche (selten)	sehr
michel	sehr
mitalle/bitalle	durchaus, vollständig, gänzlich, ganz und gar
rehte	recht, richtig
sêre	sehr
sô, alsô	so (sehr), in solchem Grade
starke	sehr
tiure	sehr
unmâzen	sehr, außerordentlich
vaste	sehr
verre	weit, viel, sehr
vil	viel, sehr
vol/volle/vollen, volleclîche	zur Genüge, sehr, vollkommen, gänzlich
wol/wole	sehr, völlig

Als erstes Kompositionsglied in Verbindung mit Adjektiven und Adverbien können verwendet werden:

al-/aller- (z.B. *albalde, albereite, almehtic, allergrüenest, allerschoenest*)	ganz und gar, sehr
bor-/bore-/enbor (z. B. *borlanc, borguot, borvil*)	sehr, ganz
wunder- (z. B. *wunderlanc, wunderkleine*)	sehr

8 A 2.3 Negation

Zur Kennzeichnung der Verneinung werden im Mhd. gebraucht:
(1) die Partikel
ne/en/in/-n/n-

(2) die Adverbien

niht	in keiner Weise, nicht
niene	nicht

niener/niender(*t*)/*niergen*(*t*)	nirgendwo, durchaus nicht
niemer	niemals

(3) die Pronomina

nieman	niemand, keiner
nehein/dehein	kein
neweder	keiner von beiden

(4) die Konjunktionen

noch	und nicht, auch nicht, nicht einmal
noch – noch	weder – noch
de(*weder*) *– noch*	weder – noch
noch	weder – noch

(5) untertreibende Bezeichnungen wie

lützel	
wênec	nicht
kleine	
selten	nie

z. B. AH 696 *daz ich ûf diz broede leben | ahte harte kleine*

Die Partikel *ne/en* tritt unmittelbar vor das Verb; sie kann sich dabei proklitisch mit diesem Verb oder enklitisch mit dem vorhergehenden Wort verbinden. Außer in Verbindung mit *niht* erscheint sie auch zusammen mit den anderen, oben aufgezählten Negationen:

AH 200   *nu enist nieman sô rîch.*

niht, eigentlich ein adverbialer Akkusativ (,in keiner Weise'), konnte ursprünglich verstärkend zu einfachem *ne/en* hinzutreten. Seit dem 12. Jahrhundert wird die Verbindung *ne* + *niht* der übliche Ausdruck der Verneinung; *niht* verliert seine verstärkende Funktion, *ne/en* allein genügt nur noch bei Modalverben sowie *wizzen* und *ruochen*.

Iwein 3020   *done torst ich vrâgen vürbaz*

Das lautschwache *ne* schwindet in späterer Zeit allmählich, so daß *niht* als einzige Kennzeichnung der Verneinung übrigbleibt. Diese Tendenz läßt sich an der handschriftlichen Überlieferung ein- und desselben Textes ablesen. Die vor allem in späteren Handschriften oft fehlende Negationspartikel *ne* wird von den Herausgebern der kritischen Texte wieder hergestellt. In dem Vers AH 221 etwa fehlt die Partikel *ne* in den Handschriften Ba und Bb, sie ist erhalten in A und E (so auch der edierte Text):

AH 221 Hs. A	*Nu enmag daz leider niht sin*
E	*Nv enmac des allez* [Rest fehlt]
Ba	*des mac leider nicht gesin*

Zur **Negationsverstärkung** kann im Mhd. der Akk. eines Substantivs dienen, das etwas gering Geschätztes bezeichnet, z. B.

AH 1082   *und vrumet uns leider niht ein brôt*

  – und nutzt uns leider überhaupt nichts,

außerdem die Häufung von Negationen, z. B.

AH 1331   *daz iu nieman niht entuot*

  – daß euch niemand etwas tut.

Die Verneinungen heben sich in diesem Fall nicht gegenseitig auf, der Sinn bleibt negativ.

Als **Negationszusatz** erscheint im Mhd. wie im Nhd. *mêre/mêr/mê*:

AH 496   *wir gewinnen niemer mêre | deheinen herren alsô guot*

Besonderheiten der Verwendung der Negation in abhängigen Sätzen (Mhd. Gramm. § 441)

(1) In gewissen mit *daz* eingeleiteten Sätzen (Final- und Objektsätzen), auch in konjunktionslosen, von *waenen* abhängigen Sätzen, in denen keine Negation enthalten ist, können *iht, ieman, ie, iender* zum Ausdruck der Verneinung werden:

AH 18   *dar umbe hât er sich genant,/daz er sîner arbeit/... iht âne lôn belîbe*

  – deshalb hat er sich genannt, daß er in bezug auf seine Mühe ... nicht ohne Lohn bleibe

AH 800   *nû sihe ich gerne daz mich | iuwer minne iht unminne*

  – nun sähe ich gerne, daß mir eure Liebe nicht zur Unliebe werde

(2) In *daz* -Sätzen, die von Verben mit prohibitiver Bedeutung abhängen oder von Verben oder verbalen Ausdrücken, mit denen in anderer Weise eine verneinende Vorstellung verbunden ist (z. B. *verhindern, verbieten, warnen, vermeiden, unterlassen, leugnen, abraten, vergessen* usw.), kann eine – im Nhd. überflüssige – Negation erscheinen

Iwein 1700   *ouwî wie kûme er daz verlie, | dô er sî vür sich gên sach, | daz er niht wider sî sprach*

  – ach, wie schwer wurde es ihm, davon abzulassen, sie anzusprechen, als er sie an sich vorübergehen sah

(3) In konjunktionslosen konjunktivischen Sätzen (Objektsätzen, Subjektsätzen, näheren Bestimmungen eines nominalen Ausdrucks im übergeordneten Satz) erscheint eine Negation, wenn der übergeordnete Satz formal negiert ist, obwohl der abhängige Satz eine positive Aussage enthält

Iwein 364   *ouch enwart dâ niht vergezzen, | wirn heten alles des die kraft, | daz man dâ heizet wirtschaft*

  – auch wurde da nicht versäumt, daß wir von all dem eine Menge hatten, was man Bewirtung nennt.

8 A 3 Der Innenbau fallbestimmter Satzglieder

8 A 3.1 Einfache Satzglieder – die Präpositionen

Im Mhd. gibt es folgende Möglichkeiten des Baus einfacher Satzglieder:

AH 1 *Ein ritter sô gelêret was* (1) Pronominalteil + Kern

daz er an den buochen las (2) Präposition + Pronominalteil + Kern

swaz er dar an geschriben (3a) Kern allein: Pronomen
vant
...

5 *dienstman was er zOuwe.* (3b) Kern allein: Substantiv
...

8 *dar an begunde er suochen*
ob er iht des vunde
dâ mite er swaere stunde (4) Adjektivteil + Kern
möhte senfter machen.
...

56 *im was der rehte wunsch* (5) Pronominalteil + Adjektiv-
gegeben teil + Kern

von werltlîchen êren (6) Präposition + Adjektivteil + Kern

In dem „Prosa-Lancelot"-Text (vgl. 8 A 1.1) finden sich außer den Möglichkeiten:

Kern allein (10.1)
Pronominalteil + Kern (3.1, 4.4)
Präposition + Pronominalteil + Kern (1.3)
Präposition + Kern (4.2)
auch Beispiele für mehrwortigen Kern:
12.2 *dem konig Claudas* (vgl. auch 13, 14.4)

Bei den Präpositionalgefügen ist der Kasus des Substantivs bzw. Pronomens bestimmt von der Präposition. Dabei handelt es sich vielfach um eine rein morphostrukturelle Erscheinung, in manchen Fällen bezeichnet der Unterschied im Kasus aber auch einen Unterschied in der Bedeutung. In diesen Fällen bezeichnet – ähnlich wie im Nhd. – die Verbindung Präposition + Akkusativ eine Bewegung auf ein Ziel hin, die Verbindung Präposition + Dativ ein ruhendes Verhältnis innerhalb eines Bereiches.

Ähnlich wie bei der Verbrektion gilt auch für die Präpositionen, daß der mit ihnen zu verbindende Kasus im Mhd. weniger festgelegt ist als im Nhd. Der Genitiv ist, obwohl häufiger als im Nhd., insgesamt gesehen relativ selten, nie ist er der einzige, selten der vorherrschende Kasus, mit dem eine Präposition verbunden ist.

Übersicht über mhd. Präpositionen

abe   Dat.   (1) räumlich: von herab, hinweg,
                          herunter, von weg
                      (2) kausal: aus, wegen, herrührend
                          von
        (Mhd.Wb.I 3a)

ane   Dat. (wo?)
        Akk. (wohin?)
                      (1) räumlich: an, auf, in, gegen,
                          bis zu
                      (2) zeitlich: in, an, bis an, auf zu
                      (3) übertragen: an, in, von, mit

        (Mhd. Wb. I 39a: bezeichnet das unmittelbare Berühren der Außenseite, sowohl im eigentlichen als auch im uneigentlichen Sinn)

bî   Dat. (Nähe im Raum)
        Akk. (selten, Bewegung in die Nähe eines Gegenstandes)
                      (1) räumlich: bei, um, an, auf
                          (hin) zu, unter
                      (2) zeitlich: an, bei, während, binnen
                      (3) kausal: wegen, aus, von
        (Mhd. Wb. I 112b)

durch Akk.   (1) räumlich: durch, hindurch
                      (2) zeitlich: durch
                      (3) kausal/final: wegen, um – willen, vermitteltst,
                          aus, von
        (Mhd. Wb. I 404a)

hinder Gen., Dat., Akk.   hinter
        (Mhd. Wb. I 690b)

in   Dat. (wo?)

Akk. (wohin?)

        (1) räumlich: in, an, auf, zu

        (2) zeitlich: in, an, bei, gegen

        (3) final: zu

(Mhd. Wb. I 748a)

mite   Dat., Akk. (selten)

        mit, samt, bei, neben, gegen, unter, in

(Mhd. Wb. II, 1 193b)

ob(e) Dat.

Akk., Gen. (selten)

        räumlich: über (hinaus)

(Mhd. Wb. II, 1 427a)

sît   Gen., Dat.   seit

(Mhd. Wb. II, 2 320b)

sunder Akk., Gen. (selten)

        ohne, außer

(Mhd. Wb. II, 2 737a)

ûf   Dat. (wo?)

Akk. (wohin?)   – einen räumlichen oder zeitlichen Endpunkt ausdrückend

        (1) räumlich: auf, bis auf

        (2) zeitlich: bis auf

        (3) übertragen: (bis) zu, an, auf

(Mhd. Wb. III 174 a)

umbe Akk.

        (1) räumlich: um (herum), gegen, im Kreise

        (2) zeitlich: um, kurz vorher oder nacher

        (3) kausal/final: um, für, gegen, von, in Beziehung auf

        (4) Wechsel/Tausch: um, für

        (5) bei Zahlen: ungefähr

(Mhd. Wb. III 179 b)

under Dat. (wo?)

Akk. (wohin?)

Gen. (selten)

        (1) räumlich: unter, unten an, zwischen

        (2) zeitlich: binnen, während

        (3) Gemeinschaftliches, Gegenseitiges bezeich-

nend: einer den anderen, einer so wie der
andere, untereinander, darunter

(Mhd. Wb. III 187 b)

unz   bis (zu), vor
                      vor Adverbien: *unz her*, *unz morgen*
                      vor Nomen mit anderen Präpositionen: *unz an*, *unz*
                      in, unz ûf

(Mhd. Wb. III 190 b)

ûz   Dat.   (1) räumlich: aus heraus, von — weg, aus hervor,
                              unter/zwischen etwas heraus, über etwas hinaus
                      (2) Herkunft/Stoff bezeichnend: aus
                      (3) kausal: aus

(Mhd. Wb. III 196 a)

von   Dat., Gen. (selten)
                      (1) räumlich, Ausgang und Ursprung bezeich-
                              nend: von (her), aus
                              Trennung bezeichnend: von weg
                      (2) zeitlich: von her, von an, seit
                      (3) kausal, Ursache oder Urheber bezeichnend:
                              von, durch, vor, wegen, aus, über, in bezug auf
                              Mittel, Werkzeug bezeichnend: durch, mit
                      (4) modal, Eigenschaft bezeichnend: von

(Mhd. Wb. III 369)

vor/   Dat. (wo?)
vür   Akk. (wohin?)
         Gen.
                      (1) räumlich: vor, bei
                      (2) zeitlich: vor
                      (3) kausal, innere Motive äußeren Tuns bezeich-
                              nend: vor

(Mhd. Wb. III 373 b)

zuo/   Dat. (wo? vollendete Annäherung)
ze   Akk. (wohin? Verhältnis der Annäherung bezeichnend)
                      (1) räumlich: zu, in, an, bei
                              Hinzufügung: samt, nebst
                      (2) zeitlich (Zeitdauer und -raum): zu
                      (3) abstrakte Verhältnisse, Zweck/Ziel, Erfolg,
                              Wirkung, Art und Weise: zu, als, bezüglich

8 A 3.2 Das Adjektiv als Teil von Satzgliedern

8 A 3.2.1 Die Flexion des Adjektivs

(1) der man ist kluoc
(2) ein kluoger man
(3) der kluoge man

Wörter, die bei im wesentlichen gleicher Bedeutung sowohl in deklinierter (2, 3) als auch in undeklinierter (endungsloser) Form (1) auftreten können, gehören zur Wortart der Adjektive. Wie im Nhd. kann auch im Mhd. jedes Adjektiv in stark flektierter (2), in schwach flektierter (3) und in unflektierter Form (1) vorkommen.

			Sg.				Pl.			
			N	A	G	D	N	A	G	D
blint/blind- *michel, hol²* *guot*	stark	M	ϕ / *er*	*en*			*e*			
mîn, unser = Poss. Pron. (nur stark)		N	ϕ / *ez*		*es*	*em(e)¹* / *en⁴*	*iu⁵* / *e³*		*er(e)¹*	*en*
genomen = Part. II⁶		F	ϕ / *iu⁵* / *e³*	*e*		*er(e)¹*	*e*			
lenger = Komparativ										
lengest = Superlativ										
maere⁷ *nemende⁷* = Part. I	schwach	M		*en*						
blâ/blâw- *gar/garw-*		N	*e*	*e*	*en*		*en*			
		F		*en*		*er⁴*				*er⁴*

Anmerkungen:

1   Die volleren Formen finden sich in der Übergangszeit vom Ahd. zum Mhd., später nur im Md., z. T. auch mit Ausstoßung des Mittelvokals.

2   So flektieren die Adjektive auf *-el*, *-er*, *-en* und die einsilbigen auf *-l* und *-r* mit kurzer Wurzelsilbe. Das inlautende Endungs-*e* wird seit dem 14./15. Jh. besonders im Obd. zunehmend synkopiert.

3   Im Md.

4   Im Moselfrk. und Hess.

5   In manchen Denkmälern (alem., frk.) mit Umlaut.

6   Die Adjektive und besonders die Partizipia auf *-en* lassen die Flexionssilbe *-en* schwinden.

7   Bei Adjektiven auf *-e* fällt das auslautende *e* aus, wenn die Endung mit Vokal beginnt, also *maer-ez*, *nemend-iu*.

Die schwache Flexion stimmt überein mit der der schwachen Substantive (Klasse IV); vom Nhd. unterscheidet sie sich nur beim Akk. Sg. Fem.:

die guoten vrouwen
die gute Frau

Die starke Flexion unterscheidet sich dagegen wie im Nhd. in vielen Formen von der des Substantivs, da z. T. Endungen der Pronomen in die Adjektivflexion eingedrungen sind. In dieser Flexion finden sich auch zahlreiche Unterschiede zwischen den mhd. und den entsprechenden nhd. Formen.

Wie im Nhd. können im Mhd. fast alle Adjektive nominalisiert werden; meist werden sie dann flektiert wie Substantive der Klasse IV:

AH 412   *nu versmâhe ich den boesen, | die biderben ruochent mîn niht.*

– nun bin ich den Bösen verächtlich, die Rechtschaffenen kümmern sich nicht um mich.

8 A 3.2.2 Zur Diachronie

Im Germanischen bildet sich das System sowohl starker als auch schwacher Flexionen der Adjektive heraus; in die starke Flexion dringen dabei pronominale Endungen ein, wie sie in der Flexion der geschlechtigen Pronomen begegnen; mit nominaler Endung bleiben nur Nom. Sg. aller Genera und Akk. Sg. Neutr. erhalten, die neben Formen mit pronominaler Endung stehen. Der Endungszusammenfall im Mhd. gegenüber dem Ahd. ergibt sich aus der Abschwächung der Vokale in Nebentonsilben. Dadurch gehen besonders bei den schwachen Formen die Oppositionen zwischen den Kasus und Genera verloren; diese werden immer mehr getragen durch den Artikel, der seine demonstrative Bedeutung verliert und zum Kasus- und Genus-Kennzeichen wird. Beim stark flektierenden Adjektiv bleiben jedoch viele Endungsoppositionen erhalten, so daß es weiterhin die Stellung des Substantivs im Satz nach Genus, Numerus und Kasus bezeichnen und diese Aufgabe für das Substantiv übernehmen kann.

8 A 3.2.3 Die Vergleichsformen

Zu den Adjektiven können Vergleichsformen gebildet werden:
Heinrich von Morungen MF 133, 31 f.:

> *schoene unde schoener und schoene aller schoenist, ist si, mîn frouwe ...*

Im Mhd. sind die ahd. Endungen für Komparativ und Superlativ (-iro/-isto und -ôro/-ôsto) durch die Abschwächung der Nebentonsilben zu -er(e)/ -est(e) zusammengefallen. Die ahd. Endungen -iro/-isto lassen sich im Mhd. und im Nhd. noch am Umlaut des Wurzelvokals erkennen. Zuweilen kommen noch Superlative auf -ist und -ôst vor, Formen mit ô dabei besonders im Alemannischen.

Im Ahd. werden Komparativ und Superlativ nur schwach flektiert, im Mhd. wird die starke Flexion neben der schwachen üblich.

Einige Adjektive bilden Komparativ und Superlativ aus einem anderen Stamm (sog. Suppletivsteigerung):

guot	*bezzer*	*bezzest/beste*
übel	*wirser*	*wirsest/wirste*
lützel	*minner/minre*	*minn(e)st/minste*
michel	*mêr/mêrer/mêrre/merre*	*meist*

In einer Reihe von Fällen fehlt der adjektivische Positiv:

(ê/êr)	*êrer/êrre/erre*	*êr(e)st*
(obe)	*ober*	*ober(e)st*
(ûz/ûzer)	*ûzer*	*ûzer(e)st*
(in)	*inner*	*innerst*
(vor)	*vorder*	*vorderst*
	nider	*niderst*
	under	*underst*
	after	
	hinder	*hinderst*

Durch *deste* ‚desto, umso‘, adverbiale Genitive (*michels, maneges, nihtes*) und steigernde Adverbien (*vil, harte, sêre, michel, verre* usw.) kann der Komparativ näher bestimmt werden. Der zu vergleichende Gegenstand wird in der Regel durch die Partikel *danne* im positiven und durch *niht wan* im negativen Satz eingeführt.

8 A 3.2.4 Das Adjektiv in der Nominalgruppe

Die Stellung des Adjektivs in der Nominalgruppe ist im Mhd. im Gegensatz zum Nhd. noch nicht fixiert; es kann also sowohl vor als auch nach seinem Bezugswort stehen. Die schwache Deklination ist noch nicht auf die attribuierende Leistung beschränkt, bei der starken Deklination ist die Verwendung in determinierender Funktion noch nicht zwingend, die endungslose Form noch nicht auf prädikativen Gebrauch beschränkt. Im folgenden sind Beispiele für einen von den Regularitäten des Nhd. abweichenden Gebrauch zusammengestellt:

nachgestellt:
- *der winter kalt* (Walther 114, 30)

starke Flexion nach bestimmtem Artikel:
- *der listiger man* (König Rother 2193)
- *des ganzes apfels halben teil* (Parzival 278, 15)

schwache Flexion nach unbestimmtem Artikel:
- *in einer kurzer stunt* (Nibelungenlied 933,2)

attributive Verwendung der endungslosen Form:
- *ein übel hôhzît* (Nibelungenlied 2119,4)
- *heidensch orden man dort siht* (Parzival 13, 28)

prädikativer Gebrauch flektierter Formen:
- *daz nie kein tac so langer wart* (Tristan 3869)

Obwohl die Verteilung also noch nicht streng geregelt ist, lassen sich doch für das Mhd. bereits Tendenzen erkennen: die starke Form steht meist nach dem unbestimmten Artikel und wenn der Artikel fehlt, die schwache Form nach dem bestimmten Artikel, dem Demonstrativ-Pronomen und dem Plural des Personal-Pronomens. Die endungslose Form kommt attributiv in allen Fällen vor, meist steht sie bei nachgestelltem Attribut und in prädikativer Verwendung.

8 A 3.3 Komplexe fallbestimmte Satzglieder

Komplexe fallbestimmte Satzglieder fassen umfangreichere Information zusammen, die oft auch in eigene Teilsätze aufgegliedert werden kann. Sie lassen sich nach der Art ihres Anschlusses einteilen in

(1) attributive Genitive (vgl. „Prosa-Lancelot" 4.4, 14.4),
(2) attributive Präpositionalgefüge (vgl. „Prosa-Lancelot" 13, 14.4),
(3) ganze verbale Wortketten, eingebaut durch Verwendung von Partizipien.

Eine Entscheidung, ob es sich um ein komplexes Satzglied oder um das Nebeneinander zweier eigenständiger Satzglieder handelt, ist in manchen Fällen, z. B. bei den attributiven Präpositionalgefügen, nur schwer möglich.

AH 60   *er was ein bluome der jugent,*
            der werltvreude ein spiegelglas,
            staeter triuwe ein adamas,
            ein ganziu krône der zuht.
            er was der nôthaften vluht,
    65   *ein schilt sîner mâge,*
            der milte ein glîchiu wâge.

–   Er war eine Blüte der Jugend, ein Spiegelglas der Weltfreude, ein
     Diamant beständiger Treue, eine vollkommene Krone der Zucht. Er
     war die Zuflucht der Bedrängten, ein Schild seiner Verwandten, eine
     gleich(schwebend)e Waage der Freigebigkeit.

Ein Vergleich von mhd. Text und nhd. Übersetzung zeigt, daß im Mhd. der
attributive Genitiv häufig vor seinem Bezugswort steht (61, 62, 64, 66). Dies
läßt sich nicht nur in Verstexten wie hier, wo es sich bei der Häufung von
Genitiven um ein stilistisches Mittel handelt, sondern auch in Prosa-Texten
feststellen (vgl. z. B. auch „Prosa-Lancelot" 14.4). Im Nhd. ist dies fast nur
noch bei Eigennamen üblich, ansonsten klingt ein vorgestellter attributiver
Genitiv altertümlich.

V. 61 findet sich bei DE BOOR – in Übereinstimmung mit der handschriftlichen
Überlieferung – in folgender Fassung:
der werlte fröude ein spiegelglas, also *der werlte fröude* statt *der werltvreude,* in der
Übersetzung ‚Freude der Welt' statt ‚Weltfreude'. Die Voranstellung des attributiven
Genitivs kann dazu führen, daß nicht immer zu entscheiden ist, ob ein zusammenge-
setztes Wort oder ein attributiver Genitiv vorliegt, und zwar dann nicht, wenn der
Artikel sich sowohl auf den Genitiv als auch auf das Bezugswort beziehen kann.
Vorhandensein oder Nicht-Vorhandensein einer Zusammenschreibung wie im Nhd.
können bei der Klärung der Frage oft nicht helfen, da die Zusammenschreibung im
Mhd. noch nicht regelmäßig durchgeführt ist. Auf die Bedeutung wirkt sich diese
Unklarheit allerdings kaum aus.

Die im Nhd. begegnende Ersetzung des attributiven Genitivs durch *von* +
Dativ ist auch im Mhd. feststellbar:
AH 452   *von ir herzen daz bluot*

–   das Blut von ihrem Herzen / ihres Herzens.

8 A 3.3.2 Attributive Präpositionalgefüge

Die Stellung eines attributiven Präpositionalgefüges ist im Mhd. freier als im
Nhd.; es kann z. B. auch vor dem Bezugswort stehen. Diese Stellungsfreiheit
erschwert zusätzlich die Entscheidung, ob es sich im jeweiligen Fall um ein

Attribut oder um eine bloße Zusammenrückung handelt. Eindeutig dürften folgende Beispiele sein:

AH 645   *… daz der sêle rât werde | und lanclîp ûf der erde.*

–   (er verheißt,) daß die Seele gerettet werde (wörtlich: daß der Seele Rettung werde), und ein langes Leben auf der Erde.

AH 656   *ein bluome in dînem künne*

–   (meine liebe Tochter, du sollst unser beider Freude sein…), eine Blüte in deiner Verwandtschaft.

AH 859   *si begunden ahten under in | daz die wîsheit und den sin | niemer erzeigen kunde | dehein zunge in kindes munde.*

–   sie begannen untereinander zu überlegen, daß diese Weisheit und Verständigkeit niemals eine Zunge im Munde eines Kindes offenbaren könnte.

8 A 3.3.3 *Erweitertes Partizip als Attribut*

Daß einem komplexen fallbestimmten Satzglied ein finiter Satz zugrunde liegen kann, zeigen deutlich attributive verbale Ketten: das ursprüngliche Verb ist hier als Partizip erhalten.
Erweiterte Partizipialattribute sind wie erweiterte Adjektivattribute im Mhd. selten; üblich ist allein die Erweiterung durch Steigerungsadverbien:

Kudrun 31, 1 *die wol gelobeten vrouwen*

Daneben begegnet in einigen Fällen ein nachgestelltes erweitertes Partizipialattribut:

Iwein 307   *junkherren und knechte | gecleidet nach ir rehte*

Im Ahd. werden solche attributiven verbalen Ketten zur Wiedergabe entsprechender lat. Konstruktionen gebildet; nachdem sie im 12. und 13. Jahrhundert fast ganz schwinden, finden sie sich wieder häufig in spätmhd. Zeit in der vom Latein abhängigen gelehrten Literatur und in der Kanzleisprache (WEBER).

8 B 1 Aufgaben

1. Stellen Sie die Kasus-Kennzeichen im Ahd. und Mhd. nach den Texten der beiden oben 3 B 1 (5) abgedruckten Glaubensbekenntnisse zusammen. Vergleichen Sie ahd. und mhd. Kennzeichnung. Welches Bild ergibt sich bei einem Vergleich mit dem Nhd.?

2. Erläutern Sie die Form des Ausdrucks *die swaeren gotes zuht* (AH 120).

3. Erläutern Sie die Ausführungen SCHOTTELS (S. 296 f.) zur Pluralbildung: wie ist dieser Befund sprachgeschichtlich zu erklären? Was ergibt sich aus einem Vergleich dieser Wörter mit der heutigen Pluralbildung?

J. G. SCHOTTELIUS, Ausführliche Arbeit Von der Teutschen HaubtSprache (Braunschweig 1663):

7.

Es ist auch dieses zumerken/daß etzliche Teutsche Nennwörter/ ihre mehrere Zahl auf zweyerley Art formiren/ als:
(Non nulla nomina dupliciter formant pluralem numerum.)

Mann/

Mann/ machet die mehrere Zahl Männer/ Mannen und Mann. Land/ Länder und Landen: Jahr/ hat Jahre und Jahr: Thal/ hat Thäler und Tahl: Wort/hat Wörter und Worte: Ort hat örter und Orte: Ding/ hat Dinger und Dinge: Also sagt man/tausend Mann zu Fuß/hundert Mann zu Pferd/und nicht: zu fussen/zu Pferden.

(Wörter/pflegt man zugebrauchen/wenn die Meinung auf etzliche entzele Wörter gerichtet ist: Worte aber/wann man eine gantze Meinung/ so in den Worten bestehet/andeutet.)

Viel tausend Männer. Opitz.

Wo viel Worte sind/da gehet es nicht ohne Sünde ab.

Wo zween Mann zu einem Erbe gehören/ da sol der älteste theilen/ der jüngste kiesen/ S. R.

Nach dem wir vermeinen/ recht zu denselben Niederlanden zu haben/und in unserer eigenen Sache nicht wol Richter seyn mögen und wenn die Sachen des Heil. Reichs treffliche Lehen anrühren/ so meinen wir/daß billig sey/daß die Sachen vor des Heil. Reichs Mannen ausgetragen werde. In literis Sigismundi 1426.

Hinfürter eines ferneren Schimpfes von den Orten möchten enthebt seyn. R. A.

An Enden und Orteren/da wir zugebieten haben.

(Die alte fünf Catholische Ort in der Schweitz/pro örter.)

Daß sie ein Centner Worte hinzutuhn/ wissen nicht/ wie sie mit Worten von geringen Dingen prangen wollen. Luth.

4. Vergleichen Sie die Angaben SCHOTTELS (S. 307) zur Pluralbildung der Nomina auf -er/-el

a) mit dem mhd.,

b) mit dem heutigen Gebrauch.

VI.

Die Nennwörter/welche auf er/und el/ausgehen/müssen in der mehreren Zahl das E an sich nehmen/als Bürger/Bürgere; Tähter/Tähtere/Schwester/Schwestere; Himmel/Himmele/Engel/Engele.

(In *er* & *el* desinentia, formant Numerum pluralem adsciscendo Literam *e*; pronunciatio interdum aliter sonat, & scriptio omissionem Literæ *e* non raro approbare videtur; Regula autem ipsa ideo tolli non debet.

Alhie muß eine nohtwendige Erinnerung von denen obgesetzten auf er/und el/ausgehenden Wörteren geschehen: Denn obwol dieselbe in der mehreren Zahl ohn das e/oft mals gefunden und gelesen werden; so mag man dennoch nach dem Grunde/und dem natürlichen Verstande der Teutschen Sprache schliessen/daß vorgesetzter Lehrsatz bey Kräften verbleiben/und ein Nebengebrauch den Grund der Sprache nicht überwiegen müsse.

Dan 1. kan gar wol erwiesen werden aus alten und neuen Bücheren/daß die mehrere Zahl dieser auf er ausgehenden Wörter oftmals in e/und also in jhrer rechten Formirung befindlich/als Richtere/Dienere/Münzmeistere/Gewalthabere/Bürgermeistere/Erfindere/Klägere/c. Woraus ein Beweistuhm des freyen Misbrauches erscheinet/weil es auch bey eben diesen Authoren hinwieder/und zwar oftmals auf eben dem Blate anders zu finden ist.

2. Vornemlich darum/weil sonst der rechte Verstand bey uns zuweilen verlohren wird/als wenn man sagt: die Könige und Käyser hattens beschlossen/woselbst man ansteht/ob Cæsar oder Cæsares verstanden werden.

Der Stat R. Bürgermeister als Kläger ic. Quis numerus, consul, an consules? Item/trösten uns dessen für Gott/daß unser Richter und Verdamer bisher noch nichts bessers herfür gebracht/noch bewiesen: Alhie und in derogleichen/kon ein Teutscher die rechte Zahl nicht eben vernehmen/da doch solches durch die gehörige Formirung kan vermitten werden.)

Also findet man:

Schiedrichtere.	Sped. S. n. 58.	Klägerer. Ca. 3. 34. 16.	
Vormündere.	Ca. 2 30. 31.	Gläubigerer. Ca. 1. 2. 5.	
Verpachtere.	Ca. 2. 37. 4.	Akkerer. Ca. 3. 13 13.	anderer capitulat.
Meistere.	Ca. 1. 29. 7.	Gläubigere. Ca. 3. 33. 10.	Cæf. Leop. n. 7.
Fingere.	Ca. 4. 48. 1.	Gegnere. Bef. p. 501.	Unserer ib. n. 4
Dienere/Helfere.	Ca. 4. 13. 1.		

Und dergleichen in den Reichsabscheiden/ actis, Goldast/Aventin/und sonst hin und wieder: Es scheinet aber/daß die Trükkere hierin eine Freyheit zusetzen und auszulassen/jhnen zugeeignet/und fast erworben haben.)

5. Diskutieren Sie die Bewertung von Sprachveränderungen (Form und Gebrauch des Genitivs) durch L. REINERS: „Der vorangestellte Wesfall spart die mißklingende Häufung des Geschlechtsworts. Es ist schade, daß er sich heute ganz in die Festrede zurückgezogen hat und allmählich auszusterben droht."

„Ein guter Teil des Sprachwandels besteht in dieser Abschleifung der Formen. Der Verstand vereinfacht und logisiert die Sprache, nur das Herz hält ihre Mannigfaltigkeit am Leben. Wir erleben diese Abschleifung auch in unseren Tagen, am deutlichsten in dem langsamen Aussterben des Genitivs (Wesfalls). Luther und nach ihm Jakob Grimm haben nach danken und achten, begehren und gebrauchen, hüten und pflegen, unterfangen und verzichten den Genitiv gesetzt (*Wer ein Weib anschaut, ihrer zu begehren ...*); Luther hat auch *viel Klagens, Weinens, Heulens* gesagt: all diese kräftigen Formen sind dahin. Selbst die einfachsten Wesfälle verschwinden allmählich: in der Umgangssprache sagt niemand mehr *meines Vaters Haus*, sondern *das Haus von meinem Vater* oder – noch schlimmer – *meinem Vater sein Haus*. In der Schriftsprache begann der Verfall des Genitivs bei den Eigennamen (*das Gebiet des Wendelstein*) und ging weiter zu Titeln und anderen Namen (*das Programm des Wintergarten*); die Reichsverfassung sagt *des Artikel 10* und so fort. Wenn wir den Abschleifungen den Weg völlig frei gäben, würden Schönheit und Deutlichkeit leiden."

L. Reiners, Stilkunst. Ein Lehrbuch deutscher Prosa, München 1971 (Beck'sche Sonderausgaben) S. 98 und 258.

8 B 2 Literatur

Augst, G., Sprachnorm und Sprachwandel. Vier Projekte zu diachroner Sprachbetrachtung, Wiesbaden 1977 (SLL 7) S. 13–60.

Bech, G., Zur Morphologie der deutschen Substantive, Lingua 12 (1963) S. 177–189.

Brinkmann, H., Das deutsche Adjektiv in synchronischer und diachronischer Sicht, WW 14 (1964) S. 94–104.

Danielsen, N., Die negativen und unbestimmten Pronominaladjektive im Alt- und Mittelhochdeutschen, Zs. f. dt. Sprache 24 (1968) S. 92–117.

Desportes, Y., Das System der räumlichen Präpositionen im Deutschen. Strukturgeschichte vom 13. bis zum 20. Jahrhundert, Heidelberg 1985 (German. Bibl. NF R.3).

Ehrismann, G., Duzen und Ihrzen im Mittelalter, Zs. f. dt. Wortforschung 1 (1901) S. 117–149; 2 (1902) S. 118–159; 4 (1903) S. 211–248; 5 (1903/4) S. 127–220.

Erben, J., Syntaktische Untersuchung zu einer Grundlegung der Geschichte der indefiniten Pronomina im Deutschen, PBB 72 (1950) S. 193–221.

Fritz, L., Die Steigerungsadverbia, München 1934.

Gerring, H., Die unbestimmten Pronomina auf -ein im Alt- und Mittelhochdeutschen bis zum Anfang des 14. Jahrhunderts, Diss. Uppsala 1927.

Glinz, H., Deutsche Grammatik II, Wiesbaden ²1975 (SLL 3).

Hotzenköcherle, R., Entwicklungsgeschichtliche Grundzüge des Neuhochdeutschen, WW 12 (1962) S. 321–331.

Kip, H. Z., Zur Geschichte der Steigerungsadverbia in der deutschen geistlichen Dichtung des 11. und 12. Jahrhunderts, Journal of Germanic Philology 3 (1900) S. 143–237.

Kolditz, G., Syntaktische Untersuchung der Indefinita sum, ein, einîg im Germanischen, PBB 74 (1952) S. 225−268.

Krömer, G., Die Präpositionen in der hochdeutschen Genesis und Exodus nach den verschiedenen Überlieferungen, PBB 39 (1914) S. 403−523; 81 (1959) S. 323−387; 82 (1960) S. 261−300; (Halle) 83 (1961) S. 117−150.

Lutz, H. D., Zur Formelhaftigkeit der Adjektiv-Substantiv-Verbindung im Mittelhochdeutschen. Struktur − Statistik − Semantik, München 1975 (MTU Bd. 52).

Sparmann, H., Die Pronomina in der mittelhochdeutschen Urkundensprache, PBB (Halle) 83 (1961) S. 1−116.

Stopp, H., Veränderungen im System der Substantivflexion vom Althochdeutschen bis zum Neuhochdeutschen, in: Studien zur deutschen Literatur und Sprache des Mittelalters. Festschrift für H. Moser zum 65. Geburtstag, hg. von W. Besch, G. Jungbluth, G. Meißburger, E. Nellmann, Berlin 1974, S. 324−344.

Stopp, H./Moser, H., Flexionsklassen der mittelhochdeutschen Substantive in synchronischer Sicht, ZfdPh 86 (1967) S. 70−101.

Weber, H., Das erweiterte Adjektiv- und Partizipialattribut im Deutschen, München 1971 (Linguistische Reihe Bd. 4).

Werner, O., Das deutsche Pluralsystem. Strukturelle Diachronie, in: Sprache. Gegenwart und Geschichte. Probleme der Synchronie und Diachronie, Düsseldorf 1969 (Jahrbuch 1968) S. 92−128.

Wolf, N. R., Mittelhochdeutsch aus Handschriften. Hinweise zum Problem der historischen Grammatik und der Überlieferungsgeschichte, in: Überlieferungsgeschichtliche Editionen und Studien …, Festschrift K. Ruh, hg. von K. Kunze u. a., Tübingen 1989 (TGG 31) S. 100−108.

Wolf, N. R., Mittelhochdeutsch aus Handschriften II. Zur Adjektivflexion, ZfdPh 110 (1991) Sonderheft S. 93−110.

Woronow, A., Zur Geschichte der Pluralsuffixe der Substantive in der deutschen Sprache (dargestellt nach den Chroniken der deutschen Städte des XIV.−XVI. Jahrhunderts), PBB (Halle) 88 (1967) S. 395−413.

9 Die Verknüpfung von Teilsätzen

Wir haben in Kap. 6 die Teilsätze eines Textes ermittelt. In diesem Kapitel beschäftigen wir uns mit den Verknüpfungen der Teilsätze untereinander.

9 A 1 Analyse eines Textes

In einem Text sind alle Teilsätze aufeinander bezogen, besonders gilt dies für benachbarte Teilsätze. Wir untersuchen zunächst den „Prosa-Lancelot"-Text darauf, welche logisch-inhaltlichen Beziehungen ein Sprecher zwischen den in den Teilsätzen formulierten Sachverhalten herstellen kann.

1.1	*Da sprach der ritter*	dann	Anknüpfung eines neuen Sachverhaltes an einen zeitlich vorhergehenden
1.2	*er wolt es gern thun*	–	Angabe des Inhalts der Äußerung in durch Konj. gekennzeichneter indirekter Rede
1.3	*vnd furt sie uß dem wald*	und	Verbindung einer weiteren Handlung mit der vorhergehenden (1.1), semantisch nicht näher spezifizierte Reihung
2.1	*So ferre*	(so)	
2.2	*das sie kamen zu eim hofe*	daß	Folge/Ergebnis der Handlung 1.3
2.3	*da bruder waren*	wo	Erläuterung zu *hof*
2.4	*die des hofes all wegen pflagen*	die	Erläuterung zu *bruder*
2.5	*vnd hieß sie*	und	Angabe einer weiteren Handlung im Anschluß an 1.3
2.6	*alda beyten*	–	Inhalt der Anordnung (*hieß*), Infinitivkonstruktion
2.7	*biß er gesehe*	bis	Angabe des zeitlichen Endpunktes des in 2.6 bezeichneten Tuns

2.8	*ob* Claudas hinweg were	ob	Angabe des Inhalts des *sehen* (2.7)
2.9	*das* er nicht gesehe sie	damit	Zweck des in 2.5 – 2.7 beschriebenen Tuns
3.1	*Der ritter furt die kind hinweg*	–	neues Geschehen, das zeitlich folgt; ohne Anschlußmittel
3.2	*vnd furt sie*	und	Anknüpfung einer weiteren Handlung an 3.1
3.3	*da* sie aller gemachlichst waren vnd aller heimlichst	wo	Angabe des Ortes/Zieles des *füeren* (aus 3.2)
4.1	*Die konigiñe verleib in dem hofe*	–	neues Geschehen in Anschluß an 3.2; ohne Kennzeichnung (wie 3.1)
4.2	*vnd viel dem ritter zu füß*	und	s. o. 1.3
4.3	*das* er yren kinden gnedig were	damit	Zweck der Handlung in 4.2
4.4	*das* er durch keyns gutes begird jr kind gebe yren fynden	(in der Weise) daß	Erläuterung zu *gnedig* (aus 4.3)
4.5	*noch* verkeufft	noch	Anreihung eines weiteren Sachverhaltes an 4.4 (verneint)
5.	*Da* sprach er	da/ darauf	zeitliche Anreihung einer neuen Handlung an das Geschehen 4.1 – 4.5 (wie 1.1)
6.	*So im got must helffen vnd all heiligen*	–	Inhalt der Äußerung, die in 5. eingeleitet ist; Kennzeichnung der Abhängigkeit durch Konj. (wie 1.2)
7.1	*Er sehe als vngern*	(ebenso)	Fortführung der Angabe des Redeinhaltes
7.2	*das* yn leyt geschehe	daß	Angabe des Inhalts zu *sehen* (7.1)
7.3	*als* imselber	wie	Vergleich, bezogen auf 7.2
8.1	*Da* für er hin weg zu Claudas	dann	zeitliche Anfügung einer weiteren Handlung an 5. (wie 1.1)
8.2	*vnd*	und	s. o. 1.3
	da er zu im kam	als	zeitliche Beziehung zu 8.3: Gleichzeitigkeit zweier Handlungen

8.3 *da was der eber gefangen*	(da)	vgl. 8.2
8.4 **vnd zu hant** *was mere ko-men*	und zu-gleich	Gleichzeitigkeit von 8.3 und 8.4, gekennzeichnet durch *vnd* sowie zusätzlich durch *zu hant*
8.5 **das** *Montlahyr were ge-wunnen*	daß	Angabe des Inhalts der *mere*
9.1 *Claudas wart fast fro*	–	neues Geschehen, ohne Kennzeichnung
9.2 **vnd** *saß off alzuhant*	und	s. o. 1.3
9.3 **vnd** *reyt aldare*	und	s. o. 1.3
9.4 **vnd** *fant die burgk offge-geben*	und	s. o. 1.3
9.5 **waṅ**	denn	Angabe der Begründung für 9.4
da *die konigiṅ nicht daroff getorst be-liben*	als	zeitliche Relation zwischen 9.5b und 9.6, gekennzeichnet durch *da – da*; mit kausaler Nuance (,weil')
9.6 **da** *getorst keyn man die burg behalten*	(da)	an 9.5 anschließendes Ge-schehen, zugleich Auswir-kung von 9.5
10.1 **Da** *Claudas wedder kint noch frauwen enfant*	als	zeitlich auf 9.1 folgendes Ge-schehen; zugleich Begrün-dung für 10.2
10.2 **da** *ward er ser' zornig vnd vnfro*	(da)	an 10.1 anschließendes Ge-schehen (*da – da*), zugleich Auswirkung von 10.1
10.3 **vnd** *besaczt das lant all vmb*	und	s. o. 1.3
10.4 **vnd** *hielt es lange*	und	s. o. 1.3
10.5 **das** *nymand daroff nicht clagete*	daß	Folge von 10.4
10.6 **noch** *nymant daroff nicht sprach*	noch	Anreihung, vgl. 5.4
11.1 **Noch** *der konig Artus*	und auch nicht	s. o. 10.6
11.2 **von dem** *man das lant hielt*	von dem	Erläuterung zu *konig Artus* aus 11.1

11.3 *wan der konig Artus was dannoch jung*	denn	Begründung für 10.5 — 11.1
11.4 *vnd was vnlang konig gewesen*	und	weitere Begründung an 11.3 angereiht
11.5 *vnd enkund es nit wol beschirmen*	und	Folge von 11.3/11.4, bzw. weitere Begründung
11.6 *als er gern wolt*	wie	Angabe der Art und Weise des *beschirmen* (aus 11.5)
12.1 *Da enwas auch nymant zu lande*	–	Anreihung einer weiteren Begründung (*auch*) zu 10.4
12.2 *der dem konig Artus getörst clagen*	der	Erläuterung zu *nymant*
13. *So forchten sie den konig Claudas von der wúnstung*	–	Begründung für 12.1/12.2, ohne Kennzeichnung
14.1 *Nu múßen wir die rede laßen*	nun	Neueinsatz des Erzählers
14.2 *vnd sprechen furter*	und	s. o. 1.3
14.3 *wie dĩe konigiñ Evaine gefur*	wie	Angabe des Inhalts des weiteren *sprechen* (aus 14.2)
14.4 *die des konig Bohortes wip was von gaune*	die	Erläuterung zu *konigiñ Evaine* in 14.3

Die semantischen Beziehungen zwischen den Teilsätzen sind im Text z. T. markiert, z. T. unmarkiert. So ergibt sich z. B. die zeitliche Folge der in den Teilsätzen 1.1, 3.1 und 4.1 formulierten Sachverhalte nur aus der Aufeinanderfolge der Teilsätze, bei 9.1, 9.2, 9.3 und 9.4 ist die Beziehung zwischen den einzelnen Vorgängen zwar durch *vnd* bezeichnet, semantisch jedoch nicht weiter spezifiziert, bei 5. bis 8.1 schließlich ist die zeitliche Aufeinanderfolge durch *da* ‚dann‘ ausdrücklich signalisiert.

Wenn wir die morphosyntaktische Seite der Verknüpfung von Teilsätzen betrachten, dann finden wir grundsätzlich zwei Möglichkeiten: Nebenordnung der in den Teilsätzen bezeichneten Sachverhalte (**Parataxe**) und Unterordnung (**Hypotaxe**). Der Unterschied zwischen Parataxe und Hypotaxe ist im Mhd. nicht immer so scharf wie im Nhd., wo in den meisten Fällen bereits durch die Wahl eines bestimmten Anschlußmittels das syntaktische Verhältnis festgelegt ist, z. B. bei einem Begründungszusammenhang *denn* für Parataxe, *weil* für Hypotaxe. Im Mhd. kann die gleiche Konjunktion zur Verbindung zweier nebengeordneter wie zur Verknüpfung eines selbständigen Satzes mit einem Gliedsatz verwendet werden. Die kausale Konjunktion *wande* bezeichnet z. B. sowohl ein nebengeordnetes

(‚denn‘) als auch ein untergeordnetes Verhältnis (‚weil‘), wobei die parataktische Funktion als die ursprüngliche angesehen wird. Die Grenze zwischen abhängigem und unabhängigem Satz ist in mhd. Texten darum nicht immer eindeutig zu ziehen; oft läßt sich nur vom Textsinn her eine Entscheidung treffen. Ähnliches gilt im Mhd. auch für das Verhältnis zwischen Adverbien und Konjunktionen, da manche Konjunktionen im Mhd. aus Adverbien neu gebildet werden; die Unterscheidung zwischen Partikeln als Satzglied und Partikeln als Konjunktion ist ja noch im Nhd. nicht überall eindeutig.

Die Verbstellung kann – anders als im Nhd. – hier nur begrenzt als Kriterium dienen, da sie noch nicht fest geregelt ist: Das Finitum erscheint nach subordinierenden Konjunktionen und Relativpronomen in Zweit- (z. B. 2.2, 14.4), End- und Drittstellung; in Verbindung mit infiniten Verbformen kann es vor oder nach dem Infinitum stehen (vor dem Infinitum z. B. 6., 8.5, 9.5, 12.2). Für den sog. Hauptsatz ist die Zweitstellung des Finitums im Mhd. noch nicht fest vorgeschrieben; Endstellung, wie sie sich bis ins Ahd. zurückverfolgen läßt, findet sich manchmal etwa in Dichtung mit archaisierenden Zügen (z. B. dem Nibelungenlied). Generell ist allerdings die Tendenz zur Zweitstellung des Finitums im Hauptsatz im Mhd. bereits sehr ausgeprägt; das Infinitum steht meist beim Finitum und nicht am Ende wie im Nhd.

9 A 2 Anschlußmittel im Mhd.

Die Beziehungen zwischen Teilsätzen sind im folgenden eingeteilt in elementgemeinsame Beziehungen (Relativbeziehungen), Verhältnisbeziehungen und Inhaltsbeziehungen und innerhalb dieser Bereiche nach ihrem kategorialen Wert geordnet (zu Einzelheiten vgl. BOETTCHER/SITTA, 1972). Die Darstellung beschränkt sich im wesentlichen auf die Auflistung der verschiedenen Anschlußmittel. Bei einer eingehenden Untersuchung der Verknüpfung von Teilsätzen ist neben der zeitlichen Komponente auch die regionale und soziale Schichtung zu berücksichtigen; auch die Textsorte spielt bei der syntaktischen Ausgestaltung eine wichtige Rolle.

9 A 2.1 Elementgemeinsame Beziehungen

Elementgemeinsame Beziehungen sind dadurch gekennzeichnet, daß die beiden beteiligten Teilsätze eine gemeinsame Stelle haben müssen, über die sie miteinander verbunden sind.

1. Relative Beziehung

der/diu/daz   der, die, das; wer, was

AH 16   *nu beginnet er iu diuten | ein rede die er geschriben vant*

- nun beginnt er euch eine Geschichte zu erzählen, die er geschrieben gefunden hat

AH 459   *Daz er dem vater hete gesaget, | daz erhôrte diu reine maget* (Akk. Obj.)

- was er dem Vater gesagt hatte, das hörte das reine Mädchen

Bezugswort und Relativum können sich bezüglich des Kasus wechselseitig beeinflussen:

- der Kasus des Bezugswortes paßt sich dem Kasus des Relativums an

AH 1025   *den besten zobel den man vant, | daz was der mägede gewant*

- der beste Zobel, den man fand, ...

AH 1519   *den lôn den si dâ nâmen, | des helfe uns got ...*

- zu dem Lohn, den sie da erhielen, verhelfe uns Gott

- der Kasus des Relativums paßt sich dem Kasus des Bezugswortes an

Iwein 5338   *(daz er) alles des verpflac, des im ze schaden mohte komen*

- daß er [der Truchseß] von all dem ablassen mußte, das ihm [Iwein] zum Schaden gereichen konnte

swer/swaz   wer (auch) immer, was (auch) immer

AH 1   *Ein ritter sô gelêret was | daz er an den buochen las | swaz er dar an geschriben vant* (Akk. Obj.)

- Ein Ritter war so gelehrt, daß er in den Büchern las, was immer er darin geschrieben fand

dâ   wo, an dem, in dem usw.

AH 161   *... der tac | dâ sîn geburt ane lac*

- der Tag, an dem er geboren wurde

AH 263   *... älliu diu lant | dâ er inne was erkant*

- alle Länder, in denen er bekannt war

Im Mhd. selten sind:

sô   der, die, das
und

Boner 4,7   *der besten vrühte(n) ist er vol, sô ie ûf erde(n) vunden wart.*

- er ist voll von den besten Früchten, die jemals auf der Erde gefunden wurden

Nibelungen-
lied 886, 2
(Hs. C)   *lât mich zuo zin rîten mit den und ich hie hân*

- laßt mich mit denen zu ihnen reiten, die ich hier habe

2. Vergleich (modale Beziehung)

_sô_   wie

Nibelungen-
lied 486,2   *jâ huoten si ir êren, sô noch diu liute tuont*

– sie bewahrten ihre Ehre, wie es die Leute heute noch tun

(sô) ie + Komp.   in welchem Maße mehr – in solchem Maße
– *(sô) ie* + Komp.   mehr; je mehr – desto

Walther
91,2   *sô ich ie mêre zühte hân, sô ich ie minre werdekeit bejage*

– je mehr ich mich in Zucht halte, desto geringeres Ansehen erlange ich

als(e)/also   wie

MF 122,4   *alse der mân(e) vil verre über lant liuhtet ..., alse ist mit güete
umbevangen diu schône*

– wie der Mond über das Land leuchtet, so ist mit gutem Wesen die
Schöne umfangen

(+ Konj.)   wie wenn, als ob (irrealer Vergleich)

Parzival
283,23   *sus hielt er als er sliefe*

– so verharrte er, als ob er schliefe

(al)sam   (in gleicher Weise) wie

Iwein 1866   *doch tete sî sam diu wîp tuont*

– doch handelte sie, wie die Frauen es tun

(+ Konj.)   als ob, wie wenn (irrealer Vergleich)

Iwein 5380   *man sach die ringe rîsen sam sî waeren von strô*

– man sah die Panzerringe niederfallen, als ob sie aus Stroh wären

swie   wie auch immer, ganz so wie, wie

Walther
48,7   *swie si sint sô wil ich sîn*

– wie immer sie sind, so will ich sein

danne/dan   als (daß) (in Komparativsätzen)

Walther
18,29   *diu krône ist elter danne der künec Philippes sî*

  – die Krone ist älter, als der König Philipp ist

Selten ist:
und   wie
Nibelungen-
lied 1787,3
(Hs. C)   *wer hât nâch iu gesant, daz ir getorstet rîten her in ditz lant zuo alsô*
         starken leiden unt ich von iu hân?

  – wer hat nach euch geschickt, daß ihr hierher in dieses Land zu reiten
     wagtet bei so großem Leid, wie ich es von euch erfahren habe

3. Lokale Beziehung

(dâ) – dâ   (da) – wo
dar   wohin
dannen   woher

Walther
32,8   *dâ ich ie mit vorhten bat, dâ wil ich nû gebieten*

  – wo ich immer ängstlich gebeten habe, da will ich jetzt befehlen

wâ   wo
wâr   wohin
wannen   woher

Iwein 780   *ich ... gedâhte war ich kêrte*

swâ   wo immer
swar   wohin immer
swannen   woher immer

Walther
51, 19   *swar er vert in sîner wünne, dân ist nieman alt*

  – wohin immer er mit seiner Wonne kommt, da ist niemand alt

9 A 2.2 Verhältnisbeziehungen

Aus dem Bereich der nicht-elementgemeinsamen Beziehungen betrachten
wir zunächst die Verhältnisbeziehungen, besonders die für die verschiedenen kategorialen Werte verwendeten Anschlußmittel.

1. Konditionales Verhältnis (Voraussetzung und daran Gebundenes)

ob wenn

Walther
44,4 *dem sîn wir holt, ob erz mit triuwen tuot*

den worten daz unter der Bedingung daß

Tristan
12.931 *den zwein gab si ze solde zweinzec marc von golde den worten,*
  daz diz maere von in verholen waere.

Vereinzelt begegnen:
et/ot (< *eckert*) wenn nur
swenne wenn (mit temporaler Nuance)
sô wenn (mit temporaler Nuance)
als(o) wenn

ohne Einleitung, mit Spitzenstellung des Verbs

Erec 5831 *sî dîn erbermde manecvalt, sô hilf ouch mir ...*

Erec 5850 *waeret ir nû wîse, ir holtet iuwer spîse*

Sätzen dieses Typs kann *und* vorausgehen.

2. Temporales (zeitliches) Verhältnis

dô als, nachdem

AH 855 *Dô si daz kint sâhen | zem tôde sô gâhen ... | si begunden ahten*
  under in ...

AH 1197 *Dô si der meister ane sach, | in sînem herzen er des jach | daz ...*

AH 1214 *dô si niht solde genesen, | dô erbarmete in ir nôt*

swanne/swenne (daz) wann immer, (dann) wenn
swie
(z. T. mit konditionaler oder manchmal konzessiver Nuancierung)

Walther
28,13 *swenn ir uns kommet, ir werdent hôh enpfangen*

Parzival
172,26 *swenn ir bejaget ir ungunst, sô müezet ir gunêret sîn*

sô als, sowie, (dann) wenn

AH 95   *daz wir in dem tôde sweben | so wir aller beste waenen leben*

also/alse/als   als, sowie

Nibelungen-
lied 1135,4   *daz sol sîn getân, als wir nu komen widere*

unz (daz)   (solange) bis, solange (wie)

Walther
23,38   *beit unz iuwer jugent zergê*

biz (daz)   (solange) bis, solange wie, bevor

Barlaam
144,27   *ich wil bî dir bestân, biz daz ich nû geleben mac*

bidaz/bedaz   während dessen daß, indessen

Nibelungen-
lied 2174,1   *bedaz der videlaere die rede volsprach, Rüedegêrn den edeln
man vor dem hûse sach*

innen des/under des   indessen, während

Parzival
703,10   *reht indes dô ez tagte was sîn ors gewâpent und sîn lîp*

ê (daz)/ê danne (daz)   bevor, ehe

Nibelungen-
lied 1623,2   *wir enmugen niht geruowen ê iz beginne tagen*

sît (daz)   seitdem, nachdem
   (do)

Nibelungen-
lied 749,1   *sît daz wir von in scieden, hât in iemen iht getân*

AH 1360   *sît er durch sînen süezen list | an in beiden des geruochte | daz
... | dô erzeicte ...*

  –   nachdem er nach seinem liebevollen Plan sie beide damit gewürdigt
hatte, daß ..., da zeigte er ...

nu(n) (daz)   als (nun), wie nun, nachdem nun

AH 1241   *Nû er si alsô schoene sach, | wider sich selben er dô sprach*

für (daz)   seit
(al) die wîle (daz)   so lange (wie), bis, während

Iwein 1025   *die schilte …, die ir ietweder vür bôt, die wîle daz die werten*

Vereinzelt werden gebraucht:
swie   sowie, (dann) wenn
und   wie, sowie, als
da mite und sowie, indem

3. Kausale (begründende) Beziehung

sît (daz)   da, weil
  (danne)
  (nû)

Walther
99,13   *Sît daz nieman âne fröide touc, sô wolte ouch ich vil gerne*
             fröide hân

nû   da nun

Nibelungen-
lied 447,3   *nu er dunke sich sô küene, sô traget in ir gewant*

wand(e)|want(e)| weil, da (hypotaktisch)
wan(e) (daz)

AH 1107   *Diu maget lachende sprach, | wan si sich des wol versach, | ir*
            hülfe des tages …

Als Vordersatz oft mit adverbialem Bezugswort *so, nu, dô*:

Iwein 7718   *wandez an im was verlân, sô (do was A) wart ez wol verendet*

wand(e)|want(e)| denn (parataktisch; seit dem 15. Jh. durch *denn* er-
  wan(e) (daz)   setzt)

AH 601   *wan swenne er hie geringet …, | sô muoz er lîden doch den*
             tôt

Walther
11,7   *her bâbest, ich mac wol genesen, wan ich wil iu gehôrsam wesen*

Präp. + *daz*:
durch daz   um des willen daß, deshalb weil

Nibelungen-
lied 1477,4   *durch daz er videlen konde, was er der spileman genant*

für daz   um des willen daß, deshalb weil
umbe daz   um des willen daß, deshalb weil

(*al*) *die wîle* (*daz*)   weil (selten und spät)

4. Finale (zweckanzeigende) Beziehung

Modus ist regelmäßig der Konjunktiv.
daz   damit
      – ohne Bezugswort:

AH 1379   *do enbôt erz heim ze lande | den die er erkande | der saelden*
          und der güete | daz si in ir gemüete | sîns gelückes waeren
          vrô

Nibelungen-
lied 255,3   *... den bôt man rîchen solt ... daz si die helde nerten*

      – Bezugswort mit finaler Bedeutung:

AH 18   *dar umbe hât er sich genant, | daz er sîner arbeit ... | iht âne*
        lôn belîbe

Präp. + *daz*:
durch daz   damit

MF 164,38   *nu muoz ich fröide noeten mich dur daz ich bî der werlde*
            sî

ûf daz   auf daß, damit

5. Konsekutive (folgernde) Beziehung

Es ist oft schwer zu entscheiden, ob es sich um eine konsekutive („mit der
Folge daß') oder um eine modale Bedeutung („in der Weise daß') handelt.

(alsô/sô) – daz   so daß

Nibelungen-
lied 492,1   *si striten alsô sêre daz al diu burc erscal*

Nibelungen-
lied 186,1   *sô sluoc der herre Sîfrit daz al daz velt erdôz*

211

AH 381   *mit selher riuwe er dô sprach | daz im der sûft daz wort ze-*
            brach

AH 1371   *Alsus bezzerte sich | der guote herre Heinrich | daz er ûf sînem*
            wege | von unsers herren gotes phlege | harte schône genas, |
            daz er vil gar worden was | als vor zweinzic jâren

durch daz/dâr umbe daz   so daß

6. Konzessive (einräumende) Beziehung

doch   obgleich, wiewohl (meist mit Konj.)

Erec 821   *doch er guot ellen trüege, Êrec in von dem rosse schiet*

swie/wie   wiewohl, wenn auch, obgleich (häufig mit Konj., im Mhd. am
                  häufigsten für konzessives Verhältnis)

AH 41   *swie ganz sîn habe waere …, | doch was er unnâch also rîch*
            …

AH 593   *swie tump ich sî, | mir wonet iedoch diu witze bî …*

AH 1346   *dô vuor er alsô drâte | wider heim ze lande, | swie wol er dô*
            erkande | daz …

al/alein(e)   obwohl, obgleich

Renner 1408   *alein er sî guotes blôz, doch ist er von gebürte vrî*

ob   wenn auch, wenn gleich

Parzival
504,25   *ob ez helt frou Kamille waere, … er wurde iedoch versuocht*
            an si

sît   obgleich

Nibelungen-
lied 841,2   *zwiu lieze du in minnen, sît er dîn eigen ist?*

Selten sind:
ane wenngleich
noch denne daz   obwohl, wenn auch

212

ohne Einleitung, Wortstellung des Fragesatzes

Parzival

206,27 f.   *wirt mir dîn meister nimmer holt, dîns amts du doch geniezen*
           solt

   –   wenn mir auch der, der dich bezwungen hat, niemals wohlgesonnen
       wird, ...

Solchen Sätzen kann *und* bzw. *al/alein(e)* vorausgehen.

7. Einschränkung

wan (daz)   außer daß, nur daß, wenn nicht geschehen wäre daß

Walther

101,19   *daz taet ich wunderlîchen gerne wan deich fürhte dîne lâge*

   –   das täte ich sehr gern, nur daß ich deinen Hinterhalt fürchte

Im übrigen dient *wan* zur positiven oder negativen Einschränkung einzelner positiver
oder negativer Satzteile sowie zur Einführung des Verglichenen nach *niht* +
Komparativ bzw. nach *ander* in negativen Sätzen. Häufig ist *wan* auch abgeschliffene
Form des Fragewortes bzw. der Konjunktion *wande*.

ne + Konjunktiv   ohne daß, daß nicht, der (die, das) nicht, wofern nicht,
                            wenn nicht

AH 203   *des sît ir iemer ungenesen, | got enwelle der arzât wesen*

AH 560   *zewâre ir enwelt mirz danne wern, | so bin ich zer arzenîe*
        guot

8. Adversative Beziehung

aber   jedoch, dagegen, doch

Iwein 2033   *mîn herre was biderbe gnuoc: aber jener der in dâ sluoc, der*
          muose tiurre sîn dan er

doch/iedoch   jedoch, dagegen, doch

Iwein 164   *ich enpfâhe gerne, als ich sol, iwer zuht und iuwer meisterschaft:*
        doch hât sî alze grôze kraft.

dannoch/dennoch   sondern

Erec 5487   *im ze sehenne er in sluoc und hiez in strîchen sînen wec. dannoch*
        wolde in Erec mit güete überwunden hân

sunder   sondern

Rolandslied

8399   *wirne sculn nicht entwiche sunter froliche uon dem wige scaiden.*

- wir werden nicht weichen, sondern fröhlich aus dem Kampf heimkehren.

wan   jedoch, sondern, aber, nur

Parzival

358,21   *daz grôze her al stille lac, ... wan ein werder jungelinc was im strîte*

9 A 2.3 Inhaltsbeziehungen

Aus dem Gesamtkomplex der nicht-elementgemeinsamen Beziehungen lassen sich als weiterer Teilbereich die Inhaltsbeziehungen ausgliedern. Sie sind gekennzeichnet durch bestimmte Anschlußmittel, z. B. *daz/daß*, *ob*, Fragepronomen.

daz

- bezogen auf ein Verb:

AH 1111   *got lône iu, lieber herre, | daz ir mir alsô verre | hât die wârheit gesaget*

AH 1119   *ich vürhte daz unser arbeit | gar von iuwer zageheit | under wegen belîbe*

AH 867   *... und in die wîsheit lêrte | daz er ze gote kêrte | sîne kintlîche güete*

- bezogen auf ein Adjektiv:

MF 187,12 *mir ist beide liep und herzeclîchen leit daz er mich ie gesach*

MF 171,25 *ich bin tump daz ich sô grôzen kumber klage*

- ich bin töricht, insofern ich so großen Kummer beklage

- bezogen auf ein Substantiv:

AH 184   *der sagete im dâ zehant | ein seltsaene maere | daz er genislich waere*

Infinitiv mit und ohne *ze*

– Im Mhd. wird *ze* seltener gebraucht als im Nhd.; bei vielen Verben stehen Gebrauch mit und Gebrauch ohne *ze* nebeneinander.

Nibelungen-
lied 1250,3
(Hs. C)   *ia rieten si ir minnen den chunic vz Hvnen lant*

Nibelungen-
lied 1250,3
(Hs. A)   *ia rietens ir ze minnen den kvnich ...*

Der Infinitv kann auch flektiert sein:

AH 141   *dôz im ze lîdenne geschach*
     – als es ihm widerfuhr zu leiden

ob(e)   ob

Iwein 5938   *und vrâget in maere, ob im iht kunt waere umb in*

W–Anschluß:

wer/waz; **welch**; **weder**; **wâ** (+ **Präp.**), **war, wannen**; **wanne**; **wie**

Walther
13,33   *maneger frâget waz ich klage*

AH 482   *si ... begunde si vrâgen waz ir waere und welher hande swaere sı
          alsô stille möhte klagen*

Parzival
252,28   *diu mir kunt tet wer ich was*

Nibelungen-
lied 834,1   *diu liute nam des wunder, wâ von daz geschach*

AH 1116   *ich wil iu rehte bejehen wie der zwîvel ìst getân*

ohne Einleitung (meist zur Wiedergabe von Rede):

AH 188   *dô sprach er: ,wie mac daz wesen?'*

AH 557   *sus antwurte in diu maget: | ,als uns mîn herre hât gesaget, | sô
          mac man in vil wol ernern.*

AH 870   *sich bedâhte ir gemüete ...: | der sin sî ir von gote komen*

AH 550   *sus begunden si si strâfen: | waz ir diu klage töhte, ...*

9 B 1 Aufgaben

1. Vergleichen Sie den unten abgedruckten Text des „Nibelungenliedes" in
Hinblick auf die Verknüpfung von Teilsätzen mit dem etwa in der gleichen

Zeit entstandenen „Parzival" Wolframs von Eschenbach. Wie ist der Befund zu deuten?

2 *Ez wuohs in Búrgónden   ein vil édel magedîn,*
   daz in allen landen   niht schoeners mohte sîn,
   Kriemhilt geheizen: si wart ein scoene wip.
   dar umbe muosen degene vil verliesén den lîp.

3 *Der minneclîchen meide   triuten wol gezam.*
   ir muoten küene recken,   niemen was ir gram.
   âne mâzen schoene   sô was ir edel lîp.
   der juncvrouwen tugende   zierten ándériu wîp.

4 *Ir pflâgen drîe künege   edel unde rîch,*
   Gunther unde Gêrnôt,   dî recken lobelîch,
   und Gîselher der junge,   ein ûz erwelter degen.
   diu frouwe was ir swester,   di fürsten hetens in ir pflegen.

5 *Die herren wâren milte,   von arde hôh erborn,*
   mit kraft unmâzen küene,   di recken ûz erkorn.
   dâ zen Búrgónden   sô was ir lant genant.
   si frumten starkiu wunder   sît in Etzélen lant.

6 *Ze Wormez bî dem Rîne   si wonten mit ir kraft.*
   in diente von ir landen   vil stolziu riterscaft
   mit lobelîchen êren   unz an ir endes zît.
   si stúrben sît jáemerlîche   von zweier edelen frouwen nît.

20,19 *Der burcgrâve von der stat*
       sînen gast dô minneclîchen bat
       daz er niht verbaere
       al daz sin wille waere
       über sîn guot und über den lîp.
       er fuorte in dâ er vant sîn wîp,
25   *diu Gahmureten kuste,*
       des in doch wênc geluste.
       dar nâch fuor er enbîzen sân.
       dô diz alsus was getân,
       der marschalc fuor von im zehant
       alda er die küneginne vant,
31   *und iesch vil grôziu botenbrôt.*

2. Stellen Sie die der Verknüpfung von Teilsätzen dienenden Anschlußmittel in dem oben 6 B 1.2 abgedruckten „Prosa-Lancelot"-Abschnitt zusammen und systematisieren Sie sie nach dem in diesem Kapitel verwendeten System.

9 B 2 Literatur

Vgl. auch die Literaturhinweise unter 6 B 2.

Boettcher, W./Sitta, H., Deutsche Grammatik III: Zusammengesetzter Satz und äquivalente Strukturen, Frankfurt 1972 (SLL 4).

Gärtner, K., Asyndetische Relativsätze in der Geschichte des Deutschen, ZGL 9 (1981) S. 152—163.

Heymann, J., Über causalen Ausdruck in Minnesangs Frühling, ZfdPh 35 (1903) S. 330—342.

Keinästö, K., Studien zu Infinitivkonstruktionen im mhd. Prosa-Lancelot, Frankfurt usw. 1986 (Regensburger Beiträge 30).

Maurer, F., Untersuchungen über die deutsche Verbstellung in ihrer geschichtlichen Entwicklung, Heidelberg 1926 (Germanistische Bibliothek 2/21).

Müller, G./Frings, Th., Die Entstehung der deutschen daß-Sätze, Berlin 1959 (Berichte über die Verhandlungen der Sächs. Akademie der Wissenschaften zu Leipzig. Phil.-hist. Kl. Bd. 103, H. 6).

Preusler, W., Zur Stellung des Verbs im deutschen Nebensatz, ZfdPh 65 (1940) S. 18—26.

Schieb, G., Zum Nebensatzrepertoire des ersten deutschen Prosaromans. Die Temporalsätze, in: Gedenkschrift W. Foerste, hg. von D. Hofmann unter Mitarbeit von W. Sanders, Köln/Wien 1970 (Niederdeutsche Studien 18) S. 61—77.

Schieb, G., Zum System der Nebensätze im ersten deutschen Prosaroman, in: Studien zur Geschichte der deutschen Sprache, Berlin 1972 (Deutsche Akademie der Wissenschaften zu Berlin. Zentralinstitut für Sprachwissenschaft. 49. Bausteine zur Geschichte des Neuhochdeutschen) S. 167—230.

Schulze, U., Lateinisch-deutsche Parallelurkunden des 13. Jahrhunderts. Ein Beitrag zur Syntax der mittelhochdeutschen Urkundensprache, München 1975 (Medium Aevum 30).

Schulze, U., Komplexe Sätze und Gliedsatztypen in der Urkundensprache des 13. Jahrhunderts, ZfdPh 110 (1991), Sonderheft S. 140—170.

Wunder, D., Der Nebensatz bei Otfrid. Untersuchungen zur Syntax des deutschen Nebensatzes, Heidelberg 1965.

Hinweise zu den Aufgaben
1 B 1

1. Zahlreiche Beispiele bietet die Duden-Grammatik von 1984, daher hier nur einige Hinweise:

- Wechsel zwischen starker und schwacher Konjugation: *backen – backte/ buk – gebacken*; *gären – gärte/gor – gegärt/gegoren*;
- Mischformen starker und schwacher Konjugation: *mahlen – mahlte* (schwach) – *gemahlen* (stark);
- Nebeneinander von *sandte/sendete*; *wandte/wendete*; *ward/wurde* (die erste Form jeweils die ältere);
- Nebeneinander von Dativ-Formen mit (älter) und ohne *-e*: *dem Manne/ dem Mann*;
- Varianten bei der Pluralbildung: *die Rosse/Rösser*;
- Aufgabe des *e/i*-Wechsels beim Imperativ, Formen mit und ohne *-e*: *eß/iß*; *werf(e)/wirf*; *trinke/trink*;
- Verwendung von *brauchen* mit und ohne *zu*;
- Genitiv als Objektkasus (meist älter) in Konkurrenz zu Präpositionalobjekt: *Ich schäme mich seines Verhaltens/über sein Verhalten/wegen seines Verhaltens.*

2. Die Wörterbücher geben keinen Hinweis darauf, daß *gütig* als „altmodisch" gilt; es scheint sich hier also um eine individuelle Einschätzung zu handeln.

3. Die Formulierung von 1959 orientiert sich stärker als die von 1984 an der Diachronie („früher", „jünger") und ist z. T. normativ („eigentlich nicht korrekt"). In beiden Fällen wird aber das Nebeneinander von Formen diachron begründet. Die Ausgabe von 1984 unterscheidet zwischen „standardsprachlich" und „landschaftlich", der Normierungsanspruch ist gegenüber der Beschreibung der Gebrauchsvielfalt geringer. Über die unterschiedliche Ausrichtung der beiden Auflagen geben auch die jeweiligen Vorworte Auskunft.

2 B 1

1. A   *Dis ist von dem armen heinriche*
      Ein ritter so geleret was
      Daz er an den buchen las
      Swas er der an geschriben vant
      Der was hartman genant
      Dienstman was er zuo owe

> *Er nam ime mange schowe*
> *An mislichen buochen.*

[Der genaue Wortlaut und vor allem die Schreibungen von A lassen sich nicht mehr sicher feststellen, da die Hs. verbrannt ist und deshalb nur ein Abdruck von 1784 zugrunde gelegt werden kann.]

Ba *Ditz ist der arme heinrich*
Got mach vns im gelich
Ein Ritter so geleret was
Daz er an den bvchen las
was er dar an geschriben vant
Der was hartman genant
vñ was ein dinsteman von owe
Der nam im eine schowe
An einem ieslichen bvche.

Bb *Ditz ist ein mere rich*
von dem armen heinrich
Ein ritter so geleret was
daz er an den bvchen las
waz er dar an geschriben vant
der was hartman genant
vnde was ein dienstman von owe
der nam im eine schowe
an einem itslichen bvchen.

2. a) Keine Überschrift, da sie als später zugesetzt betrachtet wird; orthographische Normalisierung z. B. bei *owe*, *schowe*, *bvchen*, Längenzeichen;

jüngere handschriftliche Form ersetzt durch Form um 1200: *dinsteman* : *diensman*, *bvchen* : *buochen*, *waz* : *swaz*;

vom Versrhythmus her bessere Textversion: V. 5, 6, 7; *ze* statt *zuo*;

Vereinheitlichung von Groß- und Kleinschreibung; Einführung einer Zeichensetzung.

b) Varianten V. 2 und 3 als Schreibvarianten aufgrund der nicht normierten Schreibung des Mhd.; jüngere bzw. dialektale monophthongierte Formen gegenüber älteren (V. 5 *dinsteman* vs. *diensman*);

V. 6 und 7 möglicherweise Schreibervarianten.

3. Rundes *s* im Auslaut, sonst langes ſ in A, Ba, E; in der Tegernseer Hs. nur ſ;

z(z) < *t* in A in der Schreibung nicht unterschieden, dafür meist *s* bzw. ſ; in Ba und ähnlich E dafür Schreibung *z*, *zz*, *tz*; in der Tegernseer Hs. ungeregelt: *ʃʃ* neben *zz* (*besloʃʃen* gegenüber *sluzzelin*) bei gleichem Lautwert.

4. A verwendet *u*; *v* nur in *vnde*, außerdem *ů*;

in Ba dominiert *v*, *u* dient zur Unterscheidung etwa beim Zusammentreffen in *vunde*, der Diphthong ist nicht gekennzeichnet;

E verwendet *u* und *v* ungeregelt: *uergezzen, tvgent, iugent*.

5. Die Existenz einer Fassung ohne Prolog kann unterschiedlich gedeutet werden: der Prolog kann in einem Teil der Überlieferung weggefallen sein, es können aber auch von Anfang an zwei Versionen – die eine mit, die andere ohne Prolog – als zwei Autorfassungen vorgelegen haben.

3 B 1

1. Dehnung in kurzer offener Tonsilbe: *geschriben* (3), in einsilbigen Wörtern: *er* (2);

Beseitigung der kurzen offenen Tonsilbe durch Konsonantenverdoppelung: *gotes* (13);

Kürzung: *hât* (18);

Apokope: *mite* (14);

Synkope: *gelêret* (1);

Diphthongsenkung: *Ouwe* (5);

Monophthongierung: *buochen* (2), *dienstman* (5);

Diphthongierung: *liuten* (15), *sînen* (19);

Rundung: *âne* (21);

Veränderung von *s* + Konsonant im Anlaut: *swaere* (10), nur lautlich: *stunde* (10);

Ausfall von *w* zwischen Vokal: *schouwe* (6);

Analogie: *was/war* zu *wâren/waren* (1).

2. Grammatischer Wechsel: *was – wâren (1);*

sog. Rückumlaut: *nennen – nante, genant* (4);

Umlaut: *sanft – senfter* (11); *mugen – möhte* (11);

Kontraktion: *geleit – geleget* (20);

Brechung: *jehen – giht* ‚sagen‘ (26);

Auslautverhärtung: *lîp – lîbe* (22).

3. *werfen – wurf*: Ablaut;

man – mensche < **mannisko*: Umlaut;

zorn < **torno* < **turno*: Brechung – *zürnen* < **turnjan*: Umlaut;

berc – gebirge < ahd. *gibirgi*: Brechung;

sal < **salaz – geselle* < **gisaljo*: Umlaut;

siech < ahd. *sioh* < **seuka – siuche* < ahd. *siuhhi*: Brechung;

binde – bant – bunt – bündellîn: Ablaut, *bündellîn* mit Umlaut;

hult < ahd. *huldi* – *unholt* ahd. *unholdo/unholda*, vgl. got. *unhulþa*: Brechung.

4. Vgl. hierzu die Übersetzungen von DE BOOR und GROSSE unter 5 B 2.

5. Einige Beispiele:

Abschwächung voller Vokale in unbetonter Silbe: *gilaubiu* – *geloube*;

Umlaut: *almahtigon* – *almechtigen*, *almaehtiges*; *magadi* – *meide* < *megede*;

Synkopierung und Apokopierung: *himiles* – *himels*; *fona* < *vone* – *von*;

Langvokalschreibung: *toot* – *tot*; *liib*;

keine Auslautverhärtung: *liib*;

keine 2. Lautverschiebung im srhfrk. Dialekt: *dage* – *tages*; *ardeilenne* – *erteilen*; vgl. aber *toot* neben *doot*.

4 B 1

1. Die Urkunde von 1262 hat gegenüber Text II (4 A 1) teilweise nördlicheren, ins Mnd. weisenden Lautstand: *tviginge* (keine 2. Lautverschiebung) – *zweijunge*; *of* – *up*; *aldus* – *alsus*; vielleicht auch *vnde* (neben rip. *inde*) aus dem Mnd.; *desen* kann mnd. und md. sein. Beide Texte haben *ft* < *ht* (*gestichte*); die Monophthongierung ist durchgeführt (*di*, *brif* in der Urkunde von 1262; *diesen* als ‚umgekehrte Schreibung‘ in *diesen* < *disen*).

2. Die Schreibung *gh* für *ch* < germ. *k* deutet auf eine stimmhafte Aussprache ähnlich germ. g, das in diesem Dialekt vielfach als stimmhafter gutturaler Reibelaut erhalten ist.

3. Germ. *b* und *g* sind erhalten (*abbet*, *brief*; *gegeben*, *gelobet*); germ. *d* ist zu *t* verschoben (*tvn*). Germ. *t* ist verschoben (*ziehen*, *swaz*); Beispiele für germ. *p* fehlen; germ. *k* ist zur Doppelspirans (*ich*, *och*), in einem Fall auch zur Affrikata verschoben (*akchers*, vgl. aber *geköfet*). Dies deutet auf alem. Dialekt; dafür ist die Form *kilchof* ein eindeutiges Kennzeichen.

5 B 1

1. *Wîp* ist allgemeine Geschlechtsbezeichnung, oft in der Bedeutung ‚Ehefrau‘ (298, 354, 431 u.ö.) ohne ständische Komponente (1499, 1501, 1503, 1513 für das Mädchen als zukünftige Ehefrau Heinrichs, sonst oft für die Frau des Meiers). Das Mädchen wird als *maget* bezeichnet, in einigen Fällen tritt dabei das Merkmal < + unberührt > stark in den Vordergrund (224, 231, 446, 562 u.ö.); es kann auch – im besonderen Kontext dieser Legende – *gemahel* genannt werden. Nur in Ausnahmefällen können *küneginne*, *fröuwelîn* und *frouwe* für das Mädchen verwendet werden: wie eine *küneginne* fühlt es sich in seiner Beziehung zu Christus, als *fröuwelîn* wird es vom Arzt in

Salerno bei dessen Hinweis auf die Größe seines Opfers angeredet, mit einer *frouwe* kann es verglichen werden, nachdem Heinrich es reich ausgestattet hat.

2. Allgemeine Bezeichnung ist *man* (oft in der Formel *man unde wîp*), auch in der Bedeutung ‚Ehemann‘ (747, 753, 760). Wie *dienstman* kann auch *man* eine ständische Komponente haben: ‚Lehnsmann, Ministeriale‘ (1464). Ständisch ausgezeichnet sind *vürste*, *ritter* und *herre*; letzteres begegnet allgemein in der Bedeutung ‚Edelmann‘ (30, 927, 999 u.ö.), als Titel und Anrede (48, 75, 369, 377, 907 u.ö.), oft wird gerade die Überordnung in der ständischen Hierarchie betont (277, 284, 307, 327, 332, 358 usw.). Die hohe Wertung von *herre* zeigt sich deutlich in der Verwendung für Gott (662c, 807, 1374 u.ö.).

3. Neben den Hinweisen bei TRIER können auch die Übersetzungen von DE BOOR und GROSSE zum Vergleich herangezogen werden (vgl. unter 5 B 2).

5. *wandel*:   ‚Verhalten‘ (1);

           ‚(Mond)Wechsel‘ (2);

           ‚Veränderung‘ (3);

           ‚Fehler, Makel, Sünde‘ (4, 5, 6, 7);

           ‚Buße‘ (9);

           ‚Tausch, Rückgängigmachung‘ (8).

6 B 1

2. Teilsatzgliederung

[Der Text ist exemplarisch bis Z. 11 ausgewertet.]

1.   *Diße rede sprichet furbas alsus*

2.1   *Da der vertriben ritter uernam*

2.2   *das Montlahyr gewŭnnē was*

2.3   *vnd Claudas darwert was geritten*

3.1   *Da sante er eynen synen nefen zu der konigiñe*

3.2   *vnd beualh im*

3.3   *das er mit ir ritte zu dem closter*

3.4   *da ir schwester jnne was die konigiñ Alene*

4.1   *Da er sie zu dem Closter bracht*

4.2   *da jr schwester jnn was*

4.3   *vnd die eyn die ander gesah*

5.1   *Da sol menglich wol wißen*

5.2   *das sie beyde freud vnd vnfreud gewŭnnen*

6.1   *Sie hatten vnfreud*

6.2   *wañ eyn die ander arm sah vnd uertriben großen eren*

7.1 *Anderhalb hetten sie freud*

7.2 *wañ sie beyde by einander waren*

7.3 *vnd die ein allweg sorg hett vmb die andern*

7.4 *wie es mit ir stunde*

7.5 *vnd das yn die zyt kurczer were*

7.6 *jr groß leyt sampt weynende*

7.7 *vnd zu clagende vnd yren großen ruwen*

7.8 *vnd das sie beyd sampt got solten dienen*

7.9 *wañ gott zu dienen*

7.10 *das ist die gröst zuuersiht zu freuden*

8.1 *Da die ein der andern het geclaget yrn großen schaden vnd jrs heren*
    dott des konigs

8.2 *vnd wie sie enterbt waren*

9.1 *Da clagt aller meyst die konigiñ Alene von Bonewig*

9.2 *vnd sprach …*

[Zu den flektierten Infinitivformen (Gerundium) in 7.6 und 7.7 vgl. Mhd. Gramm. §§ 240 Anm.9, 333−335.]

4. Fallbestimmte Satzglieder (bis Z. 11)

Akk.-Obj.: 3.1; 4.1; 4.3; 5.2; 6.1; 6.2; 7.1; 7.3; 7.6; 7.7; 8.1

Dat.-Obj.: 3.2; 7.5; 7.8; 8.1

Gen.-Obj.: 6.2 (*großen eren*)

Präpositionalgefüge: 3.1; 3.3; 4.1; 7.3; 7.4

Fallfremdes:

(1) Präpositionen, vgl. unter Präpositionalgefüge

(2) Adjektive und Adverbien: 1.; 5.1; 6.2

(5) Partikel: 2.3; 3.4; 4.2; 7.1; 7.3; 9.1

Prädikative: 7.2; 7.5; 7.10

7 B 1

1. Verbale Wortkette ‖ Subjekt [Der Text ist bis Z. 11 ausgewertet.]

1. *furbas alsus sprechen* ‖ *Diße rede*

2.1 *uernemen* ‖ *der vertriben ritter*

2.2 *gewûnñē sin* ‖ *Montlahyr*

2.3 *darwert geritten sin* ‖ *Claudas*

3.1 *eynen synen nefen zu der konigiñe senden* ‖ *er*

3.2 *im beuelhen* ‖ *(er)*

3.3 *mit ir zu dem closter riten* ‖ *er*

3.4 *jnne sin* ‖ *ir schwester die konigiñ Alene*

4.1 *sie zu dem Closter bringen* ‖ *er*

4.2 *jnn sin ‖ jr schwester*

4.3 *die ander gesehen ‖ die eyn*

5.1 *wol wißen sollen ‖ menglich*

5.2 *freud vnd vnfreud gewinnen ‖ sie beyde*

6.1 *vnfreud han ‖ sie*

6.2 *die ander arm sehen vnd uertriben großen eren ‖ eyn*

7.1 *Anderhalb freud han ‖ sie*

7.2 *by einander sin ‖ sie beyde*

7.3 *allweg sorg vmb die andern han ‖ die ein*

7.4 *mit ir stan ‖ es*

7.5 *yn kurczer sin ‖ die zyt*

7.6 *jr groß leyt sampt weynende*

7.7 *zu clagende vnd yren großen ruwen*

7.8 *got dienen sollen ‖ sie beyd sampt*

7.9 *gott dienen*

7.10 *die gröst zuuersiht zu freuden sin ‖ das*

8.1 *der andern geclaget han yrn großen schaden vnd jrs heren dott des konigs ‖ die ein*

8.2 *enterbt sin ‖ sie*

9.1 *aller meyst clagen ‖ die konigiñ Alene von Bonewig*

9.2 *sprechen ‖ (sie) ...*

2. Die beiden Passivformen – später als Zustands- und Vorgangspassiv unterschieden – sind hier wohl austauschbar; das Ahd. bildet die lat. Form nach, z. B. auch durch Flexion des Part. II. Im Mhd. entfällt die Flexion, ein Anzeichen für Grammatikalisierung der Passivform.

3. a) Mt 23,31—35:

3 Zeitebenen: Gegenwärtiges – Zukünftiges – Vergangenes bezüglich Gegenwart.

Verbformen:

Gegenwart (*estis*)	Präs.
dazu vergangen (*occiderunt*)	Prät. (B, C, D1)
	Perf. (D2, E, F)
Zukünftiges (*occidetis*)	Präs. (B, E)
	Umschreibung mit *wellen* (C), *sullen* (D1), *werden* (D2, F, G)
sichere Zukunftsaussage (*veniat*)	Konj. I
dazu vergangen (*effusus est*)	Prät. Vorgangspassiv (B)
	Präs. Zustandspassiv (sonst)
(*occidistis*)	Prät. (B, C, D1, D2)
	Perf. (E, F, G)

b) Mt 27,3—8

Zeitebenen: Erzählvergangenheit – direkte Rede.

Verbformen:

Erzählung	Prät.
vorzeitig dazu (*tradidit*)	Prät. (B, C, D1)
	Plusquamperf. (D2, E, F)
direkte Rede	Präs.
vorzeitig dazu (*peccavi*)	Prät. (B)
	Perf. (sonst)
Zeitstufenneutral (*vocatus est*)	Präs.

Im Ahd. (B) ist eine differenzierte Wiedergabe der lat. Verbformen noch nicht möglich. Das Formensystem wird durch periphrastische Formen erweitert, so daß sich spätere Übersetzungen schrittweise dem nhd. Gebrauch der Tempusformen nähern; damit werden auch die lat. Formen differenzierter wiedergegeben. [Die Partizipien sind in B, C noch vielfach erhalten, später entsprechen ihnen finite Verbformen.]

4. Die *würde*-Umschreibung begegnet zunächst vor allem bei schwachen Verben, da sich hier Ind. Prät. und Konj. II morphologisch nicht unterscheiden. Vgl. dazu ausführlich WERNER (Literaturangabe unter 7 B 2).

5. Vgl. die Übersetzung von D. KARTSCHOKE, Stuttgart, 1986 (=RUB 8303):

Deshalb will ich den Trojaner / beständig lieben. / Und wenn die ganze Welt / dem Turnus gehörte, / er wäre mir doch gleichgültig / im Vergleich mit dem edlen Trojaner. / Wie könnte ich also / mein Herz zwei Männern zuwenden? / Das kann ich nicht und verstehe es nicht, / will es nicht und vermag es nicht! / Seit ich / den mächtigen Eneas erblickt habe, / so mußten / mein Herz und Verstand schwach werden. / Wenn er wüßte, daß ich ihn / so maßlos liebe, / ohne mir eine menschliche Verfehlung / zuschulden kommen zu lassen, / wäre er sicher kein so schlechter Mann / und würde [müßte] meine Liebe erwidern. / Ich weiß nicht, wie ich es anfangen soll, / daß ich es / auf irgendeine Weise deutlich mache.

6. Zum ‚Armen Heinrich‘ vgl. die Übersetzung von S. GROSSE:

Als man diese schwere Züchtigung Gottes / an seinem Körper bemerkte, / wurde er Männern und Frauen / widerwärtig. / Nun seht, wie angenehm / er vorher der Welt gewesen war, / jetzt wurde er ihr ebenso zuwider, / so daß niemand mehr gern mit ihm zusammenkam. / Genauso war es / dem edlen und reichen Hiob ergangen, / der auch aufs kläglichste / mitten in seinem Glück / dem Unrat anheimfiel.

125 *waere*:	im Mhd. Konj., da indirekter Fragesatz, im Nhd. Ind.; vorzeitig zu *sehet*, daher Perfekt oder Plusquamperfekt.
128 *geschach*:	wegen Vorzeitigkeit Plusquamperfekt, aber auch Prät. möglich (so DE BOOR).

Zum ‚Erec‘ vgl. die Übersetzung von TH. CRAMER, Frankfurt 1972 (= Fischer-Tb. 6017):

Drei Länder / grenzten aneinander / und waren benachbart: / das, wo er den Grafen erschlagen hatte, / und das des Kleinen, / der ihm die Wunde beigebracht hatte, / und das Gebiet des Königs Artus. / Zwischen diesen dreien lag nur der Wald, / in dem er ritt / nach dieser Gefahr. / Und als sie in den Wald gekommen waren, / ihrer Sorgen ledig, / wieder auf ihren bekannten Weg, / da fragte der König Erec / Enite, / wie er in / des Grafen Gewalt gekommen sei, / von dem ich euch erzählt habe, er sei erschlagen worden. / Da erzählte sie ihm die Geschichte, / ihren Augen zum Kummer, / unter Tränen. / Da endete alsbald / die bedrückende, wunderliche Sache / und die seltsame Verstellung, / mit der er bis heute / grundlos (?) mit ihr verfahren war, / daß er nicht mehr mit ihr gesprochen hatte, / seit er mit ihr fortgeritten war.

6753 *sluoc*:	vorzeitig zum erzählten Geschehen, daher im Nhd. Plusquamperfekt, ebenso 6755 *gewan*, 6760 *kâmen* (vorzeitig zu *vrâcte*).
6765 *komen waere*:	im Nhd. Konj. I, da indirekte Rede; auch Konj. II möglich (*gekommen wäre*), da Konj. zeitstufenneutral.
6775 ff. *phlac*:	wegen Vorzeitigkeit im Nhd. Plusquamperfekt, ebenso bei *meit*, *reit*.

Zum ‚Iwein‘:
Und sehr bald sah ich, / als ich in die Burg ging, / eine Jungfrau kommen, die mich empfing: / ich sage noch, wie ich damals gesagt habe, / daß ich niemals ein schöneres Kind gesehen habe. / Die nahm mir die Waffen ab. / Doch einen Nachteil beklage ich / (darüber soll sich niemand wundern), / daß es so wenige / Waffenriemen gibt, / daß sie nicht längere Zeit / mit mir beschäftigt sein mußte. / Es war zu schnell getan: / ich hätte mir nichts daraus gemacht, wenn es ewig gewesen wäre. / Einen kleinen Mantel aus feinem Wollstoff gab sie mir zum Anziehen. / Ich unglücklicher Mann, / daß sie mein Auge je erblickt hat, / wo wir uns doch trennen mußten!

315 *jach*	im Nhd. Perf. , weil vorzeitig zu *gihe* = Präs./Gegenwärtiges, ebenso 316 und 329 *gesach* (mit perfektivem *ge-*).

8 B 1

1. Beispiele:

Akk.:	*suno sinan einagon truhtin unseran sun sinen einigen herren unseren*
Gen.:	*himiles – erda*
	himels – erde
Dat.:	*fona heiligemo geiste*
	von dem heiligen geiste (>nhd. *dem Geist*)

fona tootem   ci himilom
von dem tode   ze himile

Die differenzierten ahd. Endungen fallen zusammen oder schwinden, so daß Kasusunterschiede nicht mehr eindeutig markiert sind; als Ersatz wird der Artikel obligatorisch. Dieser Prozeß setzt sich zum Nhd. weiter fort.

2. *die swaeren gotes zuht*:

(1) vorgestellter attributiver Gen.

(2) *swaeren*: schwach flektiert, zum Nhd. fällt bei fem. Adjektiv der Akk. mit dem Nom. zusammen (vgl. 8 A 3.2.1).

3. Schottel verweist auf Varianten der Pluralform des gleichen Substantivs; diese Varianten sind teilweise frei austauschbar, teilweise werden ihnen Gebrauchs- („landschaftlich") oder Bedeutungsunterschiede (*Worte – Wörter*) zugeschrieben. Ausgangspunkt ist das Bemühen, Numerusunterschiede lautlich zu markieren, was zur Einführung von Pluralendungen bei endungslosen Pluralformen (*daz wort – diu wort*) führt, wobei oft konkurrierende Formen gebildet werden. Vgl. dazu WERNER und WORONOW unter 8 B 2.

4. Schottel will diesen Grundsatz auch bei Substantiven auf *-el/-er* durchführen, auch gegen den von ihm beobachteten Gebrauch, etwa der Drucker. Er verweist auf besseres Verständnis solcher Formen und den Sprachgebrauch seiner Autoritäten. Diese Regel hat sich zum Nhd. nicht durchgesetzt; die Apokopierungstendenz nach *-el/-er* war stärker. Vgl. ebenfalls WERNER und WORONOW (8 B 2).

5. REINERS läßt eine stark wertende Betrachtung des Sprachwandels erkennen, Veränderungen werden als Verfall und Niedergang aufgefaßt und psychologisch gedeutet. Problematisch ist die Begründung mit einer vermeintlichen „Schönheit" des Gen.; auch die Deutlichkeit leidet kaum, da neue Ausdrucksweisen gefunden werden, die Ähnliches leisten, etwa der Anschluß mit Präpositionen.

9 B 1

1. Nibelungenlied: Übersetzung von H. BRACKERT, Frankfurt 1970 (= Fischer-Tb. 6038):

2 Im Land der Burgunden wuchs ein edles Mädchen heran, das war so schön, daß in keinem Land der Welt ein schöneres hätte sein können. Ihr Name war Kriemhild. Später wurde sie eine schöne Frau. Um ihretwillen mußten viele Helden ihr Leben verlieren.

3 Das liebliche Mädchen verdiente es, geliebt zu werden. Tapfere Recken bemühten sich um ihre Gunst: niemand konnte ihr feindlich gesinnt sein; (denn) die Edle war

unbeschreiblich schön. Die Gaben, die ihr Natur und Stand verliehen hatten, wären auch für andere Frauen eine Zierde gewesen.

4 Für sie sorgten drei edle, mächtige Könige, die beiden ruhmreichen Recken Gunther und Gernot und der junge Giselher, ein hervorragender Held. Das Mädchen war ihre Schwester, (und) die Fürsten hatten sie in ihrer Obhut.

5 Die Herren, die auserlesenen Recken, waren freigebig, von hoher Abstammung, sehr kraftvoll und tapfer. Ihr Land hieß Burgund. Im Lande Etzels vollbrachten sie später wunderbare Taten.

6 In Worms am Rhein hielten sie machtvoll hof. Die herrliche Ritterschaft des Landes diente ihnen bis zu ihrem Tod (und) erwarb sich und ihnen Ruhm und Ehre. Sie starben später elendiglich, (weil) zwei edle Frauen einander feind waren.

[Konnektoren des mhd. Textes sind in der Übersetzung unterstrichen, von BRACKERT zusätzlich eingefügte Konnektoren eingeklammert.]

Der Satzbau ist stark koordinierend, logische Bezüge sind wenig explizit, im Unterschied zu Parzival:

Der Burggraf der Stadt / bat seinen Gast da freundlich, / daß er nur, / ganz wie es seiner Absicht entspräche, / über seinen Besitz und ihn selbst verfüge. / Er führte ihn dorthin, wo er seine Gattin fand, / die Gahmuret küßte, / wozu es ihn [= Gahmuret] allerdings wenig drängte. / Danach ging er sogleich zum Imbiß. / Als dieses so getan war, / eilte der Marschall sogleich von ihm fort, / dorthin wo er die Königin fand / und forderte sehr großen Botenlohn.

2. [Bis Z. 11; vgl. die Teilsatzzählung unter 6 B 2]

(1) Elementgemeinsam:

lokal: *da*   3.4; 4.2

(2) Verhältnisbeziehungen:

temporal: *da* (*– da*)   2.1 (– 3.1); 4.1 (– 5.1); 8.1 (– 9.1)

kausal: *wan*   6.2; 7.2; 7.9

reihend: *und*   2.3; 3.2; 4.3; 7.3; 7.5; 7.8; 8.2; 9.2 [Der kategoriale Wert des Teilsatzes, der dem mit *und* angeschlossenen Teilsatz vorausgeht, gilt dabei meist weiter.]

(3) Inhaltsbeziehungen:

wie   7.4; 8.2

das   2.2; 3.3; 5.2; 7.5; 7.8

Register

Abbildungsnachweise

Mit freundlicher Genehmigung der Verlage wurden Textstellen reproduziert aus:

Duden Band 4: Grammatik der deutschen Gegenwartssprache, S. 120f. 1959 und S. 125f., 4. Aufl. 1994, Bibliographisches Institut, Mannheim. (S. 18f.)

Hans Eggers: Deutsche Sprachgeschichte II: Das Mittelhochdeutsche, S. 212f. 1965, Rowohlt Verlag, Reinbek. (S. 60f.)

Beate Hennig, Kleines Mittelhochdeutsches Wörterbuch, S. 54, 78, 185, 233, 276, 281, 293. 1993, Max Niemeyer Verlag, Tübingen (S. 81ff.)

G. F. Benecke/W. Müller, F. Zarncke, Mittelhochdeutsches Wörterbuch, 4 Bde., Leipzig 1854–66, ND Hildesheim 1963. Bd. 1, S. 810. (S. 82)

M. Lexer, Mittelhochdeutsches Handwörterbuch, Bd. 1, Sp. 640. 1872, S. Hirzel Verlag, Stuttgart. (S. 82)

Des Minnesangs Frühling, bearbeitet von H. Moser und H. Tervooren. I. Texte (216, 29). 36. Aufl. 1977, S. Hirzel Verlag, Stuttgart. (S. 84)

Jost Trier: Der deutsche Wortschatz im Sinnbezirk des Verstandes. Von den Anfängen bis zum Beginn des 13. Jahrhunderts, S. 243–254. 2. Aufl. 1973, Carl Winter Universitätsverlag, Heidelberg (Germanische Bibliothek. 3. Reihe). (S. 96ff.)

Justus Georg Schottelius: Ausführliche Arbeit Von der Teutschen Haubtsprache. 1663, I. Teil, hg. von Wolfgang Hecht, S. 296, 297, 307. 1967, Max Niemeyer Verlag, Tübingen. (S. 196f.)

UTB
FÜR WISSEN
SCHAFT

Auswahl Fachbereich
Germanistik

4 Kayser:
Geschichte des deutschen
Verses
(Francke). 4. Aufl. 1991.
DM 16.80, öS 131.–, sFr. 17.40

135 Mennemeier:
Modernes Deutsches Drama 1
(W. Fink). 2. Aufl. 1979.
DM 21.80, öS 170.–, sFr. 22.40

167 Walther von der Vogelweide:
Sämtliche Lieder
(W. Fink). 5. Aufl. 1993.
DM 22.80, öS 178.–, sFr. 23.40

362 Vietta/Kemper:
Expressionismus
(W. Fink). 5. Aufl. 1994.
DM 29.80, öS 233.–, sFr. 30.80

484 Kaiser:
Aufklärung, Empfindsamkeit,
Sturm und Drang
(Francke). 4. Aufl. 1991.
DM 29.80, öS 233.–, sFr. 30.80

822 Philipp:
Einführung ins
Frühneuhochdeutsche
(Quelle & Meyer). 1980.
DM 29.80, öS 233.–, sFr. 30.80

974 Emmerich:
Heinrich Mann:
„Der Untertan"
(W. Fink). 4. Aufl. 1993.
DM 18.80, öS 147.–, sFr. 19.40

975 Meier: Georg Büchner:
„Woyzeck"
(W. Fink). 3. Aufl. 1993.
DM 16.80, öS 131.–, sFr. 17.40

1027 Bogdal:
Heinrich von Kleist:
Michael Kohlhaas
(W. Fink). 1981 (Nachdruck 1991).
DM 15.80, öS 123.–, sFr. 16.30

1368 Götze:
Heinrich Böll:
„Ansichten eines Clowns"
(W. Fink). 1985.
DM 18.80, öS 147.–, sFr. 19.40

1387 Schütz:
Romane der Weimarer Republik
(W. Fink). 1986.
DM 28.80, öS 225.–, sFr. 29.80

1414 Meyer:
Nietzsche und die Kunst
(Francke). 1993.
DM 36.80, öS 287.–, sFr. 37.80

1433 Bauer:
G. E. Lessing:
„Emilia Galotti"
(W. Fink). 1987.
DM 17.80, öS 139.–, sFr. 18.40

1463/1464/1465 Bahr (Hrsg.):
Geschichte der deutschen Literatur
Band 1–3
(Francke). 1987/1988.
Je Band DM 36.80, öS 287.–,
sFr. 37.80

Preisänderungen vorbehalten.

UTB
FÜR WISSEN
SCHAFT

Auswahl Fachbereich
Germanistik

1499 Stedje:
Deutsche Sprache
gestern und heute
(W. Fink). 1989.
DM 25.80, öS 201.–, sFr. 26.80

1519 Durzak:
Die Kunst der Kurzgeschichte
(W. Fink). 1989.
DM 29.80, öS 233.–, sFr. 30.80

1564 Lubich: Max Frisch:
„Stiller", „Homo faber" und
„Mein Name sei Gantenbein"
(W. Fink). 2. Aufl. 1992.
DM 18.80, öS 147.–, sFr. 19.40

1581 Wolff:
Deutsche Sprachgeschichte
(Francke). 1990.
DM 26.80, öS 209.–, sFr. 27.80

1630 Elm:
Die moderne Parabel
(W. Fink). 2. Aufl. 1991.
DM 32.80, öS 256.–, sFr. 33.80

1635 Braunmüller:
Skandinavische Sprachen im
Überblick
(Francke). 1991.
DM 32.80, öS 256.–, sFr. 33.80

1662 Lorenz:
Kleines Lexikon literarischer
Grundbegriffe
(W. Fink). 1992.
DM 16.80, öS 131.–, sFr. 17.40

1665 Greiner:
Die Komödie
(Francke). 1992.
DM 39.80, öS 311.–, sFr. 40.80

1667 Fischer-Lichte:
Kurze Geschichte des deutschen
Theaters
(Francke). 1993.
DM 39.80, öS 311.–, sFr. 40.80

1689 Cersowsky:
Johann Nestroy oder nix als
philosophische Mussenzen
(W. Fink). 1992.
DM 19.80, öS 155.–, sFr. 20.40

1727 Kayser:
Kleine deutsche Versschule
(Francke). 24. Aufl. 1992.
DM 16.80, öS 131.–, sFr. 17.40

1728 Luserke:
J. M. R. Lenz: Der Hofmeister –
Der neue Menoza – Die Soldaten
(W. Fink). 1993.
DM 16.80, öS 131.–, sFr. 17.40

1731 Gaier:
Hölderlin
(Francke). 1993.
DM 34.80, öS 272.–, sFr. 35.80

1732 Frank:
Handbuch der deutschen Strophen-
formen
(Francke). 2. Aufl. 1993.
DM 39.80, öS 311.–, sFr. 40.80

1753 Freund (Hrsg.):
Deutsche Novellen
(W. Fink). 1993.
DM 39.80, öS 311.–, sFr. 40.80

1781 Alt:
Tragödie der Aufklärung
(Francke). 1994.
DM 32.80, öS 256.–, sFr. 33.80

Preisänderungen vorbehalten.